Top im Abi
Abiwissen kompakt

Erdkunde

Schroedel

Erdkunde

Autoren:

Bernd Raczkowsky ist Gymnasiallehrer für Erdkunde und Englisch. Er ist Autor von Unterrichtshilfen, Vorbereitungsmaterialien und Lehrbüchern.

Neu bearbeitet von
Wiebke Veit, Gymnasiallehrerin für Erdkunde und Geschichte.

© 2014 Bildungshaus Schulbuchverlage
Westermann Schroedel Diesterweg Schöningh Winklers GmbH, Braunschweig
www.schroedel.de

Das Werk und seine Teile sind urheberrechtlich geschützt. Jede Nutzung in anderen als den gesetzlich zugelassenen Fällen bedarf der vorherigen schriftlichen Einwilligung des Verlages. Hinweis zu §52a UrhG: Weder das Werk noch seine Teile dürfen ohne eine solche Einwilligung gescannt und in ein Netzwerk eingestellt werden. Dies gilt auch für Intranets von Schulen und sonstigen Bildungseinrichtungen.
Auf verschiedenen Seiten dieses Buches befinden sich Verweise (Links) auf Internet-Adressen. Haftungshinweis: Trotz sorgfältiger inhaltlicher Kontrolle wird die Haftung für die Inhalte der externen Seiten ausgeschlossen. Für den Inhalt dieser externen Seiten sind ausschließlich deren Betreiber verantwortlich. Sollten Sie bei dem angegebenen Inhalt des Anbieters dieser Seite auf kostenpflichtige, illegale oder anstößige Inhalte treffen, so bedauern wir dies ausdrücklich und bitten Sie, uns umgehend per E-Mail davon in Kenntnis zu setzen, damit beim Nachdruck der Verweis gelöscht wird.

Druck [1] / Jahr 2014

Redaktion: imprint, Zusmarshausen
Kontakt: lernhilfen@schroedel.de
Herstellung: Druckreif! Sandra Grünberg, Braunschweig
Umschlaggestaltung und Layout: Janssen Kahlert Design & Kommunikation, Hannover
Satz und Grafik: imprint, Zusmarshausen
Druck und Bindung: westermann druck GmbH, Braunschweig

ISBN 978-3-507-**23114**-6

Vorwort

Die Vorbereitung auf die Abiturprüfung im Fach Erdkunde/Geografie erfordert ein systematisches Arbeiten. Dabei heißt es, den thematischen und inhaltlichen Überblick nicht zu verlieren.

Dieses Buch soll Ihnen helfen, wesentliche prüfungsrelevante Themen zu **wiederholen**, zu **festigen** und zu **vertiefen**.

Das Buch enthält zahlreiche Merkkästen, Abi-Tipps und Checklisten, die Ihnen das Lernen erleichtern sollen. Vor allem die fett gedruckten Begriffe im Text sollen Sie an die wichtigsten Schlagworte erinnern.

Es ist nicht unbedingt nötig, das Buch von vorne bis hinten durchzuarbeiten. Jedes Kapitel steht für sich und behandelt einen möglichen Teilbereich der Prüfung.

Passend zum Buch gibt es eine **Abi-App**. 100 interaktive Test-Aufgaben zu allen Kapiteln dieses Buches warten auf Sie! Einfach im jeweiligen App-Store „Top im Abi" eingeben und mit dem Code **e k 6 – 9 h u** die Version für das Fach Erdkunde herunterladen.

Buch plus App – der clevere Weg zum Abitur.

Wir wünschen Ihnen viel Erfolg für die Prüfung!

Inhalt

Vorwort 3

1 Geophysikalische Zusammenhänge 7
1.1 Schalenbau der Erde 7
1.2 Vulkanismus und Erdbeben 9
1.3 Plattentektonik 13
1.4 Gesteinsentstehung, Kreislauf der Gesteine 16

2 Klimageografische Grundlagen 20
2.1 Allgemeine atmosphärische Zirkulation 20
2.2 Zentrale Begriffe zur Klimageografie 25

3 Grundlegende Fakten zum Bereich Wasser 31
3.1 Wasser als Lebensgrundlage 31
3.2 Globale Wasserverteilung und Wasserkreislauf 33
3.3 Wasser in der Bewässerungslandwirtschaft 36
3.4 Konflikte um Wasser 37

4 Grundlegende Fakten zum Bereich Boden 39
4.1 Bodendefinition 39
4.2 Bodenbestandteile und Bodenbildung 40
4.3 Bodenart, Bodentyp und Verteilungsmuster 43
4.4 Boden und Bodenfruchtbarkeit 48
4.5 Bodenbeeinträchtigung 49

5 Geoökosysteme 54
5.1 Der Begriff des Ökosystems 54
5.2 Arten von Geoökosystemen 56

5.3	Zusammenwirken unterschiedlicher Geofaktoren: Klima, Vegetation und Boden	57
5.4	Klima- und Vegetationszonen der Erde	58
5.5	Klima und Vegetation in Gebirgsräumen	72
5.6	Anthropogene Eingriffe in Geoökosysteme	76

6 Globale klimaökologische Probleme — 85

6.1	Die Treibhausproblematik	85
6.2	Probleme mit Ozon	90
6.3	Das El-Niño-Phänomen	94

7 Welthandel und Globalisierung — 97

7.2	Daten zur Weltwirtschaftsordnung	102
7.3	Wirtschaftsblöcke und Organisationen des Welthandels	105
7.4	Auswirkungen der Globalisierung	109

8 Verkehrs- und Kommunikationsnetze — 115

8.1	Historische Entwicklung	115
8.2	Verkehrsbelastung – Beispiel Alpentransit	117
8.3	Neue verkehrstechnische Konzepte	119

9 Entwicklungsstand — 121

9.1	Zentrale Probleme in Staaten mit Entwicklungsdefiziten	121
9.2	Theorien zu Ursachen der Unterentwicklung	141
9.3	Beispiele für Entwicklungsstrategien	144

10 Raumrelevante Probleme und Prozesse in Schwellen- und Transformationsländern — 160

10.1	Begriffe: Schwellen- und Transformationsland	160
10.2	Nachholende Entwicklung am Beispiel des Schwellenlandes Südkorea	162

10.3 Sonderwege der wirtschaftlichen Entwicklung –
Beispiel: China ... 167
10.4 Transformationsprozesse beim Übergang
von der Plan- zur Marktwirtschaft ... 172

11 Raumrelevante Prozesse und Probleme in höher entwickelten Räumen ... 178

11.1 Gliederung der Wirtschaft in Sektoren ... 178
11.2 Wirtschaftlicher Wandel nach Fourastié ... 180
11.3 Agrarsozialer Wandel in Deutschland ... 181
11.4 Strukturwandel der US-amerikanischen Landwirtschaft ... 187
11.5 Industrie und Industrialisierung ... 190
11.6 Standortfaktoren im Bedeutungswandel ... 193
11.7 Industriestruktureller Wandel, alte und neue
Industrieräume und Tertiärisierung ... 198

12 Grundlegende demografische Prozesse ... 207

12.1 Begriffliches ... 207
12.2 Bevölkerungsbewegungen und Weltbevölkerung ... 208
12.3 Bevölkerungsstruktur ... 216
12.4 Bevölkerungsentwicklung in Deutschland ... 217
12.5 Migration ... 220

13 Grundwissen „Urbane Räume" ... 225

13.1 Stadtbegriffe und Stadtmodelle ... 225
13.2 Verstädterung, Urbanisierung
und Suburbanisierung ... 229
13.3 Physiognomie und Funktionen in der Stadt ... 231
13.4 Stadtentwicklung in Europa ... 232

Stichwortverzeichnis ... 236

Geophysikalische Zusammenhänge

1

Für das Verständnis geophysikalischer Zusammenhänge und Prozesse wie beispielsweise Gebirgsbildung, seismische Tätigkeit, Vulkanismus und andere plattentektonische Vorgänge sind Kenntnisse unterschiedlicher Art über die endogen formenschaffenden Mechanismen im Bereich der Erdkruste und des oberen Erdmantels notwendig.

1.1 Schalenbau der Erde

Die Erde ist eine kugelförmige Zusammenballung aus Materie (ein an den Polen abgeplatteter **Rotationsellipsoid**) mit einer Gesamtmasse von etwa $5977 \cdot 10^{27}$ g und einer mittleren Dichte von 5,5 g/cm³. Mithilfe **geophysikalischer (seismischer) Messungen, chemischer Untersuchungen der Minerale und ihrem Vergleich mit Meteoritenfunden** haben sich Erkenntnisse über den inneren Aufbau des Erdkörpers ergeben, aus denen das **Schalenmodell** entwickelt wurde.

Die äußerste Schicht des Erdkörpers bildet die **relativ starre Erdkruste**. Ihre durchschnittliche Mächtigkeit beträgt im Bereich der Kontinente 20–60, unter den Ozeanen 5–10 km. Sie besteht aus **Sedimenten, magmatischen** und **metamorphen Gesteinen**. Die Erdkruste hat einen Massenanteil am Gesamterdkörper von unter einem Prozent. Die Erkenntnisse aus der **Plattentektonik** haben ergeben, dass die gesamte Erdkruste in scherbenähnliche Platten zerbrochen ist, welche auf dem oberen Erdmantel aufliegend relativ zueinander Bewegungen ausführen können.

Der **Erdmantel**, bestehend aus **oberem Erdmantel**, **Übergangszone** und **unterem Erdmantel**, reicht in eine Tiefe von etwa 2900 km und umfasst etwa drei Viertel der Erdmasse. Im **oberen Erdmantel** einschließlich der **Übergangszone** zwischen oberem und unterem Erdmantel finden sich kieselsäurearme, silikatische Gesteine. Infolge hoher Temperaturen (z. B. 1500 Grad Celsius in 400 km Tiefe) findet sich ab etwa 100 bis ca. 700 km Tiefe zäh fließende Gesteinsschmelze. Dort treten nach heutigen Einschätzungen **magmatische Konvektionsströme** infolge Zonen unterschiedlicher Temperaturen auf. Diese nach oben strebenden Magmaströme gelten als „Motoren" für die plattentektonischen Bewegungen. Der oberste Erdmantel wird mit der Erdkruste zur **Lithosphäre** (*lithos* = Stein) zusammengefasst (Untergrenze bei etwa 100 km Tiefe).

Der Erdkern umfasst eine äußere und eine innere Teilkomponente. Der flüssige **äußere Erdkern** in einer Tiefe von etwa 2900 bis 5200 km setzt sich größtenteils aus Eisenverbindungen zusammen, die durch ihre Fließgeschwindigkeiten von vermutlich mehreren 10 km pro Jahr das **Erdmagnetfeld** erzeugen. Der **innere Erdkern** in einer Tiefe ab etwa 5200 km besteht aus Eisen und Nickel (deshalb auch **NiFe-Kern**) im festen Aggregatzustand infolge des enormen Drucks (etwa das 3-Millionenfache des Luftdrucks an der Erdoberfläche).

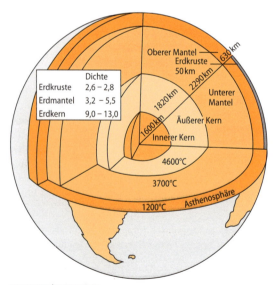

Schalenmodell der Erde

1.2 Vulkanismus und Erdbeben

Vulkanismus

Der Begriff bezeichnet alle Vorgänge, bei denen Magma (Silikatschmelze) in die Erdkruste (**Subvulkanismus**) bzw. zur Erdoberfläche (**Oberflächenvulkanismus**) aufsteigt. Ursache für den Magmaaufstieg ist die Entgasung von Silikatschmelze bei Druckentlastung, z. B. an tektonischen Störungszonen. Vulkanische Erscheinungen sind nicht gleichmäßig über die Erdoberfläche verteilt, sondern treten zusammen mit Erdbeben überwiegend **an den Plattengrenzen** auf:

- entlang der **mittelozeanischen Rücken** (Beispiel Island),
- in Inselbögen an **Subduktionszonen** (Beispiel Japan),
- in **aktiven Zonen der Gebirgsbildung** (Beispiel Andenvulkane),
- entlang **Kontinentalgräben** (Beispiel ostafrikanische Vulkane).

Darüber hinaus kommt Vulkanismus inmitten von tektonischen Platten über punktartigen Magmaherden (**Hot Spots**) vor (Beispiel Hawaiianische Inselkette).

Entsprechend ihrer **Form** klassifiziert man kegelförmige Vulkane z. B. in **Schicht- oder Stratovulkane** (steile Flanken, aufgebaut aus abwechselnden Schichten von Asche und Lavagestein, Beispiel Vesuv) und **Schildvulkane** (weit ausladende Kegel mit geringer Flankenneigung, Beispiel Hawaiianische Vulkane).

Unterschiedlich zusammengesetzte Lava bedingt unterschiedliche Ausbruchstypen. **Basaltische Lava** ist dünnflüssiger und bewirkt eher **effusive**, also ausfließende Eruptionen. **Andesitische Lava** (besonders an Subduktionszonen vorkommend) ist viskoser, hält Gase stärker fest, die dann bei Druckentlastung an der Oberfläche **explosionsartige Eruptionen** erzeugen.

Pyroklastika sind alle aus Vulkanen ausgeworfenen Bruchstücke. Hierzu zählen **vulkanische Asche**, **Lapilli** (kleine Steinchen zwischen 4 und 30 mm Durchmesser), **vulkanische Blöcke** und **Bomben** (größere Gesteinsbrocken).

Vulkanische Aktivitäten werden heute unterschieden nach **Art der Eruption**, **Form des Schlotes** und den **charakteristischen Ablagerungen**:

Eruptionskrater nennt man die am Schlotausgang trichterförmig erweiterten Öffnungen. **Einsturzkrater** entstehen nach heftigen Eruptionsserien oft dann, wenn der tiefer liegende Magmaherd entleert wurde und nachträglich einstürzt. Ein ringförmiger Einsturzkrater mit Durchmesser im Kilometerbereich wird **Caldera** genannt (Beispiel: Insel Santorin). Alle nach einer Eruptionsserie mit der verbleibenden Wärme des Magmaherdes verbundenen Aktivitäten nennt man **postvulkanische Erscheinungen**. Hierzu zählt man z. B. **Geysire** (heiße Springquellen mit regelmäßiger Schüttung), **Thermalquellen** (Mineralquellen in Vulkangebieten und an tektonischen Störungen), **Fumarolen** (Spalten, denen Wasserdampf entweicht), **Solfataren** (Spalten, aus denen schwefelhaltige Gase strömen) und **Mofetten** (Austritt kohlensäurehaltigen Dampfes).

> **Merke** **Eruptionsarten**
>
> **Unterscheidung nach Art der Eruption**
> → **Zentraleruption:** Auswurf aus einem Schlot, der in größere Tiefen bis zum Magmaherd reicht. Ausgeworfenes Material lagert sich um den Schlot herum an und bildet Vulkankegel (Beispiel: Vesuv).
> → **Spaltenerguss:** Entstehung an aufgerissenen Teilen der Erdkruste durch Ausfließen dünnflüssiger Lava. Flächenhafte Ausdehnung in Form von riesigen basaltischen Ergussdecken (Beispiel: Island).
>
> **Unterscheidung nach Heftigkeit der Eruption**
> → **Hawaii-Typ:** ruhig ausfließende, dünnflüssige Lava
> → **Stromboli-Typ:** ruckartige Entgasung der Schmelze mit kleinen Explosionen
> → **Vesuv-Typ:** Serie von heftigen Explosionen mit Ascheausstoß
> → **Plinian-Typ:** schwere Gasexplosionen mit großem Ascheausstoß
> → **Pelée-Typ:** schwerste Gasexplosionen mit abgleitenden Glutwolken

Erdbeben

Wie vulkanische Erscheinungen treten auch Erdbeben vorwiegend an den Plattengrenzen auf (→ *entsprechende Atlasseiten „Geotektonik"*). Erdbeben sind Erschütterungen der Erdkruste infolge plötzlicher Massenversetzungen in dieser oder im oberen Erdmantel. Das **Hypozentrum** ist der Ursprung des Erdbebens. Es liegt in Tiefen bis zu 700 km unter der Erdoberfläche. **Epizentrum** bezeichnet den senkrecht über dem Hypozentrum gelegenen Punkt auf der Erdoberfläche. Entsprechend der Lage des Hypozentrums unterscheidet man **Flachbeben** (Hypozentrum in 5–60 km Tiefe), **Zwischenbeben** (60–300 km) und **Tiefbeben** (300–700 km).

> **Erdbebenarten**　　　　　　　　　　　　　　　　　　Merke
> → **Vulkanische Beben:** Vorboten und begleitende Erscheinungen bei Vulkanausbrüchen. Geringe Schadenswirkung.
> → **Einsturzbeben:** Sehr selten. Treten auf durch Einbruch von Hohlräumen, z. B. Höhlen in Kalkgebieten. Geringe Schadenswirkung.
> → **Tektonische Beben:** Erdbeben im eigentlichen Sinn. Geringe bis katastrophale Schadenswirkung. Entstehung infolge horizontaler und vertikaler Krustenbewegungen.

Schwere Erdbeben entstehen ausschließlich durch Reibung an tektonischen Plattenrändern wie etwa mittelozeanischen Rücken (Beispiel Island), Subduktionszonen (Beispiel Mittelamerika), Kompressionszonen (Beispiel Norditalien) und Transformstörungen (Beispiel Kalifornien). Erdbebenwellen breiten sich vom Hypozentrum aus kugelförmig aus und erreichen die Erdoberfläche in mehreren Wellenkomponenten. **Longitudinalwellen** (**P-Wellen oder Verdichtungswellen**) schwingen in der Ausbreitungsrichtung (abwechselnde Verdichtung und Entlastung des Untergrunds). **Sekundarwellen** (**S-Wellen, auch Scher- oder Transversalwellen**) schwingen senkrecht zur Ausbreitungsrichtung. **L-Wellen** (**Langzeitwellen**) breiten sich mit langsamer Geschwindigkeit entlang der Erdoberfläche aus.

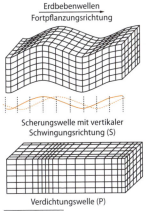

Erdbebenwellen

Zur Einschätzung von Erdbebenstärken stehen die **Richter- und die Mercalli-Skala** zur Verfügung. Die Richter-Skala ist logarithmisch aufgebaut und beschreibt die Energiefreisetzung der Erdbebenwellen (schwache Erdbeben = Stärke 3,5; katastrophale Erdbeben = Stärke 8; derzeit bekanntes Maximum bei Stärke 8,9). Die Mercalli-Skala beschreibt die Erdbebenstärke anhand der Schadenswirkung (Skalierung I = „messbar" bis XII = „katastrophal").

Naturereignisse wie ein Vulkanausbruch oder ein Erdbeben können unter bestimmten Umständen zu einer Naturkatastrophe werden. Das **Gefahrenpotenzial** eines Erdbebens ist grundsätzlich an jedem Ort dasselbe, die Folgen eines solchen Ereignisses jedoch variieren stark. Je nach Besiedlungsdichte, wirtschaftlicher Stärke des betroffenen Landes und den folgenden Hilfsmaßnahmen kann ein Erdbeben unterschiedlich viele Todesopfer fordern. Ob es für eine betroffene Region zur Katastrophe wird, hängt auch davon ab, wie gut ein Staat auf derartige Ereignisse vorbereitet ist und ob er schnelle Hilfe ermöglichen kann.

Überrascht wurden die Bewohner Pompejis im Jahr 79 n. Chr. durch den Ausbruch des Vulkans Vesuv. Vulkanisches Material begrub die Stadt, 6 bis 7 Meter dicke Schichten aus Asche und Bims lagerten sich ab. Die mehr als 3000 Todesopfer forderte jedoch nicht der erste, sondern der zweite Ausbruch des Vulkans einen Tag später. Die Gefahr, die im Vesuv auch heute noch schlummert, bedroht v. a. große Städte wie Neapel am Fuße des Vulkans. Daher wird der Vulkan ständig überwacht, Notfallpläne der Behörden und Einrichtungen vor Ort sollen im Ausbruchsfall für eine schnelle Evakuierung der Bevölkerung sorgen.

In gleich mehreren Eruptionen entlud sich der Krakatau im August 1883 – der Vulkanausbruch war so gewaltig, dass er Tsunamis auslöste und seine Asche die Sonneneinstrahlung auf der Nordhalbkugel für ein Jahr um bis zu 25 Prozent verminderte. Der Ausbruch des Krakatau markiert gleichzeitig den Beginn der modernen Vulkanforschung; die Katastrophe ließ den Wunsch mächtig werden, solche Ereignisse möglichst vorhersagen zu können.

1.3 Plattentektonik

> **Grundaussagen der Plattentektonik** — Merke
> - Die Lithosphäre der Erde besteht aus einzelnen plattenartigen Teilen.
> - Es gibt **zwei Arten von Lithosphärenplatten**, spezifisch schwerere ozeanische Platten und spezifisch leichtere kontinentale Platten.
> - Einzelne Platten können sich grundsätzlich voneinander wegbewegen (*seafloor-spreading*), aufeinander zu bewegen (Beispiel Himalaya), aneinander entlangschrammen (Beispiel Kalifornien), oder eine Platte kann unter eine spezifisch leichtere abtauchen (**Subduktionszone**).
> - Der Antrieb für den horizontalen Plattentransport liegt darin begründet, dass innerhalb des Erdmantels unterschiedliche Temperaturverhältnisse vorherrschen. Heißere Zonen im tieferen Erdmantel erzeugen nach oben gerichtete **Konvektionsströme** von Magma.
> - An den Plattengrenzen kommt es zu großräumigen Wirkungen: Platten werden – vereinfacht dargestellt – aufeinandergeschoben und bilden Gebirge, Platten werden durch die Keilwirkung aufsteigenden Magmas voneinander weggeschoben und an den Plattenrändern bildet sich neue Erdkruste, Platten scheren aneinander vorbei und erzeugen so schwere Reibungsvibrationen (Erdbeben), Platten tauchen untereinander ab, wobei die abtauchende Platte in größeren Erdmanteltiefen aufgeschmolzen wird.

Plattentektonik: moderner geowissenschaftlicher Forschungszweig, beschreibt modellhaft Bewegungen der Erdkrustenplatten auf oberem Erdmantel und die sich hieraus ergebenden Folgeerscheinungen (Erdbebenentstehung, Gebirgsbildung und Krustenneubildung); die plattentektonische Modellvorstellung gründet auf die von **Alfred Wegener** formulierte **Kontinentalverschiebungstheorie** und wurde nach dem Zweiten Weltkrieg, besonders in den 1960er-Jahren mithilfe damals entwickelter modernerer Forschungstechnologie initiiert. Auffällig waren mehrere **Grundphänomene**:
- Vulkanismus und Erdbeben treten nicht räumlich beliebig verteilt auf der Erdoberfläche auf, sondern konzentrieren sich in netzartig verteilten Zonen (Plattengrenzbereichen).

→ Die Kontinentalschelf-Ränder heute weit voneinander entfernter Kontinente ergeben beim Zusammenschieben eine Art zusammenhängenden Urkontinent.

→ In bestimmten Gebieten heute weit voneinander entfernter Kontinente treten ähnliche oder gleiche Eigenschaften geologischer Art (z. B. fortlaufende tektonische Brüche) und botanischer Art (z. B. Vorkommen eng verwandter Pflanzenarten) auf.

Folgerung: Heute voneinander getrennte Kontinentteile bildeten einst einen zusammen hängenden Superkontinent (Pangäa).

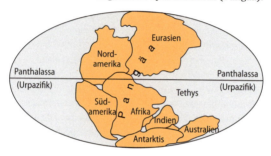

Der Superkontinent Pangäa (andere Schreibweise Pangaea)

Unterschieden werden mehrere Arten von **Plattengrenzen**:

Mittelozeanische Rückensysteme: Zäh fließende Magma steigt aus dem oberen Erdmantel auf; durch die dabei entstehende Keilwirkung werden ozeanische Lithosphärenplatten seitlich voneinander weggeschoben. Diesen Prozess nennt man, da er submarin stattfindet, *seafloor-spreading*. Es ist im eigentlichen Sinne für die Plattenbewegungen verantwortlich.

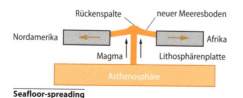

Seafloor-spreading

Die auf den ozeanischen Krustenteilen aufliegenden kontinentalen Plattenteile werden mitgeschleppt (Kontinentaldrift). Mittelozeanische Rückensysteme sind **konstruktive Plattengrenzen**. An den ozeanischen Plattenrändern, z. B. am Mittelatlantischen Rückensystem, lagert sich immer wieder neue, erstarrte Magma an, neue Erdkruste wird dort ständig gebildet.

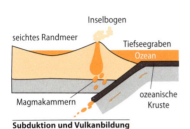

Subduktion und Vulkanbildung

Subduktionszonen: Ozeanische und kontinentale Platten haben unterschiedliche spezifische Dichten (die ozeanische Kruste ist dichter, „schwerer"). Treffen sich die Platten, taucht deshalb erstere unter letztere ab (*subducere* = hinabführen, abtauchen) und erzeugt an der Kontaktfläche zur kontinentalen Platte Reibung: Erdbeben entstehen. In größeren Tiefen bis zu einigen hundert Kilometern schmilzt abtauchendes Krustenmaterial auf, steigt senkrecht nach oben, durchschmilzt die kontinentale Platte und resultiert in Vulkanketten (z. B. küstennahe Vulkane in den Anden). Subduktionszonen sind **destruktive Plattengrenzen**. An ihnen wird vorhandenes Krustenmaterial aufgeschmolzen.

Transformstörungen *(transform faults)*: Dabei handelt es sich um „Entlastungsrisse" senkrecht zu den mittelozeanischen Rückensystemen oder zu kontinentalen Grabenbrüchen. An diesen Störungen kommt es zu Reibungen, somit seismischen Erschütterungen (z. B. Sankt-Andreas-Verwerfung in Kalifornien), denn Plattenränder bewegen sich hier mit „doppelter" Geschwindigkeit aneinander vorbei.

Kompressionszonen: Hier „prallen" zwei kontinentale Krustenteile aufeinander (z. B. Kontakt der Indischen mit der Eurasiatischen Platte, Entstehung des Himalaya-Gebirges; auch Alpen). Dabei kommt es nicht einfach zum Hochwölben kontinentaler Krustenteile, vielmehr greifen

a = Teile des mittelozeanischen Rückens
b = Transformstörungen

Aufsicht auf Transformationsstörungen

die einzelnen Sedimentschichten fingerförmig in die Teile der jeweils anderen Platte ein (**Deckenüberschiebungen**). An den Kontaktflächen kommt es unter hohem Druck teilweise zum Aufschmelzen vorhandener Gesteine, sodass auch **Metamorphite** gebildet werden.

Kontinentale Grabenbrüche: Hier findet quasi ein *seafloor-spreading* innerhalb eines Kontinents statt. Die ozeanische Kruste bricht auf, Magma aus dem oberen Erdmantel steigt auf und spreizt die ozeanischen Platten mit den aufliegenden kontinentalen Krustenteilen auseinander.

1.4 Gesteinsentstehung, Kreislauf der Gesteine

Die Entstehung der Gesteine steht in ursächlichem Zusammenhang mit **endogenen** und **exogenen** Kräften, die auf die Erdkruste wirken. Beispiele für endogene Kräfte sind Plattenbewegungen der Erdkruste, Gebirgsbildung und Vulkanismus, Beispiele für exogene Kräfte sind Verwitterung, Erosion. Man unterscheidet generell drei Gesteinsarten.

Magmatische Gesteine (Erstarrungs-/Eruptivgesteine)

Magmatische Gesteine entstehen durch Abkühlen, Erstarren und teilweises oder vollständiges Auskristallisieren glutflüssiger, aus dem oberen Erdmantel emporgestiegener Gesteinsschmelze, dem **Magma**. Dieses hat vor der Abkühlung Temperaturen von 700 bis 900 °C (**saures Magma**) bzw. von ca. 1200 °C (**basaltisches Magma**). Erstarrt Magma in der Erdkrustenplatte unterhalb der Erdoberfläche, so nennt man die daraus entstehenden Gesteine **Plutonite** (z. B. Granit), gelangt Magma bis an die Erdoberfläche, so entstehen **Vulkanite** (z. B. Basalt).

45 Gew.-% SiO_2 vorwiegend basisch ⇒ 75 Gew.-% SiO_2 vorwiegend sauer			
Vulkanite (halb kristallin und feinkörnig)	Basalt Andesit Na-Basalt Nephelinit	Dacit Rhyolith Trachyt Phonolith	
Plutonite (grobkörnig und voll kristallin)	Periodit Gabbro Diorit Syenit	Granodiorit Granit	
Ausgewählte magmatische Gesteine; SiO_2: Siliziumoxid			

Unterschieden werden folgende Bereiche, in denen Gesteinschmelze entsteht: an **Subduktionszonen** und **mittelozeanischen Rücken**, in **Grabenbruchsystemen**, in **Kompressionszonen** und über **Hot Spots**.

Metamorphe Gesteine (Umwandlungsgesteine)

Umwandlungsgesteine sind Gesteine, die in ihrer Struktur, Textur und ihrer mineralischen Zusammensetzung durch hohe Temperatur- und/oder Druckeinwirkung nachträglich verändert worden sind. Diese Einwirkungen treten wiederum an Plattengrenzen auf. Sie entstehen also aus bereits vorhandenen Gesteinen (magmatischen, Sediment- oder anderen metamorphen Gesteinen).

- **Regionalmetamorphite:** entstehen dort, wo z. B. Platten aneinander vorbeigeschoben werden, etwa an Kompressionszonen mit Gebirgsbildungsprozessen.
- **Kontaktmetamorphose:** Magma wird durch tektonische Vorgänge in das Umgebungsgestein eingepresst, welches neu aufschmilzt.

Ausgangsgestein	Metamorphose	⇒	metamorphes Gestein
Granit		⇒	Gneis
Kalkstein		⇒	Marmor
Ton-/Sandstein		⇒	Tonschiefer

Sedimentgesteine (Ablagerungsgesteine)

Sie entstehen durch **Ablagerung** und **Diagenese** (Verfestigung) kleiner Teilchen bereits zuvor vorhandener Gesteine, welche durch Verwitterung, Abtragung, Transport und Ablagerung aufbereitet wurden.

Unterscheidung nach Entstehungsort
- **terrestrische Sedimente** (auf Landmassen entstanden)
- **marine Sedimente** (in Meeresbecken/an Küsten entstanden)
- **limnische Sedimente** (im Gebiet von Seen entstanden)

Unterscheidung nach der Art ihrer Entstehung
- **Mechanische (auch: klastische) Sedimente:** Sie entstehen durch Transport, Ablagerung und Diagenese bereits vorhandener Gesteinsteilchen. Wird dabei gerundetes Ausgangsmaterial (z. B. Kieselsteine)

zusammengebacken, so nennt man das entstandene Sedimentgestein **Konglomerat**, ist eckiges oder kantiges Material beteiligt, so spricht man von **Breccie**.

→ **Chemische Sedimente:** Sie entstehen durch Ausfällung und Eindampfung gelöster Mineralstoffe (z. B. Gips, Salze und Kalkstein).

→ **Organische (auch: biogene) Sedimente:** Sie entstehen hauptsächlich aus organischen Substanzen. So bilden etwa Schwämme und Korallenpolypen Kalke in Meeresbereichen. Weitere Beispiele sind Torfe und Kohle.

Die eigentlichen Sedimentgesteine entstehen aus den Sedimenten (Lockerablagerungen) durch Verdichtung (aufeinander gelagerte Gesteinsteilchen verzahnen und verfestigen sich im Lauf der Zeit) und Zementierung (Wasser schwemmt bindende Substanzen, z. B. Calcit ein).

Kreislauf der Gesteine

Alle Gesteine sind in einen **Gesteinskreislauf** integriert. Endogene Kräfte bilden neue und zerstören vorhandene Gesteine, exogene Kräfte arbeiten bestehendes Gesteinsmaterial um. So kann aus jeder bestehenden Gesteinsart im Lauf der Jahrmillionen eine neue entstehen.

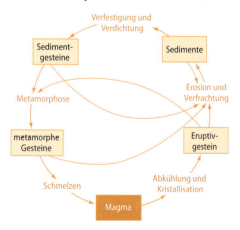

1 Geophysikalische Zusammenhänge `Checkliste 1`

Schalenbau der Erde
→ Rotationsellipsoid, Schalenmodell [innerer (NiFe-)] Kern und äußerer Erdkern, unterer Erdmantel, oberer Erdmantel und Übergangszone, Erdkruste
→ Sedimente, magmatische und metamorphe Gesteine
→ Plattentektonik, Konvektionsströme, Lithosphäre

Vulkanismus, Erdbeben und Plattentektonik
→ Subvulkanismus und Oberflächenvulkanismus
→ Plattengrenzen: mittelozeanische Rücken, Subduktionszonen, orogenetisch aktive Zonen, Kontinentalgräben, seafloor-spreading, Alfred Wegeners Kontinentalverschiebungstheorie, konstruktive und destruktive Plattengrenzen, Transformstörung, Kompressionszone
→ Hot Spots und Hot-Spot-Theorie
→ Schicht-/Stratovulkan, Schildvulkan, basaltische und andesitische Lava
→ Pyroklastika, Lapilli, vulkanische Bomben
→ Zentraleruption und Spaltenerguss
→ Hawaii-, Stromboli-, Vesuv-, Plinian- und Pelée-Typ
→ Postvulkanismus: Geysir, Thermalquelle, Fumarole, Solfatar und Mofette
→ Erdbeben: Hypozentrum, Epizentrum, Flach-, Zwischen- und Tiefbeben
→ vulkanisches Beben, Einsturzbeben und tektonisches Beben
→ Longitudinalwellen, Sekundarwellen und Langzeitwellen
→ Richterskala, Mercalliskala
→ Den Unterschied zwischen Naturereignis und Naturkatastrophe kennen und anhand von Beispielen erläutern können

Kreislauf der Gesteine
→ endogene und exogene Kräfte
→ magmatische Gesteine: Plutonite und Vulkanite
→ metamorphe Gesteine: Regionalmetamorphite und Kontaktmetamorphose
→ Sedimentgesteine: terrestrische, marine und limnische Sedimente; mechanische (klastische), chemische und biogene Sedimente

2 Klimageografische Grundlagen

Das Klima der Erde und insbesondere die klimatischen Mechanismen in den einzelnen Klimazonen bestimmen in entscheidender Weise die natürlichen Funktionen des globalen Ökosystems. Klima, Vegetation, Bodenbildung und die geomorphologischen Prozesse an der Erdoberfläche stehen in systematischen, interaktiven Zusammenhängen.

2.1 Allgemeine atmosphärische Zirkulation

Das traditionelle klassische Zirkulationsschema

Die **traditionelle Zirkulationslehre** lässt sich nach den neueren Erkenntnissen der Höhenwetterkunde (Aerologie) und neu eingeführten Messmethoden (z. B. Satelliteneinsatz) nicht mehr aufrechterhalten, soll aber hier in ihren wesentlichen Zügen skizziert werden.

→ „Antrieb" für die Zirkulation: höchste Einstrahlung von Wärmeenergie im Jahresdurchschnitt im Bereich der Tropen (mathematisch zwischen den beiden Wendekreisen); dort Aufsteigen der erwärmten Luftmassen, teilweise Kondensation in der Höhe (tropische Regen), Abfließen der Luftmassen in der Höhe in Richtung der beiden Pole (**Antipassate**), teilweises Absinken dieser Luftmassen über dem **subtropischen Hochdruckgürtel** (Trockenwüsten, Beispiel Sahara), Rückströmen dieser Luftmassen am Boden Richtung Äquator (Passatwinde), somit Schließen des Luftmassenkreislaufs

→ Strömen eines weiteren Teils des Antipassats in der Höhe Richtung Pol, Absinken in der Polarregion, Bildung eines Polarhochs, von dem aus Luftmassen wieder in die mittleren Breiten zurückfließen, wo sie mit aus dem subtropischen Hochdruckgürtel kommender Luft (durch **Corioliskraft** zu Westwinden abgelenkt) zusammentreffen und **Fronten** bilden

- also Dominanz vorwiegend meridionalen Luftmassenaustauschs zwischen Tropen und Polen im klassischen Zirkulationsmodell: Entwicklung zweier großer Zirkulationssysteme, nämlich **Passatwindkreislauf und Frontensystem** zwischen mittleren und polaren Breiten
- Dominanz vier verschiedener Drucksysteme: subtropischer Hochdruckgürtel (Rossbreitenhoch), Polarhoch, Tropentief und Tiefdruckrinne der mittleren Breiten
- Niederschlagsarmut in den Hochdruckbereichen, Niederschlagsreichtum in den Tiefdruckbereichen
- Insgesamt vorwiegend thermische Erklärung des Zirkulationsmodells (unterschiedliche Luftmassentemperaturen bedingen unterschiedliche Druckverhältnisse, diese bedingen Luftmassentransport infolge des Trachtens nach Druckausgleich)
- Erklärung der **Monsunwinde** (Winde, die im Jahresverlauf ihre Richtung um mindestens 120° drehen) vereinfacht als Luftmassenaustausch zwischen Festland und Ozean

Neuere Erklärungsversuche für die planetarische Zirkulation

Heute ist die allgemeine atmosphärische Zirkulation nur **in dreidimensionaler Sichtweise** erklärbar. Dabei wird die Atmosphäre nicht mehr in geschlossenen, gürtelartigen Zonen gesehen, sondern als ein dynamisches, alternierendes System von einzelnen **Zirkulationszellen**. Man

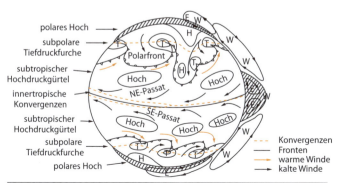

Atmosphärische Zirkulation in 0 bis 2 km Höhe mit Aufriss bis 15 km Höhe (nach Flohn)

weiß, dass horizontale (advektive) Luftmassenbewegungen gegenüber den vertikalen und meridionalen Bewegungen dominieren.

Im Gegensatz zum klassischen Modell der atmosphärischen (oder planetarischen) Zirkulation werden heute vorwiegend die **Strömungsvarianten in der Höhe** zur Erklärung herangezogen:

- **Höhenwestwinde** als ausgleichende, von der Corioliskraft nach Osten abgelenkte Luftmassenströmung zwischen dem Höhenhoch über den Tropen und dem Höhentief über den Polargebieten (denn: Luftdruck nimmt über den Tropen mit der Höhe langsamer ab als über den Polargebieten)
- größtes Druckgefälle an der **planetarischen Frontalzone** im Übergangsbereich tropischer und polarer Luftmassen; Entstehung eines hochgelegenen schnellen Westwinds (**Jetstream**) mit Geschwindigkeiten bis zu 350 km/h in 8–12 km Höhe; mittlere Lage des Stromstrichs bei etwa 40° Breite (jahreszeitlich wandernd mit dem Sonnenstand zwischen etwa 30° und 65° Breite)
- Wirkung dieser Strahlströmung bis auf die Erdoberfläche (**allgemeine Westwinddrift**)
- alle barischen Druckgebilde (**Hoch- und Tiefdruckgebiete** bzw. **Antizyklone und Zyklone**) werden mit den sie umkreisenden Winden und Fronten nach Osten verfrachtet
- Entstehung der Tief- und Hochdruckgebiete in erster Linie durch den **Jetstream**, der strömungsmäßig mäandriert und dabei Verwirbelungen erzeugt
- Bewegung der Tiefdruckgebiete hauptsächlich in der polwärtigen Zone der Westwinddrift (bedingt durch zunehmende Corioliskraft polwärts und das Ausscheren der Tiefs in Richtung Pol)
- äquatorwärtiges Ausscheren der Hochdruckgebiete durch umgekehrtes Wirken der Corioliskraft; deshalb räumliche Konzentration der Hochdruckgebiete in etwa 25–30° Breite (subtropischer Hochdruckgürtel)
- Verstärkung der Westwinde durch Luftmassen, die vom subtropischen Hochdruckgürtel polwärts streben und abgelenkt werden
- äquatorwärts strömende Luftmassen werden abgelenkt zum **Urpassat**, der an der Oberfläche durch Reibung abgebremst zum **Nordostpassat** (Nordhalbkugel) und zum **Südostpassat** (Südhalbkugel) wird

- → Zusammenfließen (Konvergieren) der beiden Passatströme in der **ITC** (**I**nnertropical **C**onvergence Zone/**I**nnertropische **K**onvergenzzone); dort wiederum Aufsteigen der Passatluftmassen und Kondensation (Tropenniederschläge)
- → **Jahreszeitliche Verschiebung der ITC** im Nordsommer mit dem Sonnenstand bis 20° vom mathematischen Äquator entfernt (besonderes Phänomen der Nordhalbkugel infolge größerer Landmasse und deshalb schnellerer thermischer Umsetzung)
- → dadurch Überqueren des Äquators durch den Südostpassat, der in Fließrichtung nach rechts abgelenkt die Westwinde verstärkt
- → außerdem: **Aufspaltung der ITC** in einen schwächeren Zweig am mathematischen Äquator und einen stärkeren am thermischen Äquator möglich; Entstehen einer schwächeren Ausgleichsströmung zum stärker ausgeprägten ITC-Zweig hin (**äquatoriale Westströmung**)
- → Ausbildung flacher, wenige Kilometer mächtiger **Kaltlufthochdruckgebiete an den Polen**; aus ihnen fließt äquatorwärts gerichtete Luft heraus, die durch die Corioliskraft (in Fließrichtung nach rechts abgelenkt) zu **polaren Ostwinden** führt
- → polare Ostwinde konvergieren mit warmen Südwestwinden; dadurch zusätzliche **Frontenbildung mit Entstehung von Zyklonen**

Hadley-Zelle: der Teil der planetarischen Zirkulation, der den klassischen Passatkreislauf beschreibt (aufsteigende Luftmassen am Äquator, polwärts trachtende, aber in Fließrichtung nach rechts abgelenkte Luftmassen, teilweises Absinken im Bereich der Subtropen, Rückfließen zur ITC)

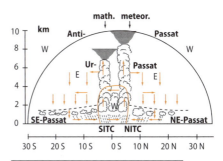

Passatkreislauf. Schema mit doppelter ITC und äquatorialer Westwindzone (nach Flohn)

Ferrel-Zelle: Zirkulationszelle in den mittleren Breiten: aufsteigende Luftmassen im Bereich der subpolaren Tiefdruckrinne und polare Ostwinde (Corioliskraft!), die zur subtropischen Hochdruckzelle fließen und dort mit absteigendem Ast der Hadley-Zelle wieder auf die Erdoberfläche treffen, Rückfluss am Boden in die subpolare Tiefdruckrinne

Neuere Konzepte zum Monsun: Als Ursache für den ostasiatischen Monsun wird die jahreszeitliche Verlagerung der planetarischen Frontalzone angesehen. Der Sommermonsun Ostasiens ist ein flacher, abgelenkter Nordostpassat, der Wintermonsun (Südwestwind) ein Teil der Westwinddrift. Auch der **tropische Monsun** (z. B. in Südostasien) kann nun in die allgemeine planetarische Zirkulation eingegliedert werden.

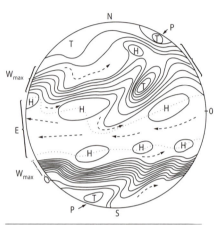

atmosphärische Zirkulation in Höhen von 4 bis 10 km Isobaren durchgezogen; Windströmungen gestrichelt; Begrenzung des Urpassats gepunktet; P = niedrigster Luftdruck in der Höhe über dem Kältepol am Boden

Die jahreszeitlich wechselnden Monsunwinde können auf die jahreszeitliche Verlagerung der ITC zurückgeführt werden. Südostasien kommt im Sommer in den Einflussbereich des Südwestmonsuns, eines beim Überschreiten des Äquators nach Norden hin abgelenkten Südostpassats. Die dabei auftretenden hohen Niederschläge sind Folge der enthaltenen feuchten innertropischen Luftmassen. Im Winter verlagern sich alle Windgürtel südwärts. Südostasien gelangt dann in den Bereich des trockenen (da aus dem Innern Asiens stammend) Nordostmonsuns (= Nordostpassat).

> **Abi-Tipp: Atmosphärische Zirkulation**
>
> Die atmosphärische Zirkulation kann man nicht einfach lernen, sie muss verstanden werden! Gehen Sie deshalb schrittweise nacheinander die einzelnen Zirkulationsabschnitte durch.

2.2 Zentrale Begriffe zur Klimageografie

Zum besseren Verständnis klimageografischer Zusammenhänge folgt hier ein Glossar der wichtigsten klimarelevanten Begriffe und deren Erläuterungen.

Definition Wetter: Wetter ist der **augenblickliche Zustand der Atmosphäre** über einem bestimmten Punkt der Erdoberfläche zu einem bestimmten Zeitpunkt. Beispiel: Starkregen an einer Kaltfront an einem Frühlingstag über München.

Definition Witterung: Witterung ist die **typische Wetterabfolge** über einem bestimmten Punkt der Erdoberfläche in einem mehrtägigen bis mehrwöchigen Zeitraum. Beispiel: rasche Abfolge von Hoch- und Tiefdruckeinflüssen über Bayern im April (typisches Aprilwetter).

Definition Klima: Unter Klima versteht man alle typischen Witterungseinflüsse im Jahresverlauf über einem größeren Gebiet (z. B. einer Klimazone). Das Klima beschreibt also den **mittleren Zustand der Atmosphäre** über einem Gebiet über einen größeren Zeitraum (mindestens ein Jahr). **Beispiele:** Abwechseln der Hoch- und Tiefdruckgebiete in den Mittleren Breiten, typische Niederschlagsabfolge mit sommerlicher Trockenheit und Winterregen im Mediterrangebiet, vorwiegend ganzjährige Trockenheit in den Wüstengebieten des Subtropischen Hochdruckgürtels. Das Klima kann man anhand mehrerer Maßstabsebenen betrachten. Als Makroklima bezeichnet man das Klima eines Teils eines Kontinents oder einer ganzen Zone, das Mesoklima betrachtet man, wenn man z.B. eine Landschaft untersucht. Ebenso kann man kleinere Raumeinheiten (eine Luftschicht eines Standorts) im Rahmen des Mikroklimas untersuchen. Zur Charakterisierung typischer Klimate genügt das Heranziehen allein eines einzigen Klimaelements (z. B. Niederschlag oder Lufttemperatur) allerdings nicht. Das Klima einer Klimazone kann besser durch Zuhilfenahme mehrerer **Klimaelemente** beschrieben werden:

Temperatur: Gemessen wird in der Meteorologie die Lufttemperatur in Grad Celsius. Die Messung erfolgt in 2 m Höhe (Vermeidung von abgestrahlter Wärme durch den Untergrund), mehrmals am Tag (Ermittlung von Durchschnittstemperaturen) in einem weiß lackierten, gut belüfteten Wetterhäuschen (dadurch wird direkte, verfälschende Sonneneinstrahlung vermieden). Die zeitliche Aneinanderreihung von Durchschnittswerten (z.B. Monatsmitteln) ermöglicht die typische Abfolge von Lufttemperaturwerten und damit eine bessere klimatische Zuordnung einer Klimastation zu einer Klimaregion.

Niederschlag: Unterschieden werden verschiedene **Niederschlagstypen**, wie etwa Regen, Nieselregen, Schnee, Schneeregen, Hagel, Tau, Reif etc. **Niederschlagsarten** beschreiben die Art der Entstehung: **zyklonale Niederschläge** entstehen im Bereich von wandernden Tiefdruckgebieten an Fronten, **Konvektionsniederschläge** fallen, wenn Luftmassen über erhitzten Landflächen aufsteigen, sich dabei abkühlen und den **Taupunkt** (= 100% relative Luftfeuchtigkeit) erreichen. **Steigungsregen** entsteht durch erzwungenes Aufsteigen von Luftmassen, Abkühlung und Erreichen des Taupunkts an Gebirgshindernissen. Unter **Zenitalregen** versteht man den durch die wandernde ITC verursachten Niederschlag. Der Jahresverlauf von Niederschlagssummen (z.B. Monatsniederschlagswerten) ermöglicht zusammen mit den Temperaturwerten eine recht gesicherte klimatische Zuordnung von Klimastationen. Niederschlagswerte werden in **Milimetern (mm** gleich einem Liter pro Quadratmeter) gemessen.

Luftdruck: Dies ist der Druck, der in einer bestimmten Höhe oder an der Erdoberfläche gemessen wird. Dieser Druck ergibt sich aus der einem Gebiet auflastenden Luftsäule der Atmosphäre. An der Erdoberfläche beträgt der gemittelte Luftdruck in Meereshöhe 1013 hPa (Hektopascal). Dieser entspricht dem Druck, die eine 1013 mm hohe Wassersäule auf die Bodenfläche ausübt.

Luftfeuchtigkeit: Luftfeuchtigkeit beschreibt den Anteil von Wasserdampf in einer Luftmasse bei einer bestimmten Temperatur (je höher die Temperatur, desto mehr Wasserdampf kann massenmäßig gespeichert werden). Die **absolute Luftfeuchtigkeit** nennt den Wasserdampfgehalt in Gramm pro Kubikmeter. Die relative Luftfeuchtigkeit wird in Prozent des bei einer bestimmten Temperatur maximal möglichen Wasserdampfgehalts (= 100%) ausgedrückt.

Maximaler Wasserdampfgehalt (100 % relative Luftfeuchtigkeit) bei verschiedenen Temperaturen

Temperatur	−40°C	−30°C	−10°C	0°C	15°C	25°C	35°C	50°C
g/m^2	0,12	0,34	2,16	4,85	12,83	23,05	39,60	82,70

Beachte: Bei einer Lufttemperatur von 15 °C genügen also etwas mehr als 12,83 g Wasserdampf in einer Luftmasse, um Kondensation hervorzurufen (in Bodennähe würde so Bodennebel entstehen). Bei 35 °C Lufttemperatur wären hierfür fast 40 g Wasserdampf nötig! Übrigens: 90 % relative Luftfeuchtigkeit in den Tropen, also bei hohen Lufttemperaturen, machen uns Mitteleuropäern schwer zu schaffen (extreme Schwüle). 90 % Luftfeuchtigkeit bei 15° Celsius bereiten uns wegen der niedrigeren Temperatur kaum Probleme.

Klimadiagramme: In der Geografie ist besonders die Darstellung wichtiger Klimaelemente wie Niederschlag und Lufttemperatur im Jahresverlauf in Form von **Klimadiagrammen** von großer Bedeutung. Mit diesen Diagrammen können typische Klimate beschrieben werden und Messstationen typischen Klimazonen zugeordnet werden.

Klimadiagramm nach Walther/Lieth: Es zeigt in Jahreskurven die Monatsmitteltemperaturen und die monatlichen Niederschlagsmengen. Skalierung: 10 °C auf der y_1-Achse entsprechen 20 mm Niederschlag auf der y_2-Achse. **Erläuterungen:** Die **Jahresdurchschnittstemperatur** wird aus der Summe der Monatsmittel geteilt durch 12 (Monate) errechnet. Die **Jahresniederschlagsmenge** ist die Summe aller Monatsniederschlagsmengen. Die **Jahrestemperaturamplitude** stellt den Unterschiedsbetrag zwischen höchstem und niedrigstem Monatsmittel der Temperatur dar. **Aride Abschnitte** sind Zeiten, in denen mehr verdunstet, als durch Niederschläge bereitgestellt wird (= Trockenperioden). Aride Phasen werden **gepunktet** dargestellt. **Humide Abschnitte** sind Zeiten, in denen die Niederschlagsmenge über den Verdunstungswerten bleibt (= Feuchtperioden). Diese werden **senkrecht gestrichen** dargestellt.

Abi-Tipp: Klimadaten und -diagramme

In fast jeder Abituraufgabe müssen Sie mit Klimadaten bzw. Klimadiagrammen arbeiten! Der Umgang mit diesen Diagrammen sollte geübt werden!

Das Klimadiagramm nach Walther/Lieth

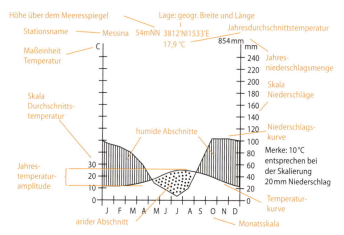

Thermoisoplethendiagramm: Dieses Diagramm zeigt den **Tagesgang der Temperatur einer Station in den verschiedenen Monaten** und den **Jahresgang der Temperatur einer Station zu bestimmten Tageszeiten**. Auf der (senkrechten) y-Achse werden von oben nach unten die Tageszeiten skaliert, auf der x-Achse die Monate. In der Diagrammfläche werden die Linien gleicher Temperatur dargestellt und mit den Werten versehen. Thermoisoplethendiagramme ermöglichen nur anhand der Darstellung von Temperaturwerten meistens eine sichere Zuordnung der Station zu einer bestimmten Klimazone – zumindest findet man schnell heraus, ob die Station über ein Jahreszeitenklima (z.B. Mittelbreiten) oder ein Tageszeitenklima (z.B. Innere Tropen) verfügt.

Klimogramm: Im Klimogramm werden Niederschlags- und Temperaturwerte in einem Polarkoordinatendiagramm dargestellt. Es besitzt aber weniger Aussagekraft als das Klimadiagramm nach Walther/Lieth.

Aridität und Humidität: Die folgende Tabelle erläutert typische Klimaprädikate auf der Grundlage von Niederschlag und Verdunstung, die in der Literatur Eingang gefunden haben.

2.2 Zentrale Begriffe zur Klimageografie

Klimogramm München

Klimogramm Rio de Janeiro/Brasilien

...... C
—— mm

Bezeich-nung	Verhältnis Niederschlag zu Verdunstung	Beschreibung
perhumid	Niederschlag > Verdunstung	ständig (ganzjährig) ausreichend Wasser
humid	Niederschlag > Verdunstung	kurze Trockenphasen möglich
subhumid	Niederschlag =/> Verdunstung	längere Trockenphasen mit zeitlichem Wasserdefizit
semiarid	Niederschlag < Verdunstung	Wasserdefizit, periodische Feuchtphase eingeschaltet
arid	Niederschlag < Verdunstung	ständiger Wassermangel, nur kurze Feuchtphasen möglich
perarid	Niederschlag < Verdunstung	ständiger Wassermangel, nur episodische Niederschläge möglich

> **Abi-Tipp: Thermoisoplethendiagramme**
>
> Neben Klimadiagrammen können auch Thermoisoplethendiagramme Bestandteil einer Abituraufgabe sein. An diesen kann man z. B. den Tagesgang der Lufttemperatur in einem bestimmten Monat ablesen. Machen Sie sich mit der Lesart dieser Diagramme vertraut, Beispiele finden Sie im Erdkundebuch oder im Internet.

Den Einflussgrad anthropogener Faktoren auf das Klima analysieren **stadtklimatische Untersuchungen**. Bodennahe Austauschverhältnisse, Temperaturverhältnisse innerhalb der Stadt, Windmodifikation durch Bebauung sowie die Bedeutung des Windes für die Belüftung des Stadtgebiets spielen als Fragestellungen eine besondere Rolle, da Städte durch eine Vielzahl an Emissionen belastet sind. Insgesamt ist in vielen deutschen Städten ein Anstieg der Temperatur zum Ballungszentrum hin beobachtbar, große Parkanlagen dagegen weisen ein Temperaturniveau auf, das dem des Umlands angeglichen ist. Größere Grünflächen können sogar durch einen Oaseneffekt Einfluss auf die umgebenden Gebiete haben. Deutliche Unterschiede lassen sich im Abkühlungsverhalten der Stadtstrukturen je nach Bebauungsdichte und Nutzungsart feststellen, man spricht von sogenannten Wärmeinseln innerhalb der Stadt. Die stärkste Wärmebelastung der bodennahen Luftschichten lässt sich in dicht bebauten und versiegelten, meist durch Blockbebauung geprägten Vierteln nachweisen, denn Mauerwerk besitzt ein gutes Wärmespeichervermögen. Hinzu kommt künstlich freigesetzte Energie (z.B. Industrieabwärme, Gebäudeheizung). Der Beitrag der städtischen Wärmeinseln zur globalen Erwärmung wird insgesamt jedoch auf nur 0,05 °C beziffert.

Checkliste   2 Klimageografische Grundlagen

→ **klassisches Zirkulationsschema:** Passatwindkreislauf, Antipassat, subtropischer Hochdruckgürtel, Corioliskraft, Monsun
→ **planetarische Zirkulation:** Polarhoch, subpolare Tiefdruckrinne, subtropischer Hochdruckgürtel, tropische Konvergenz, ITC (Innertropical Convergence Zone) und deren Aufspaltung, Zirkulationszellen, Höhenwestwinde, Jetstream, Zyklone und Antizyklone, Südost- und Nordostpassat, äquatoriale Westströmung, Hadley-Zelle und Ferrel-Zelle
→ **Monsuntheorien** verstehen und erklären
→ **Klimabegriffe:** Wetter, Witterung und Klima
→ **Klimaelemente:** Temperatur, Niederschlag und Niederschlagsarten, Luftdruck, Luftfeuchtigkeit (absolut und relativ)
→ **Klimadiagramme lesen und interpretieren:** Klimadiagramm Walther/Lieth, Klimogramm
→ **Stadtklima** erläutern können

Grundlegende Fakten zum Bereich Wasser

3

Wasser ist einer der bedeutendsten Geofaktoren im Geoökosystem der Erde. Das Wasser der Erde und damit die Wasserverfügbarkeit ist zonal unterschiedlich auf unserem Planeten verteilt.

3.1 Wasser als Lebensgrundlage

Die **Hydrosphäre** umfasst den Bereich der Erde, in dem sich H_2O in den Aggregatsformen fest, flüssig und gasförmig befindet. Hierzu zählen Ozeane, Süß- oder Frischwasservorkommen in Gletschereis, in Grundwasserreservoirs, in Flüssen und Seen, als Bodenfeuchte und in der Atmosphäre.

Bedeutung des Wassers

Wasser ist als direkte Lebensgrundlage für die Existenz von Menschen, Tieren und Pflanzen unabdingbar. Darüber hinaus trägt es zum eigentlichen Funktionieren des Gesamtökosystems Erde wesentlich bei.

→ **Bedeutung als Bestandteil von Organismen, z. B.**
Körperflüssigkeit, Grundlage für Stoffwechselprozesse,
Körpertemperaturregler (Schweiß, Verdunstungskälte),
Trinkwasser, Entgiftungsmedium (Ausscheidung)

→ **Bedeutung als Klima steuernder Bestandteil, z. B.**
Temperaturspeicher und -puffer innerhalb der Atmosphäre,
Temperaturspeicher und -puffer innerhalb der Meere,
Niederschlagsbringer,
ausgleichendes Medium in den Meeresströmungen

→ **Bedeutung innerhalb der Landwirtschaft, z. B.**
Grundelement für das Pflanzenwachstum,
künstliche Bewässerung (Bewässerungslandwirtschaft)

- **Bedeutung für die industrielle Produktion, z. B.**
  Grundstoff für die chemische Industrie,
  Kühl- und Reinigungsmittel, Träger der Abwasserentsorgung
- **Bedeutung für die Energiegewinnung, z. B.**
  Kühlmittel in Kraftwerken,
  Wasserkraft als Energieträger
- **Bedeutung für die Freizeitnutzung, z. B.**
  Badelandschaften, Wassersport und Wintersport
- **Bedeutung für Logistik und Transport, z. B.**
  Binnenschifffahrt über Flusssysteme und Kanäle
- **religiöse Bedeutung, z. B.**
  Ganges (Indien) ist für Hindus ein heiliger Fluss

Wassernutzung

Der direkte Verbrauch

Der deutsche Durchschnittsbürger verbraucht täglich weniger als 130 Liter Wasser – im Jahr 1991 waren es noch 144 Liter. Ein Großteil des Frischwassers wird für Baden, Duschen und Körperpflege sowie die Toilettenspülung verwendet (zusammen etwa 68% des Gesamtverbrauchs). Die Wäsche der Deutschen verbraucht 14% des benötigten Wassers, für Kochen, Putzen, Gießen und Spülen werden nur einstellige Anteile des Frischwassers der Privathaushalte benötigt.

Der indirekte Verbrauch

Einerseits ist zu vermerken, dass einiges unternommen wird, um Wasser zu sparen, indem beispielsweise Duschköpfe und Wasserhähne verwendet werden, die einen geringen Wasserdurchfluss haben.

Doch wird je nach Lebensstil und Einkaufsverhalten der deutschen Konsumenten indirekt weitaus mehr Wasser verbraucht. Etwa 4000 Liter an „virtuellem" Wasser müssen zu den oben erwähnten Werten hinzugerechnet werden, da Wasser „innerhalb" bestimmter Waren importiert wird, zu deren Produktion Wasser verwendet wurde.

Produkt	Waserverbrauch für die Herstellung (weltweite Durchschnittwerte)
Tüte Kartoffel-Chips (200 g)	185 Liter
1 kg (ungeschälter) Reis	2300 Liter
1 Ei (60 g)	200 Liter
1 kg Rindfleisch (ohne Knochen)	15 500 Liter
1 kg Röstkaffee	21 000 Liter
Eine Tasse Kaffee	140 Liter
1 kg Kakaobohnen	27 000 Liter
Kleidung aus Baumwolle pro kg	11 000 Liter

Quelle: www.virtuelles-wasser.de/produktgalerie.html

3.2 Globale Wasserverteilung und Wasserkreislauf

Die **Hydrologie** befasst sich mit der Erforschung des Wassers und seinen Aggregatzuständen (flüssig, gasförmig, fest) über, auf und unter der Erdoberfläche. Die **Hydrogeografie** erforscht die Erscheinungsformen des Wassers in ihrer räumlichen Einwirkung auf das Landschaftsbild und den Landschaftshaushalt.

Assoziierte Wissenschaftszweige der Hydrogeografie sind **Flusskunde** (Potamologie), **Seenkunde** (Limnologie), **Meereskunde** (Ozeanografie), **Grundwasser- und Quellenkunde**, **Klimatologie**, sowie Forschungszweige, die sich mit dem **Wasserhaushalt** und der **Wasserwirtschaft** beschäftigen.

Die Erde verfügt über ein **Wasservolumen von ca. 1,4 Milliarden km^3**.

Wasservorkommen	Volumen (in 1000 km^3)	Prozentanteil
Ozeane	1350400	97,6
Landflächen gesamt	33432	2,4
– Flüsse	1,7	
– Süßwasserseen	125	
– Binnenmeere und salzhaltige Seen	105	

3 Grundlegende Fakten zum Bereich Wasser

Wasservorkommen	Volumen (in 1000 km³)	Prozentanteil
– Bodenfeuchte	150	
– Wasser in Biomasse	50	
– Grundwasser	7000	
– Gletschereis	26000	

Die **globale Niederschlagsmenge** beträgt pro Jahr etwa 516 km³.

Der Wasserhaushalt der Erde wird in der **globalen Wasserhaushaltsgleichung** festgehalten:

$$N = V + A + (R - B)$$

N = Niederschlag (einschließlich Nebel, Tau, Reif, Hagel, Schnee etc.)
V = Verdunstung; A = Abfluss; R = Rücklage (Bodenfeuchte, Eis, stehende Gewässer, etc.); B = Aufbrauch (Entnahme aus R durch Verdunstung und Abfluss)

→ Niederschlag und Abfluss: **Niederschlag** ist Wasser, welches aus der Lufthülle in flüssiger oder fester Form abgegeben wird. Hierzu zählen z. B. Regen, Nieselregen, Schneeflocken, Schneeregen, Graupel und Hagel. Die jährlichen Niederschlagsmengen zeigen in Abhängigkeit von der Breitenlage und von den örtlichen Gegebenheiten (z. B. Luv- oder Leelage) regional extreme Unterschiede. Unter **Abfluss** versteht man Niederschlagswasser, welches nicht verdunstet oder gespeichert wird, sondern in Wasserläufen abfließt.

Die Tabelle zeigt ausgewählte Durchschnittswerte von Niederschlag und Abfluss auf der Nordhalbkugel in Abhängigkeit von der Breitenlage.

Breitenlage (Nord)	Jahresniederschlagsmenge	Abfluss
0°–10°	1720 mm	570 mm
10°–20°	950 mm	350 mm
20°–30°	790 mm	290 mm
30°–40°	520 mm	140 mm
40°–50°	510 mm	180 mm
50°–60°	500 mm	140 mm

- **Verdunstung:** Hier handelt es sich um einen physikalischen Prozess, bei dem als Folge der eingestrahlten Sonnenenergie Wasser in den gasförmigen Aggregatzustand (Wasserdampf) übergeführt wird. Man unterscheidet die **potenzielle Verdunstung** (die unter den gegebenen Klimabedingungen maximal mögliche) von der **tatsächlichen Verdunstung** (die in Wirklichkeit gemessene Verdunstung). **Evaporation** bezeichnet die Verdunstung, die über einer freien Wasserfläche oder in Zonen ohne Vegetation stattfindet, **Evapotranspiration** die Verdunstung, die von der Gesamtfläche einer Region (Landfläche plus Summe der Oberflächen von Pflanzen an Blättern, Stämmen und Stengeln usw.) ausgeht.
- Der **globale Wasserkreislauf** kann wie folgt dargestellt werden:

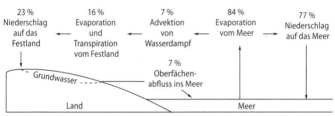

Advektion = horizontaler Luftmassentransport;
Kondensation = physikalischer Vorgang, bei dem durch Abkühlen meist infolge von Luftmassenaufstieg der Taupunkt/Wasserdampfsättigungsgrad erreicht wird und gasförmiges H$_2$O in flüssiges H$_2$O übergeführt wird

- **Einflussfaktoren** auf den globalen Wasserkreislauf können natürlichen sowie anthropogenen Ursprungs sein. Allein das Relief eines Raums (Neigung des Geländes) und die Exposition, also die Ausrichtung eines Hanges, beeinflussen den Kreislauf des Wassers massiv. Je nach Lage und Exposition hinsichtlich der Himmelrichtungen ergeben sich große Unterschiede für die Einfallsrichtung der Sonnenstrahlen, was wiederum Folgen für das Ausmaß der Verdunstung haben kann. Auch Flora und Fauna wirken auf den Wasserkreislauf, je nachdem, welche Vegetationsdecke in einem Raum vorhanden ist und welche Organismen den Raum besiedeln.
- Der Einfluss des Menschen auf den globalen Wasserkreislauf lässt sich an diversen Beispielen verdeutlichen, da er mit seinem Handeln und der Notwendigkeit, Energie zu erzeugen, Transportwege

zu schaffen und Bewässerungslandwirtschaft zu betreiben, in den natürlichen Kreislauf eingreift. Jede Form von **Versiegelung** der Oberfläche führt dazu, dass Niederschlagswasser schnell abfließt und dem Kanalnetz zugeführt wird, wodurch es nicht in den Boden einsickern kann. Fehlende Vegetationsdecken in städtischen Siedlungsräumen beeinflussen die Verdunstungsraten, Abholzung von Ufervegetation kann zu Erosion führen, da die Abflussraten zunehmen. Ein vom Menschen begradigter Flusslauf verändert oftmals die Fließgeschwindigkeit eines Gewässers, wodurch das Ökosystem Schaden nimmt. Große Staudamm-Projekte können durch die starken Verdunstungsraten sogar das Regionalklima verändern.

3.3 Wasser in der Bewässerungslandwirtschaft

Als **Bewässerungslandwirtschaft** (**Bewässerungsfeldbau**) bezeichnet man alle Maßnahmen, bei denen in Gebieten ohne oder mit geringen natürlichen Niederschlagsmengen oder während Trockenphasen Wasser künstlich auf landwirtschaftliche Anbauflächen gebracht wird. Im Gegensatz hierzu versteht man unter **Regenfeldbau** (auch: **Trockenfeldbau**) den Anbau von Kulturen lediglich unter Zuhilfenahme der vorhandenen natürlichen Niederschlagsmengen.

Die **Trockengrenze des Regenfeldbaus** (Grenzlinie zwischen Gebieten mit Niederschlagsüberschuss und denen mit Niederschlagsdefizit) variiert räumlich sehr stark und hängt von den Einflussfaktoren Jahresniederschlag, Jahresdurchschnittstemperatur und Verdunstungsrate ab. Hierbei gilt als globale Durchschnittsgleichung

Niederschlag = 15 · Jahresdurchschnittstemperatur.

Bei einer Jahresdurchschnittstemperatur von 22° Celsius sind also für den Regenfeldbau mindestens 330 mm Jahresniederschlag nötig.

Bei Wasserknappheit könnten wassersparende Methoden dafür Sorge tragen, dass eine ertragsreiche Landwirtschaft möglich ist, viele Entwicklungsländer können die Investitionskosten hierfür jedoch nicht aufbringen. Oftmals sind es jedoch die kleinen lokalen, über Generationen hinweg eingesetzten Bewässerungsformen, die erfolgversprechend sind, da sie den Bedingungen vor Ort angepasst sind. In semiariden Gebieten mit einem Jahresniederschlag <350mm kann mittels *dry farming* beispielsweise Regenfeldbau betrieben werden. Über zwei oder mehrere Jahre wird dabei durch Pflügen zunächst eine Erhöhung der Wasseraufnahmekapazität des Bodens erzielt und anschließend durch Walzen der Felder nach dem Niederschlag Winderosion verhindert. So kann das Niederschlagswasser im Boden gespeichert werden, sodass Regenfeldbau möglich wird.

> **Merke**
>
> **Arten und Funktionsweisen künstlicher Bewässerung**
>
> → **Furchenbewässerung, Berieselung:** Von Kanälen, Stauseen oder anderen Reservoirs wird Wasser abgeleitet und in Rinnen oder Furchen auf die Anbaufläche gebracht; in ariden und semiariden Gebieten hohe Verdunstungsverluste. Relativ geringe Investitionskosten, dafür hoher Arbeitsaufwand für die Instandhaltung. Trotz eines geringen Wirkungsgrads und der Verdunstungsverluste ist die Furchenbewässerung/Berieselung die weltweit häufigste Form der Bewässerung
> → **Beregnung:** Besonders im Gartenbau verwendetes Verfahren, bei dem Wasser über Sprenganlagen aufgebracht wird; teilweise hohe Verdunstungsverluste, hoher technischer Aufwand, kostenintensiv
> → **Tröpfchenbewässerung:** moderne, wassersparende Methode, bei der über poröse Schlauchleitungen Bewässerungswasser direkt an die Pflanzen gebracht wird; diese Leitungen können auf oder unter dem Erdboden (Unterflurbewässerung, geringste Verdunstungsverluste) verlegt sein. Die Tröpfchenbewässerung hat einen sehr hohen Wirkungsgrad, sie wird jedoch noch sehr selten eingesetzt aufgrund der hohen Investitionskosten.

3.4 Konflikte um Wasser

Die Wasserversorgung stellt in einigen Ländern der Welt ein großes Problem dar – der blaue Planet hat Durst. Eine steigende Weltbevölkerung, die zahlreichen Nutzungsansprüche von Industrie und Landwirtschaft rufen einen Wassermangel hervor, der in einigen Regionen zu gravierenden Konflikten führt. Von Wassermangel spricht man, wenn einem

Einwohner pro Jahr weniger als 1000 m³ Süßwasser zur Verfügung steht. Streben Staaten Projekte an, mit denen Wasser gespeichert und damit für die Energieversorgung und die Landwirtschaft genutzt werden kann, ist auch das je nach Umfang und Planung nicht unumstritten. Umsiedlungen und gravierende ökologische Probleme am Jangtsekiang, der zum Drei-Schluchten-Staudamm ausgestaut wurde, eine fortschreitende Desertifikation am Aralsee in Zentralasien oder Auseinandersetzungen um die Nutzung des Jordanwassers im Nahen Osten – die Liste aktueller **Wasserkonflikte** ist lang. Politische Konflikte zwischen zwei oder mehreren Staaten (bi- bzw. multilateral) bzw. zwischen Bundesstaaten spielen bei Wasserkonflikten ebenso eine Rolle wie die soziale Dimension (z.B. Versorgung mit Trinkwasser), die ökologische Dimension (z.B. Eutrophierung, Versalzung) und nicht zuletzt die ökonomische Dimension (z.B. Wasserpreise, Versorgung der Industrie und der Landwirtschaft mit Wasser). Längst gibt es völkerrechtliche Abkommen, um Wasserkonflikte zu entschärfen.

> **Checkliste** **3 Grundlegende Fakten zum Bereich Wasser**
> → **Hydrosphäre:** Meerwasser, Süß- oder Frischwasser, fester, flüssiger und gasförmiger Aggregatszustand, Grundwasser, in Eis gebundenes Wasser, Bodenfeuchte
> → Wasser als **Lebensgrundlage**
> → **globale Wasserverteilung und Wasserkreislauf:** Hydrologie und Hydrogeografie, Wasserhaushalt und Wasserwirtschaft, globale Wasserhaushaltsgleichung, Niederschlag und Abfluss, Verdunstung (potenzielle, tatsächliche, Evaporation, Evapotranspiration), globaler Wasserkreislauf und der Einfluss des Menschen auf diesen
> → **Wasser in der Landwirtschaft:** Furchenbewässerung, Berieselung, Beregnung, Tröpfchenbewässerung, Regenfeldbau, Trockenfeldbau, *dry farming*

Grundlegende Fakten zum Bereich Boden

4

Die Bodenentstehung ist in den verschiedenen Klimazonen unterschiedlichen Prozessen unterworfen und liefert deshalb unterschiedliche Bodenarten und Bodentypen. In den verschiedenen Klimazonen sind die vorhandenen und im Prozess der Um- und Neubildung begriffenen Böden Hauptstandortträger für die landwirtschaftliche Produktion.

4.1 Bodendefinition

> **Merke**
>
> **Boden** ist das mit Wasser, Luft und Lebewesen durchsetzte, unter dem **Einfluss der Umweltfaktoren an der Erdoberfläche entstandene** und im **Ablauf der Zeit** sich weiterentwickelnde **Umwandlungsprodukt mineralischer und organischer Substanzen** mit eigener morphologischer Organisation, das in der Lage ist, höheren Pflanzen als **Standort** zu dienen und die **Lebensgrundlage für Tiere und Menschen** bildet. Als Raum-Zeit-Struktur ist der Boden ein **vierdimensionales System**.
>
> Diedrich Schroeder, in: Bodenkunde in Stichworten, Verlag Ferdinand Hirt 1982

Aus dieser Definition wird ersichtlich, dass die Entwicklung von Böden einen ständigen Prozess darstellt. Ein vorhandener Boden mit seinem typischen **Bodenprofil** ist also nichts anderes als eine Momentaufnahme innerhalb einer Entwicklung.

Veränderungen der Umgebungsbedingungen, wie Klimaveränderungen, Reliefveränderungen durch tektonische Vorgänge, die Aufschüttung neuer mineralischer Substanzen (z. B. Asche im Gefolge eines Vulkanausbruchs) oder die Veränderungen des Bodens durch den Landwirtschaft betreibenden Menschen (z. B. Pflügen, Verdichten, etc.) resultieren so auch in Veränderungen der Bodenentwicklung und Bodenstruktur.

Die folgenden Übersichten erläutern die Bodenbestandteile einschließlich der für die Bodenentwicklung wichtigsten Prozesse im Überblick. Hierbei handelt es sich um eine Feingliederung aller am Bodenbildungsprozess beteiligten Faktoren und Teilelemente. Aus den Übersichten werden im Folgenden die zum grundsätzlichen Verständnis wichtigen Elemente beschrieben.

4.2 Bodenbestandteile und Bodenbildung

Einige Dutzend Minerale stehen für eine Pflanze als Nährstoffangebot bereit; bestimmend für das Wachstum sind jedoch nur 16 dieser Mineralien. Die anderen Nährstoffe sind ersetzbar bzw. für eine Pflanze entbehrlich. Nährstoffe gehen von anorganischen und organischen Bestandteilen des Bodens aus.

Mineralische Bestandteile

Wichtige **Ausgangssubstanzen** sind **Minerale** (Silikate wie Olivin, Glimmer, Feldspat, aus denen durch Verwitterung Neubildungen entstehen und Nährstoffe freigesetzt werden können) und **Gesteine** (Gemenge von Mineralen in Form von →Magmatiten, →Metamorphiten und →Sedimentgesteinen). **Prozesse der Umwandlung** sind **Verwitterung** und **Mineralneubildung**. Unter **physikalischer Verwitterung** versteht man den Zerfall von Mineralen und Gestein durch physikalische Einwirkungen wie etwa Temperaturwechsel, Frostsprengung und Sprengung durch das Wachstum der Pflanzenwurzeln. **Chemische Verwitterung** bewirkt weitere Zersetzungsvorgänge unter Beteiligung von H_2O, CO_2, O_2 und Wasserstoff-Ionen. Unterschieden werden hier die **Lösungsverwitterung** (besonders bei wasserlöslichen Salzen), die **Hydrolyse** (z. B. durch Dissoziation des Wassers in H^+- und OH^--Ionen und Zersetzung von Calciumcarbonat-Gestein in Karstgebieten), die **Säurewirkung** (Wirkung von H^+-Ionen aus Kohlensäure, stärker als Hydrolyse) und die **Oxidation** (Kristallgitterauflockerung von Gesteinen durch Luftsauerstoff in Verbindung mit Wasser und Bodenorganismen).

Verwitterung zersetzt Minerale und Gesteine so stark in kleinere Bestandteile, dass aus ihnen neue Minerale gebildet werden. Ein besonders wichtiger Prozess ist hierbei die **Entstehung der Tonminerale**. Sie entstehen aus Verwitterungsprodukten silikatischer Gesteine oder durch völlige Neubildung. Ihre großen spezifischen Oberflächen können H_2O-Moleküle und Ionen (Nährstoffe) einlagern und wieder abgeben, somit quellen und schrumpfen. Sie bestimmen so die Fähigkeit eines Bodens, Wasser und Nährstoffe zeitweilig zwischenzuspeichern. Bei der Tonmineralneubildung werden **Zweischicht-** (z. B. Kaolinit), **Dreischicht-** (z. B. Illit und Montmorillonit) oder **Vierschichttonminerale** (z. B. Chlorit) geformt.

Bei Zweischichttonmineralen ist der Abstand zwischen den beiden Schichtkomplexen klein. Somit besitzen Böden mit solchen Mineralen eine geringe Nährstoffanlagerungsmöglichkeit. Mit Zunahme der Schichtigkeit bei 3- und 4-Schicht-Tonmineralen erhöht sich auch die chemische Fähigkeit, Wasser und Nährstoffe zwischenzuspeichern.

Mineralneubildung resultiert außerdem in der Entstehung von Oxiden und Hydroxiden. Beispiele hierfür sind Opal, Quarz, Eisenhydroxid, Hämatit und Manganit.

Organische Bestandteile

Sie bilden den **Humuskörper** des Bodens (**Humus** = abgestorbene organische Bodensubstanz). Die Gruppe der **Bodenorganismen** setzt sich aus der **Bodenflora** (z. B. Bakterien, Pilze, Algen und Flechten) und der **Bodenfauna** (z. B. Fadenwürmer, Milben, Borstenwürmer, Regenwürmer, Asseln, Larven, Schnecken und anderen) zusammen. **Organische Ausgangssubstanzen** sind z. B. Pflanzenwurzeln, Abfallprodukte (Blätter, Nadeln und Zweige) und Vegetationsreste von Kräutern, Gräsern und aus Ernterückständen (z. B. Stoppeln). **Prozesse der Umwandlung** organischer Substanzen sind **Verwesung** und **Humifizierung**. Die Verwesung umfasst Teilprozesse der Hydrolyse und Oxidation, der mechanischen Zerkleinerung durch Bodenlebewesen und des mikrobiellen Abbaus. Bei der Humifizierung entstehen durch chemische Reaktionen und biotische Prozesse **Huminstoffe**, dunkel gefärbte organische Kolloide (Teilchen < 2 mm), die wesentlich die Wasser- und Nährstoffspeicherfähigkeit des Bodens beeinflussen.

Bodenwasser und Bodenluft

Bodenwasser ist ein wichtiger Überlebensfaktor für die Pflanze, denn es versorgt sie mit Wasser. Zudem sorgt das Bodenwasser dafür, dass die Mineralstoffe, welche den Pflanzen als Ionen zur Verfügung stehen, auch zu den Pflanzen gelangen.

Unterschieden werden **Haftwasser** und **Sickerwasser**. Haftwasser verbleibt entgegen der Schwerkraft im Boden in Form von **Adsorptionswasser** (z. B. an den Oberflächen von mineralischen Partikeln oder Pflanzenwurzeln) oder **Kapillarwasser** (in vertikalen Haarrissen des Bodens oder Poren). Sickerwasser folgt der Schwerkraft und speist den **Grundwasser- und Stauwasserkörper**.

Wie Bodenwasser bestimmt auch die **Bodenluft** die Standortgunst einer Pflanze. Bodenluft beeinträchtigt die Atmung der Pflanzenwurzeln und Mikroorganismen und steuert chemische Bodenbildungsprozesse.

Bodenorganismen im Ackerboden (oberste 30 cm/m^2)	
Gruppe	Anzahl
Bakterien	60 00 000 000 000
Pilze	1 000 00 000
Einzeller	500 000 000
Algen	1 000 000
Fadenwürmer	10 000 000
Milben	150 000
Regenwürmer	200

4.3 Bodenart, Bodentyp und Verteilungsmuster

Bodenarten

Die Zusammensetzung des Bodens wird als **Bodenart** bezeichnet. Die verschiedenen Bodenarten werden durch ihre physikalischen und chemischen Eigenschaften definiert. Die **Korngröße** bezieht sich auf die Größe der einzelnen mineralischen Bodenpartikel. Die jeweiligen Anteile an bestimmten **Korngrößenklassen** bestimmt die **Bodenart** (zu unterscheiden vom Bodentyp, der die typische Aufeinanderfolge und Beschaffenheit der einzelnen Bodenhorizonte meint).

Folgende Korngrößenklassen werden unterschieden:

Korngrößendurchmesser/mm		Bezeichnung	
2–0,063	2000–630 630–200 200–63	Grobsand Mittelsand Feinsand	Sand
0,063–0,002	63–20 20–6,3 6,3–2,0	Grobschluff Mittelschluff Feinschluff	Schluff
< 0,002	2–0,63 0,63–0,2 < 0,2	Grobton Mittelton Feinton	Ton

Mineralische Fragmente von 2 bis 63 mm Durchmesser werden in gerundeter Form als **Kies**, solche von 63 bis 200 mm als **Geröll** bezeichnet. Fragmente über 200 mm Durchmesser nennt man **Blöcke** oder **Geschiebe**.

Bei der Bestimmung der **Bodenart** werden die Anteile der Korngrößenfrakturen **Sand, Ton und Schluff** betrachtet. Die Bodenart bestimmt neben anderen Faktoren wie Feuchtigkeitsgehalt, Durchlüftung und Durchwurzelbarkeit das Bearbeiten eines Bodens. Je nach Mischungsverhältnis handelt es sich z. B. um sandigen Schluff oder schluffigen Sand (siehe folgende Abbildung). Eine einigermaßen ausgeglichene Mischung aus Sand, Schluff und Ton heißt **Lehm**. **Geschiebemergel** setzen sich z. B. aus Sand, Schluff, Ton, Kalk und Geschieben (Moränenmaterial aus der eiszeitlichen Vergletscherung) zusammen.

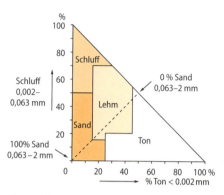

Unterschiedliche Bodenarten besitzen unterschiedliche Bodeneigenschaften und Eignungen für die landwirtschaftliche Inwertsetzung. So zeigen **sandige Böden** zwar eine gute Durchlüftung, jedoch eine geringe Wasser- und Nährstoffspeicherfähigkeit. **Tonige Böden** verfügen über eine hohe Nährstoffaustauschfähigkeit, allerdings über eine schlechte Durchlüftung und eine schlechte Durchdringbarkeit für Pflanzenwurzeln.

Bodentypen

Art und Intensität von Gesteinsverwitterung sowie die Zersetzung organischer Materialien hängen ab vom **Ausgangsgestein** (z.B. Kalkplateau im Hochgebirge, Granituntergrund in Mittelgebirgen) und **den klimatischen Bedingungen**, die höchst unterschiedliche Bodenbildungsprozesse in unterschiedlichen Klimazonen bedingen. Durch Einwirkung von Wasser kommt es in den unterschiedlichen Klimazonen zu Verlagerungsprozessen von organischen und anorganischen Partikeln, welche von höheren in tiefere **Bodenhorizonte** verlagert werden. Die Böden unterschiedlicher Klimaregionen und unterschiedlicher Ausgangsgesteine zeigen deshalb spezifische Abfolgen der **Bodenhorizonte** in Form von **Bodenprofilen**. Unterschiedliche Bodenprofile bestimmen wiederum unterschiedliche **Bodentypen**.

International werden **Bodenhorizonte** wie folgt gekennzeichnet (Auswahl):	Die typische **vertikale Abfolge der Bodenhorizonte** eines in Mitteleuropa unter Laubwäldern weit verbreiteten Bodentyps, der **Parabraunerde** (auch: Lessivé), lautet:
A = Oberboden, oberster Bodenhorizont B = Unterboden, auch Anreicherungshorizont C = Ausgangsgestein Sie werden ergänzt durch Indizes, so etwa: h = humushaltig e = ausgewaschen, gebleicht t = mit Ton angereichert al/fe = mit Aluminium- oder Eisenoxidverbindungen angereichert sa = mit Salzen angereichert	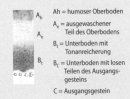 A_h = humoser Oberboden A_e = ausgewaschener Teil des Oberbodens B_t = Unterboden mit Tonanreicherung B_C = Unterboden mit losen Teilen des Ausgangsgesteins C = Ausgangsgestein

Die Tabelle zeigt ausgewählte **zonale Böden** (Böden, die vorwiegend in Abhängigkeit von den klimatischen Bedingungen einer Klimazone entstanden sind).

Klima- und vegetationsgeografische Zuordnung vom Pol zum Äquator	Bodentyp	Typische Profilfolge
Polare Frostschuttzone ganzjährig tiefe Temperatur schränkt die chemische Verwitterung ein; Frostsprengung bewirkt grobe Zerteilung des Gesteins	**Rohboden** lediglich Gesteinsschuttbildung über dem Ausgangsgestein	Schutt
Tundra hauptsächlich physikalische Verwitterung; Rohhumusauflage (Ah) aus Zersetzung von Moosen, Flechten und Gräsern	**Tundrengley** Gr = Grundwasserstauhorizont im Sommer (oberflächliches Auftauen, darunter ist der Boden dauergefroren – Permafrost)	A_h G_r C
Nadelwald der Taiga Nadelstreu erzeugt saures Sickerwasser, dieses wäscht Nährstoffe aus dem Oberboden aus und verlagert diese in den oberen B-Horizont	**Podsol (Bleicherde)** Ortstein = Verbackung der Nährstoffe; geringe Bodenfruchtbarkeit durch den schwachen Nährstofflieferanten Rohhumus	A_h A_e Ortstein B C

4 Grundlegende Fakten zum Bereich Boden

Klima- und vegetationsgeografische Zuordnung vom Pol zum Äquator	Bodentyp	Typische Profilfolge
Laubwaldzone starke Lieferung von Humusmaterial aus den Laubblättern, partielle Ausschwemmung von Tonmineralien aus A_e und Einlagerung in B_t.	**Lessivé Parabraunerde** höhere Bodenfruchtbarkeit durch nährtoffreicheren humosen Oberboden	A_h / A_e / B_t / C
Langgrassteppe kaum Sickerwasserströme durch Niederschlagsmangel im Sommer (deshalb keine vertikalen Verlagerungen); Winterkälte	**Schwarzerdeboden, Tschernosem** geringer bakterieller Abbau organischen Materials durch Sommertrockenheit und Winterkälte, deshalb mächtiger humoser A-Horizont	A_h / C / Löss
Kurzgrassteppe zunehmende Trockenheit und zunehmende Vegetationsbedeckung	**Kastanienbrauner Boden** geringmächtigerer humoser Oberboden; teilweise Kapillarwasseraufstieg und Anreicherung von Salzen im Oberboden	A_h / C_{ca} / C
Halbwüste weiter abnehmende Niederschlagssummen, kaum Vegetationsbedeckung	**Grauer Boden** wie bei kastanienbraunen Böden, allerdings noch stärkerer Kapillarwasseraufstieg, Versalzungserscheinungen	A_h / B / B_{ca}
Wüste kaum chemische Verwitterung infolge Wassermangels; starke physikalische Verwitterung durch starke Tag-Nacht-Temperaturunterschiede	**Rohboden** Bildung eines Schutthorizontes direkt über dem Ausgangsgestein	Schutt
Trockensavanne Aufeinanderfolge von Trocken- und Regenzeiten; Zunahme der chemischen Verwitterung und tiefgründigere Böden mit Tonmineralbildung	**Rotbrauner (Fersiallitischer) Boden** mittlere Fruchtbarkeit; Eisen-, Silizium- und Aluminiumverbindungen verbleiben im Oberboden (rotbraune Färbung!)	A_h / al, fe, si / c

Klima- und vegetationsgeografische Zuordnung vom Pol zum Äquator	Bodentyp	Typische Profilfolge
Feuchtsavanne, tropischer Regenwald starke chemische Verwitterung infolge hoher Temperaturen, hohen Biomasseanteils und hoher Luftfeuchtigkeit	**Latosol Ferallitischer Boden** tiefgründig verwittert; Dominanz von 2-Schicht-Tonmineralen, daher Nährstoffarmut und geringe Fruchtbarkeit	A_h al, fe c

Neben der rein zonalen Gliederung der Bodentypen lassen sich diese auch unter Berücksichtigung weiterer Einflussfaktoren hinsichtlich ihrer **Genese** unterteilen in:

→ **Lithomorphe Böden:** Ihre Entstehung richtet sich in erster Linie nach dem Ausgangsgestein, der Hanglage (starke Erosion verhindert tiefgründige Entwicklung) und extremen Klimasituationen (z. B. extreme Kälte oder Trockenheit). Beispiele sind Syrosem und Ranker.

→ **Klimaphytomorphe Böden:** Ihre Entstehung wird dominiert von den klimatischen und in Abhängigkeit davon vegetationsgeografischen Einflüssen. Beispiele: Lessivé und Podsol.

→ **Hydromorphe Böden:** Ihre Entstehung hängt vorwiegend vom Einfluss von Stau- oder Grundwasser ab. Beispiele hierfür sind Stauwasserböden (etwa der Pseudogley) und Grundwasserböden.

→ **Anthropomorphe Böden:** Sie entstehen durch die Beeinflussung des wirtschaftenden Menschen. Beispiele: Auftragsböden (Kultosol und Plaggenesch) und Mischböden (Hortisol und Rigosol).

> **Wichtige Begriffe** — Merke
> → Bodenart, Bodenhorizont, Bodenprofil und Bodentyp
> → Korngröße, Textur, Korngrößenklasse, Sand, Schluff und Ton
> → Lehm und Geschiebemergel
> → Oberboden, Unterboden und Ausgangsgestein
> → Bodentypen: Rohboden, Tundrengley, Podsol, Lessivé (Parabraunerde), Schwarzerdeboden (Tschernosem), kastanienbraune und graue Böden, Wüstenrohboden, Fersiallitische und Ferralitische Böden, Latosole
> → zonale Böden, lithomorphe Böden, klimaphytomorphe Böden, hydromorphe Böden, anthropomorphe Böden

4.4 Boden und Bodenfruchtbarkeit

Als **Bodenfruchtbarkeit** (auch: **Ertragsfähigkeit des Bodens**) bezeichnet man die Eigenschaft des Bodens, Pflanzen als Standort zu dienen und das Pflanzenwachstum zu beeinflussen.

Die Bodenfurchtbarkeit ist dabei das Ergebnis der biologischen, physikalischen und chemischen Eigenschaften.

Potenzielle Bodenfruchtbarkeit: die allein von der Bodenstruktur her gesehen höchstmögliche Fruchtbarkeit.

Aktuelle Bodenfruchtbarkeit: die tatsächliche, unter Einbeziehung der örtlichen Einflussfaktoren wie Klima, Feuchtigkeit und Niederschlagsverhältnisse, gegebene Fruchtbarkeit; zum Beispiel weist der Schwarzerdeboden der Steppen eine extrem hohe potenzielle Bodenfruchtbarkeit auf, deren aktuelle, also tatsächliche, allerdings unter den gegebenen Umständen (Sommertrockenheit und Winterkälte) wesentlich geringer ist.

Die **potenzielle Bodenfruchtbarkeit** hängt von verschiedenen Faktoren wie z. B. verfügbarem Wurzelraum und Durchwurzelbarkeit, Nährstoffhaushalt (Verfügbarkeit und Anlagerungsfähigkeit) und Wasser-, Luft- und Wärmehaushalt ab.

In Deutschland wird die Bodenfruchtbarkeit größtenteils noch nach der 1934 begründeten **Reichsbodenschätzung** in **Bodenzahlen** festgeschrieben. Die **Bodenzahl** ist eine relative Wertzahl, die den erzielbaren Reinertrag eines zu untersuchenden Bodens zu dem des fruchtbarsten Bodens (in Deutschland: Schwarzerdeboden der Magdeburger Börde = Index 100) in Relation setzt. Sie wird aufgrund der Bodenart, des geologischen Ausgangssubstrats und der Zustandsstufe ermittelt. Beispiele: Böden in Deutschland, die aus Löß entstanden, haben Bodenzahlen von 92–100, Kalkböden der Schwäbischen Alb solche zwischen 30 und 50, Moorböden lediglich solche zwischen 10 und 45.

4.5 Bodenbeeinträchtigung

Der Zustand und die Entwicklung von Böden werden durch verschiedenartige Prozesse beeinflusst. Neben den direkten Beeinflussungen durch die Bodenbearbeitung des wirtschaftenden Menschen (z. B. Verdichtung des Oberbodens infolge schwerer Bodenbearbeitungsgeräte, dadurch geringere Belüftung und niedrigere Bodenfruchtbarkeit) spielen insbesondere die Prozesse **Bodenerosion** und **Bodenversalzung** eine oft schädigende Rolle.

Die **Bodendegradation** kann sogar bis zur endgültigen Zerstörung des Bodens führen.

Wichtig hierbei ist, dass es sich hierbei um zunächst natürliche Mechanismen handelt, welche jedoch z. B. durch falsche Bodenbearbeitung oder Übernutzung erheblich verstärkt werden können.

Bodenerosion

Die Bodenerosion ist **auf natürliche Weise** bedingt durch Niederschläge und deren Oberflächenabfluss (z. B. fluviatile, also durch Flüsse bewirkte Erosion), durch die Schwerkraft (z. B. Hangrutschen) oder etwa durch den Wind (Ausblasung von Bodenpartikeln).

Bodenerosion **im anthropogenen Sinn** ist die beschleunigte Abtragung und Zerstörung von Kulturböden durch den wirtschaftenden Menschen. Schadenswirkungen hierbei sind z. B. **flächenhafte oder linienhafte Abspülungen** von Bodensubstrat infolge verminderter Wasserspeicherfähigkeit des Bodens im Anschluss an Rodungen.

Wird natürlicher Erosionsschutz vom Menschen zerstört, spült Niederschlag wertvollen Boden weg – dieser Prozess ist weltweit für die Hälfte des Bodenverlustes verantwortlich. Zudem kann dann Wind wertvollen Boden wegtragen. Erosion ist die häufigste Form der Bodendegradation, 56% der Degradation entfallen auf die Wassererosion, 28% hingegen werden weltweit durch Winderosion verursacht.

Zu **Auswehungen (Ausblasungen) des Oberbodens** kommt es besonders in ebenen Gebieten mit hohen Windgeschwindigkeiten im Anschluss an die Entfernung der natürlichen Vegetationsbedeckung und landwirtschaftlicher Übernutzung (Beispiel Weizenanbaugebiete der Steppen Kasachstans und *Dust Bowl* der 1930er-Jahre in den Great Plains). Werden hierbei große Teile des Oberbodens durch den Wind fortgetragen, so kommt es zu erheblichen Bodenschädigungen bis hin zur völligen Bodenzerstörung (aus dem Amerikanischen: *badlands*).

Bodenversalzung

Besonders in **ariden und semiariden Gebieten**, also dort, wo die Verdunstungswerte die Niederschlagswerte längerfristig übersteigen, kommt es besonders bei falschen Bewässerungstechniken verstärkt zum Prozess der **Bodenversalzung**. In den genannten Gebieten steigt nämlich infolge des sogenannten **Verdunstungssogs** Bodenwasser in feinen, vertikal verlaufenden Haarrissen des Gesteins, den **Bodenkapillaren**, nach oben, löst dabei im Gestein befindliche Salze, welche an der Oberfläche ausblühen und eine feste, für Pflanzenwurzeln undurchdringbare Kruste bilden können.

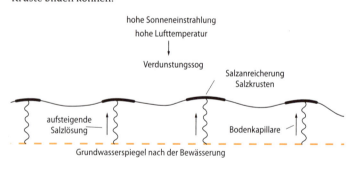

Bodenversalzung durch Kapillarwasseraufstieg

Die Bodenversalzung wird besonders dann verstärkt, wenn **zu viel Bewässerungswasser** aufgebracht wird. Das Zuviel an Wasser sickert durch den Bodenkörper und lässt den Grundwasserspiegel ansteigen. Reicht dieser dann bis in den unteren Bereich der Kapillare hinein, so wird der kapillare Bodenwasseraufstieg beschleunigt und endet in einer vermehrten Salzanreicherung an der Oberfläche. Eine Verminderung dieses Prozesses kann nur durch die **Zerstörung der Kapillare durch Pflügen** (allerdings mit dem Nachteil einer erhöhten Verdunstung und Austrocknung des Bodens verbunden) oder durch **Drainagen** (Entwässerungskanäle, die das überschüssige Wasser abführen) erreicht werden.

Desertifikation

Die **Desertifikation** betrifft einen Großteil der Trockenräume dieser Erde und hat massive wirtschaftliche sowie soziale Auswirkungen, sodass bereits im Jahr 1992 Vereinbarungen zur Bekämpfung der Wüstenbildung *(Convention to Combat Desertification*, CCD) auf einer UN-Konferenz für Umwelt und Entwicklung beschlossen wurden.

Die Brisanz des Themas liegt auf der Hand: Desertifikation ist die extremste Form der Bodendegradation, weil sie mit **Landverödung** einhergeht. Sie kann zum Verlust von Anbauflächen und/oder Weideflächen führen. Hervorgerufen wird sie (vor allem in ariden und semiariden Räumen) durch mehrere Faktoren, dazu gehören der Klimawandel und menschliches Handeln vor Ort: Überweidung, verkürzte Brachezeiten, Rodung von Bäumen und damit eine Anfälligkeit für Erosion führen zu einer wüstenartigen Landschaft. Von dieser Form der Bodenverschlechterung im weitesten Sinne sind ein Drittel der Erdoberfläche und damit mehr als eine Milliarde Menschen betroffen. Die nachlassende Bodenfruchtbarkeit zwingt Bewohner häufig dazu, ihre Heimat zu verlassen, weil ihre Lebensgrundlage zerstört ist.

Bodenverdichtung, Bodenversiegelung, Schadstoffe im Boden

Schwere Maschinen – wie sie vermehrt in der Landwirtschaft zur Anwendung kommen – können durch ihr Gewicht zu **Bodenverdichtung** führen, einer weiteren Form der Bodendegradation. Ein verdichteter Boden hat großen negativen Einfluss auf die Lebewesen des Bodens, welche wiederum für die Durchlüftung des Erdbodens sorgen. Somit verhindert eine Verdichtung indirekt eine gute Durchwurzelung für Pflanzen. Zudem wird das Versickern von Regenwasser behindert.

Folgen hat auch eine **Versiegelung** durch Asphalt, Straßenpflasterung und Siedlungs- und Gewerbebau. Wiederum werden die Durchlüftung und die Fähigkeit des Bodens, Wasser zu speichern, massiv eingeschränkt, die Anzahl der Bodenlebewesen nimmt stark ab.

Eine Vielzahl an **Giftstoffen** gelangt durch menschliches Handeln in den Boden. Aus dem Abwasser, durch den Einsatz von Pflanzenschutzmitteln oder Dünger, durch das Aufbringen von Klärschlamm oder durch Ablagerung von Neben- und Abfallprodukten aus der industriellen Produktion, sowie absinkenden Anteilen der Abgase aus Haushalten, Industrie und Verkehr gelangen Stoffe in den Boden, die Auswirkungen auf die Bodenfruchtbarkeit, teils auch auf die Gesundheit von Tieren und Menschen haben können.

Bodenschutz

Der Boden ist die Lebensgrundlage des Menschen – ihn ihm finden wir Bodenschätze, er ist die Basis der Landwirtschaft und damit der Ernährung. Auch erfüllt der Boden Funktionen als Erholungsraum und Siedlungsfläche.

Trotz seiner hohen Bedeutung geht die Menschheit nicht sorgsam mit ihm um. Es bietet sich ein Wortspiel an, sie tritt ihn mit Füßen: Fast 70 % der landwirtschaftlich genutzten Böden sind weltweit von den verschiedenen Formen der Bodendegradation betroffen. Bis auf die CCD sind internationale Abkommen zum Schutz des Bodens jedoch rar – die relativ unverbindliche Weltbodencharta und die europäische Bodencharta (1972) einmal ausgenommen. In Deutschland spiegelt das Bundesbodenschutzgesetz, in Kraft getreten im Jahr 1999, die Wichtigkeit des Bodenschutzes wider – das Gesetz verfolgt das Ziel, schädliche Veränderungen des Bodens abzuwenden, die Funktionen des Bodens zu erhalten und Verunreinigungen bzw. Altlasten zu beseitigen.

4 Grundlegende Fakten zum Bereich Boden — Checkliste

→ Begriffsdefinition Böden
→ Bodenprofil
→ **Grundbegriffe:** mineralische Bodenbestandteile, Ausgangssubstanz, Mineral, Gestein, Verwitterung, Mineralneubildung, physikalische Verwitterung (z. B. Frostsprengung), chemische Verwitterung (z. B. Lösungswitterung, Hydrolyse, Säurewirkung und Oxidation)
→ **Tonmineralentstehung:** Zwei-, Drei- und Vierschichttonminerale
→ **organische Bodenbestandteile:** Humus, Bodenorganismen, Bodenflora, Verwesung und Humifizierung
→ **Bodenwasser und Bodenluft:** Haftwasser, Sickerwasser, Adsorptionswasser, Kapillarwasser, Grundwasser und Stauwasser
→ **Bodenart und Bodentyp:** Korngröße, Korngrößenklassen, Sand, Ton, Schluff, Lehm und Geschiebelehm; Bodenhorizonte (A, B, C), Bodenprofile
→ **Standardböden in ihrer zonalen Abfolge kennen (zonale Böden):** Rohboden der Polarzone, Tundrengley des Tundrengürtels, Podsol des borealen Nadelwalds, Parabraunerde der Laubwaldzone, Schwarzerdeboden der Langgrassteppe, kastanienbraune Böden der Kurzgrassteppe, graue Böden der Halbwüsten, Rohböden der Wüsten, rotbraune fersiallitische Böden der Savannen, ferallitische Böden der inneren Tropen
→ **azonale Böden:** lithomorphe, klimaphytomorphe, hydromorphe und anthromorphe Böden
→ **Bodenfruchtbarkeit:** potenzielle und aktuelle, Reichsbodenschätzung, Bodenzahl
→ **Beeinträchtigung von Böden:** Bodenerosion (flächenhaft und linienhaft), Auswehung (Deflation), Bodenversalzung (Bodenkapillare), Rolle der künstlichen Bewässerung, Drainage-Maßnahmen, Desertifikation, Verdichtung, Versiegelung
→ **Bodenschutz:** Gesetzliche Grundlagen nennen

5 Geoökosysteme

Die verschiedenen natürlichen und anthropogen bedingten Prozesse auf der Erde werden in den modernen Geowissenschaften heutzutage nicht mehr nur individuell, sondern in ihrem komplexen Wirkungszusammenhang untersucht. Für das Verständnis dieser Zusammenhänge ist Grundwissen über die Ökosystemtheorie notwendig.

5.1 Der Begriff des Ökosystems

In den Raumwissenschaften findet die Ökologie ihre Verwirklichung in der **Landschaftsökologie** (**Landschaft** = ein geografischer Raum, mit Einflussfaktoren wie Klima, Boden, Vegetation, endogene und exogene Kräfte, Aktivitäten des Menschen usw.). Die **moderne Landschaftsökologie** beschreibt die Gesamtheit an **Biozönose** (typische Lebensgemeinschaft, Organismenkollektiv, z. B. Mikroorganismen, Pflanzen und Tiere) und **Biotop** (Standort, Umweltfaktoren, z. B. Wasserhaushalt, Boden, Klima). In einer Landschaft sind drei unterschiedliche **Ökofaktoren** aktiv, die **biotischen Faktoren** (Organismen einschließlich ihrer Wechselbeziehungen), die **abiotischen Faktoren** (unbelebte Systemteile, wie etwa Relief, Bodenbeschaffenheit und Klima) und die **sozioökonomischen Faktoren** (z. B. Einwirkungen des wirtschaftenden Menschen durch Landwirtschaft, Besiedelung, Industrie usw.).

> **Merke** **Hauptmerkmale unbeeinflusster Ökosysteme**
> → **Diversität** z. B. Vielfalt der Fisch-, Krustentier-, Korallen-, Algen-, Pflanzen- und Schwammarten in einem Korallenriff
> → **Produktivität** z. B. Biomassenproduktion und -abbau der Lebewesen in einer bestimmten Vegetationszone
> → **Stabilität** z. B. relativ gleichbleibende Lebensverhältnisse über einen längeren Zeitraum hinweg
> → **Selbstregelungsfähigkeit** z. B. Kompensation von Störungen im langjährigen Mittel

> **Ökologie** — Definition
>
> **Ökologie** (griech. *Oikos* = Haus) ist die Wissenschaft von den Beziehungen des Organismus zur umgebenden Außenwelt (alle Umwelteinflüsse und Außenbedingungen). Diese Definition von Haeckel beschreibt Ökologie als Lehre von Elementen des Naturhaushalts und ihren Wechselbeziehungen.
> **Landschaftsökologie** ist das Studium des gesamten, in einem bestimmten Landschaftsausschnitt herrschenden Wirkungsgefüges zwischen den Lebensgemeinschaften (Biozönosen) und ihren Umweltbedingungen. Dies äußert sich räumlich in einem bestimmten Verbreitungsmuster [...]
>
> C. Troll: Landschaftsökologie.
> In: Pflanzensoziologie und Landschaftsökologie, Den Haag, 1968

Das **ökologische Gleichgewicht** (auch: **dynamisches Fließgleichgewicht**) eines Ökosystems bezeichnet dessen Fähigkeit, bei Veränderungen der Umwelteinflüsse selbsttätig über Regelkreise eine Gegenveränderung hervorzurufen, die den ursprünglichen Zustand des Ökosystems langfristig wiederherstellt.

Insgesamt betrachtet stellt die gesamte Erde ein riesiges **Großökosystem** dar. Ökosysteme existieren klimatisch auf unterschiedlichen Niveaus, von mikroklimatischen (z. B. Standorten von Pflanzengesellschaften innerhalb einer Talmulde) bis hin zu großklimatischen Systemen (z. B. globaler Wasserkreislauf).

> **Grundlagen der Ökologie** — Merke
> → Definitionen Ökosystem, Landschaftsökologie und Landschaft
> → Biozönose und Biotop
> → Ökofaktoren: biotische, abiotische und sozioökonomische
> → Merkmale von Ökosystemen: Diversität, Produktivität, Stabilität und Selbstregelungsfähigkeit
> → Ökologisches Gleichgewicht (dynamisches Fließgleichgewicht) und Rückkoppelungseffekte

5.2 Arten von Geoökosystemen

Als Ausschnitt einer Landschaft ist ein **Geoökosystem** per Definition ein durch zahlreiche Faktoren beeinflusstes und damit hochkomplexes System. Es wird durch abiotische und biotische Größen gebildet, ebenso durch den „(Stör)faktor Mensch". Dabei kann die räumliche Größenordnung variieren – von einer globalen bis hin zur lokalen Maßstabsebene:

→ **terrestrische Ökosysteme:** Planet Erde – Tropen – tropischer Regenwald – Lebensgemeinschaften in einer Baumkrone
→ **semiterrestrische Ökosysteme:** Lebensgemeinschaften im Übergangsbereich zwischen Land und Meer – das Watt
→ **marine Ökosysteme:** die Ozeane – tropische Meere – Lebensgemeinschaft innerhalb eines Korallenriffs
→ **limnische Ökosysteme:** Gesamtsystem Bodensee – Uferbereich – Lebensgemeinschaften im Schilfgürtel

Seeökosysteme werden schon lange wissenschaftlich untersucht – bei diversen Fragestellungen hinsichtlich der Wasserqualität oder der Eutrophierung von Gewässern helfen Modellsysteme weiter. Auch können auf diese Weise Auswirkungen des Klimawandels oder die Invasion exotischer Arten auf das Ökosystem See nachvollzogen werden, da Seen verhältnismäßig abgeschlossene Systeme darstellen. Ebenso helfen Ökosystemmodelle dabei, Prognosen z. B. für eine Gewässersanierung zu erstellen. Exemplarisch ist an dieser Stelle ein Seeökosystem dargestellt:

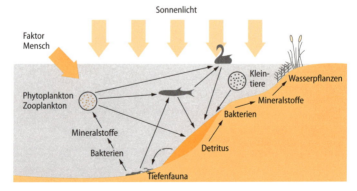

5.3 Zusammenwirken unterschiedlicher Geofaktoren: Klima, Vegetation und Boden

Die **Geofaktoren Klima, Vegetation** und **Boden** stellen einzelne **biotische** (lebende) und **abiotische** (unbelebte) Elemente eines Ökosystems dar, beeinflussen sich gegenseitig und bilden untereinander Wechselbeziehungen.

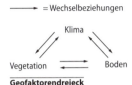

Geofaktorendreieck

Beispiele wechselseitiger Beeinflussungen	Wechselbeziehung zu Faktor 2:	Wechselbeziehung zu Faktor 3:
Klima	**Vegetation:** z. B. Einschalten einer sommerlichen Trockenperiode in den Savannengebieten führt zu Anpasssung der Vegetation an sommerliche Aridität, z. B. Stammverdickung (Wasserspeicher), Verkleinerung der Blattgröße bis hin zur Entwicklung von Dornen, wachsartiger Blattüberzug (Verdunstungsschutz)	**Bodenentwicklung:** z. B. Entstehen von tiefgründig verwitterten Böden in den inneren Tropen durch hohen Anteil chemischer Verwitterung bei hoher Luftfeuchtigkeit und hohen Temperaturen
Vegetation	**Klima:** z. B. Auswirkungen eines Mischwaldes auf die mikroklimatischen Bedingungen: Temperaturpuffer, Zwischenspeicher für Niederschläge etc.	**Bodenentwicklung:** z. B. Entstehung von sauren Bodenmilieus durch Nadelstreu in einem Nadelwaldgebiet: Podsol
Bodenentwicklung	**Klima:** über Vegetationsentwicklung Auswirkungen auf das Klima	**Vegetation:** z. B. Entstehung einer typischen Halophytenvegetation (salzliebende Pflanzen) in Gebieten mit salzhaltigen Böden, so etwa Queller in meeresnahen Dünenbereichen

5.4 Klima- und Vegetationszonen der Erde

Bei der Beschreibung von Klima- und Vegetationszonen muss Folgendes beachtet werden:

- **Klima- und Vegetationszonen bedingen sich in ihrer räumlichen Verteilung gegenseitig** (Beispiel: ganzjährig humides, warmes Klima der Inneren Tropen bewirkt die Verbreitung von tropischen Regenwäldern).
- Die Klimazonen (und in ihrer räumlichen Abhängigkeit die Vegetationszonen) sind letztlich **räumliche Ausprägung der Verteilung der Windgürtel entsprechend der planetarischen Zirkulation** und des in Jahressumme **unterschiedlichen Einstrahlungswinkels der Sonne** (unterschiedliche Wärmesummen in unterschiedlichen geografischen Breiten).
- Klassische Klima- und Vegetationsgürtel existieren nur theoretisch. Entsprechend der neueren Theorien zur planetarischen Zirkulation (Zellenförmigkeit) sind auch Klima- und Vegetationszonen nicht gleichmäßig gürtelhaft um den Erdball verteilt. Sie werden durch verschiedene Einflussfaktoren, wie etwa Land-Meer-Verteilung, Einfluss verschiedener Meeresströmungen usw. „deformiert".
- Außerdem beeinflussen lokale Faktoren das Klima und die Vegetation innerhalb einer Zone. Diese sind beispielsweise die **hypsometrische (höhenbezogene) Komponente** (→ Abschnitt 5.5). Innerhalb der innertropischen Zone verändert ein Hochgebirge beispielsweise die normalerweise vorkommende Vegetation und das Klima drastisch. Zudem wirken **lokale Faktoren** wie Exposition zur Sonne, bestimmte Bodenuntergründe, Windverhältnisse und die Lage (z. B. am Hang eines Gebirges: evtl. Steigungsregen).
- Spricht man von Klima- und Vegetationszonen, so muss beachtet werden, dass es sich hierbei immer um **vom Menschen weitgehend unbeeinflusste, also potenziell natürliche Formen des Klimas und der Vegetation** handelt.

Klimaklassifikationen

In der Literatur gibt es sehr verschiedenartige Klimaklassifikationen. **Genetische Klassifikationen** (z.B. nach Troll und Pfaffen) beschreiben Klimazonen als Folge der Einwirkung der atmosphärischen Zirkulation. **Effektive Klassifikationen** (z.B. nach Köppen) erklären Klimazonen infolge der Auswirkung des Klimas auf Einzelerscheinungen an der Erdoberfläche, so etwa Verdunstung, Niederschlag und Vegetationsform.

Im Folgenden wird die bekannte **Köppen'sche Klimaklassifikation** kurz erläutert. Köppen findet eine klimatische Abgrenzung durch Klimaformeln, die Schwellenwerte von Niederschlag und Temperatur beschreiben. Er gliedert fünf Klimazonen aus (Bezeichnung mit den Großbuchstaben A bis E vom Äquator zum Pol hin). Grundlage dieser Differenzierung ist die Tatsache, dass äquatornahe Gebiete durch ein **Tageszeitenklima** (Temperaturschwankungen im Tagesverlauf > Jahresverlauf), Gebiete höherer Breiten durch ein **Jahreszeitenklima** (Temperaturschwankungen im Jahresverlauf > Tagesverlauf) gekennzeichnet werden. Zur weiteren Unterteilung der Klimazonen in Klimatypen verwendet er Kleinbuchstaben und zur Differenzierung dieser **Klimatypen** in **Klimauntertypen** einen weiteren kleinbuchstabigen Index, z.B. A_f: A = **Tropisches Regenklima; f = immerfeucht.**

Wichtiger Hinweis: Weltkarten mit den Klimazonierungen finden sich in jedem zugelassenen Atlas (meistens mit der Köppen'schen Klassifikation). Zudem finden Sie eine solche Karte auf der hinteren Umschlagklappe.

Beschreibung wichtiger Klima- und Vegetationszonen

Beachten Sie: Viele der Klima- und Vegetationszonen verlaufen in etwa breitenkreisparallel, jedoch hängt die Ausprägung anderer auch von ihrer Lage innerhalb oder am Rande eines Kontinents ab (siehe auch eine Atlaskarte mit Köppen'scher Klimaklassifikation). Die Angaben der folgenden Beschreibung der Klimazonen beziehen sich grundsätzlich auf Meereshöhe.

> **Merke** **Köppen'sche Klimaklassifikation**
>
> **Klimazonenbezeichnungen**
> **A** Tropisches Regenklima mit ganzjährigen Monatsmitteln > −18°C
> **B** Trockenklima
> **C** Warmgemäßigtes Klima mit kältestem Monatsmittel zwischen −3°C und 18°C
> **D** Boreales oder Schnee-Wald-Klima mit kältestem Monatsmittel < −3°C und wärmsten Monatsmittel > 10°C
> **E** Schneeklima mit wärmsten Monatsmittel < 10°C
>
> **Klimatypenindizes**
> **f** immerfeucht
> **m** Regenwaldklima trotz Trockenzeit
> **s** sommertrocken
> **w** wintertrocken
> **S** Steppenklima
> **W** Wüstenklima
> **T** Tundrenklima (mind. 1 Monat > 0°C)
> **F** Frostklima (alle Monatsmittel < 0°C)
>
> **Klimauntertypenindizes**
> **a** heiße Sommer
> **b** warme Sommer
> **c** kühle Sommer
> **d** strenge Winter
> **h** heiß (Jahresmittel-t > 18°C)
> **k** kalt (Jahresmittel-t < 18°C)

Zieht man die breitenkreisparallelen Klimazonen einmal zusammen, als ob es keine Wasserflächen zwischen den Landmassen gäbe, ergibt sich der sogenannte **Idealkontinent** nach der Köppen'schen Klimaklassifikation (auch unter der Bezeichnung Klimarübe bekannt). Anhand dieser Darstellung kann man eine grobe weltweite Verbreitung bestimmter Klimazonen und -typen einsehen. Die Form der Rübe ergibt sich daraus, dass der Großteil der Landmassen auf der Nordhalbkugel vorhanden ist.

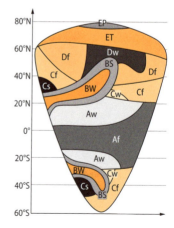

Die Tropen

Mathematisch lassen sich die Tropen als der Bereich **zwischen den beiden Wendekreisen** definieren. Allerdings erfährt die räumliche Ausprägung der Tropenzone durch die Land-Meer-Verteilung, durch die spezifische Lage innerhalb eines Kontinents oder Archipels und andere Einflussgrößen räumliche Veränderungen. Die Tropen werden in der Regel unterteilt in
a) die **immerfeuchten inneren Tropen**,
b) die **wechselfeuchten Tropen** und
c) die **Randtropen**.

Vegetations- und Klimagürtel in den Tropen (Guineaküste bis Nigerbogen)		
Vegetations- und Landschaftsgürtel	aride Monate	Niederschlag in mm
Tropischer Regenwalde	0–2,5	> 1500
Feuchtsavanne	2,5–5	1500–1000
Trockensavanne	5–7,5	1000–500
Dornsavanne	7,5–10	500–250
Halbwüste	10–11	< 250

a) Immerfeuchte innere Tropen

Diese Zone erstreckt sich in Äquatornähe mit Unterbrechungen bis etwa 10° nördlicher und südlicher Breite.

Klimamerkmale:

→ Tendenz zu **ganzjährig humidem Klima** (höchstens 0–1 aride Monate)
→ **hohe Niederschlagssummen** (im Jahresdurchschnitt 1500 bis 5000 mm)
→ **Zenitalregen** (Niederschläge aus der tropischen Konvergenzzone)
→ Niederschläge als heftige Güsse mit Gewittern, meist am frühen Nachmittag (zeitverzögerte Konvektion von Luftmassen nach dem Sonnenhöchststand am Mittag)
→ in Äquatornähe **zwei jahreszeitliche Niederschlagsmaxima** in Frühjahr und Herbst (bedingt durch zweimaligen Durchlauf der ITC entsprechend der Sonnenstandswanderung)

- → **hohe Jahresdurchschnittstemperaturen** (etwa 24 bis 28 °C)
- → geringe Abweichungen der Monatstemperaturmittel vom Jahresdurchschnitt (deshalb **Tageszeitenklima**)
- → Monatsmittel der Temperatur immer > 18 °C (thermische Definition der Tropen!)
- → meist nächtliche Abkühlung nicht unter 18 °C
- → **hohe chemische Verwitterung** durch ständig hohe Luftfeuchtigkeit, hohe Lufttemperaturen, großes Wasserangebot (Bildung von Säuren!) und hohem Anteil organischer Substanzen

Vegetationsmerkmale:

- → tropischer Regenwald mit **hoher Biomassenproduktion**
- → **nährstoffarme Böden** (tropische Roterden, Laterite und Latosole mit geringer Kationenaustauschkapazität, geringem Restmineralgehalt, tiefgründiger Verwitterung), dadurch direkter Nährstoffkreislauf zwischen absterbender Biomasse und Pflanzenwurzeln mithilfe von Pilzgeflechten an den Wurzeln (Mykorrhiza), die als Nährstofffilter dienen
- → **Artenreichtum** (meist Vorkommen mehrerer Hundert Baumarten); ganzjähriger Blattfall und Blattwechsel
- → **Stockwerkbau** mit Baumkronenschicht, Epiphytenschicht und Krautschicht
- → **Kauliflorie** (Blüten und Früchte der Bäume treiben direkt am Stamm oder an Hauptästen.)
- → **Brett- und Stelzwurzeln**
- → Bedingt durch das komplexe Ökosystem sowie durch die nährstoffarmen Böden ist eine landwirtschaftliche Nutzung nur unter Bezugnahme angepasster Anbauweisen möglich und ertragreich.

b) Wechselfeuchte Tropen

Sie schließen sich polwärts an die inneren Tropen an.

Klimamerkmale:

- → je weiter Annäherung an Wendekreise, desto stärkere und längere **Trockenphase**

- Auftreten von **noch zwei Niederschlagsmaxima auf der äquatorwärtigen Seite**
- in **Richtung Wendekreise Zusammenfallen zu einem Niederschlagsmaximum**
- gleichzeitig polwärtiges Abnehmen der Jahresniederschlagsmengen und Zunahme der **Niederschlagsvariabilität** (unregelmäßiges zeitliches und mengenmäßiges Auftreten)
- Regenzeiten folgen in einigem zeitlichem Abstand der Sonnenstandswanderung.
- vorwiegend **Zenitalregen**, selten zyklonaler Niederschlag
- gemeinsames Merkmal der wechselfeuchten Tropen also **Wechsel von humiden und ariden Phasen**
- Lufttemperaturen nehmen zu den Wendekreisen hin generell zu, ebenso die Temperaturunterschiede zwischen den Jahreszeiten bei jedoch **weiterhin vorherrschendem Tageszeitenklima**; Wechsel arider und humider Phasen bedingt häufig starke Wasserstandsschwankungen der Flüsse (Überschwemmungsgefahr)

Vegetationsmerkmale

Typisch sind die **Savannen** (Grasland mit einzelnen Bäumen und Büschen); unterschieden werden:
- **Feuchtsavanne:** 2,5–5 Monate Trockenzeit, geringe Niederschlagsvariabilität, Jahresniederschläge 1000–1500 mm, hohe Gräser (bis 2 m), vereinzelt hohe Bäume mit Laubwurf in der Trockenzeit, immergrüne niedrige Bäume und Sträucher
- **Trockensavanne:** 5–7,5 Monate Trockenheit, hohe Niederschlagsvariabilität, Gräser mit einzelnen Bäumen und Sträuchern mit Laubwurf in der Trockenzeit, Jahresniederschläge 500–1000 mm
- **Dornsavanne:** 7,5–10 Monate Trockenzeit, sehr hohe Niederschlagsvariabilität, niedriger, unregelmäßiger Graswuchs, Akazien und Dornsträucher, Jahresniederschläge 250–500 mm

c) Randtropen

Als Randbereich der Tropen sind die weiter polwärts anschließenden **Halbwüsten** (Übergangsbereiche zu den Wüsten) anzusehen. Die aride

Phase beträgt hier ca. 11 Monate bei **höchster Niederschlagsvariabilität**; der noch vorhandene spärliche Bewuchs besteht aus **Gräsern und Kleinpflanzen**. Zur Verminderung der Verdunstungsoberfläche haben sich die Blätter extrem verkleinert (**Kleinblättrigkeit**) oder sind zu **Dornen** verkümmert; **Sukkulenz** (Stammverdickung zur Wasserspeicherung, Beispiel Kaktus) ist weit verbreitet.

Die Subtropen

Im Gegensatz zu den Tropen herrschen hier zum Teil **starke jährliche Temperaturschwankungen**. Die Jahrestemperaturamplituden liegen meist deutlich über den Tagesschwankungen, deshalb findet man hier ein **Jahreszeitenklima**. Die Temperaturmittel des kältesten Monats liegen zwischen etwa 2–13 °C. Die Subtropen zeigen hinsichtlich der Jahresniederschlagssummen und dem Jahresgang der Niederschläge eine **starke Differenziertheit** (besonders abhängig von der Lage auf einem Kontinent: West- oder Ostseite). Die subtropischen Klimaregionen sind im Vergleich zu den Tropen **weniger breitenkreisparallel** angeordnet. Teile der Subtropen sind **subtropische Halbwüsten- und Wüstenklimate** (z. B. Sahara), **subtropische Winterregengebiete** (z. B. Mittelmeergebiet, Kalifornien, Kapregion Südafrikas) und subtropische Steppenklimate. Die Klimate der Subtropen werden **jahreszeitlich wechselnd** durch ihre **winterliche Lage im Randbereich der Westwindzone** und ihre **sommerliche Lage im Einflussbereich der subtropischen Hochdruckzellen** (mit vorwiegend absinkender, deshalb trockener Luft) bestimmt. Im Folgenden sollen die beiden Zonen **subtropische Wüste** und **subtropisches Winterregengebiet** genauer beschrieben werden.

a) Subtropische Wüsten (auch: Wendekreiswüsten)

Klimamerkmale

→ Entstehung durch **absinkende Luftmassen des Antipassats** (Bewölkungsarmut)
→ Idealtyp: **Sahara**
→ extreme Aridität (**hyperarid**)
→ in Teilen der Sahara oft nur 0–20 mm Niederschlag pro Jahr im langjährigen Mittel; zunehmende Jahresniederschlagssummen nach

Norden (Einfluss der Westwindzone, Winterregen) und nach Süden (Einfluss tropischer Luftmassen)
- **episodische Niederschläge**, das heißt keine Regelmäßigkeit
- **extreme Verdunstungswerte** durch **sehr hohe Tageslufttemperaturen** (bis zu 4500 mm potenzielle Verdunstung in der Zentralsahara!)
- **extreme Tag-/Nachttemperaturunterschiede** durch **hohe Einstrahlung tagsüber** und **starke Ausstrahlung in der Nacht**
- deshalb **Tagestemperaturamplituden bis zu 50 °C**
- **Jahresdurchschnittstemperaturen** etwa zwischen **20 und 28 °C**

Vegetationsmerkmale

- kaum Vegetation, nur an begünstigten Stellen, an denen sich Wasser sammelt (Senken, Wadis, in Grundwassernähe)
- **Xerophyten** (hitzebeständige, hartblättrige Pflanzen), Sukkulenten (Wasserspeicherung in der ariden Phase), Halophyten (salzliebende Pflanzen) an besonderen Standorten

b) Subtropische Winterregengebiete

Auch: **mediterrane Winterregengebiete**; starke Ausprägung an der Westseite der Kontinente; Beispiele: Mittelmeergebiet, Mittelchile, Kalifornien, südwestliches und südliches Australien und Kapregion Südafrikas

Klimamerkmale

- Jahrsdurchschnittstemperaturen etwa zwischen 13 und 19 °C
- **winterliche Niederschläge durch Einfluss der feuchten Westwinde** und **sommerliche Trockenheit durch Einfluss des subtropischen Hochdruckgürtels**
- **Jahresniederschlagsmengen** etwa zwischen **400 und 900 mm**

Vegetationsmerkmale

Beschrieben wird die **potenzielle, natürliche Vegetation**. Diese wurde im Lauf der Jahrhunderte und Jahrtausende (z. B. Mittelmeerraum) jedoch entscheidend durch die Aktivitäten des wirtschaftenden Menschen überprägt.

- → Anpassung der natürlichen Vegetation an die **sommerliche Trockenheit**
- → Reduzierung der Verdunstung durch **Hartblättrigkeit, Verkleinerung der Blattflächen, tiefere Wurzelbildung** und **dichte Baumrinden**
- → typische Baumvertreter sind Flaumeiche, Korkeiche, Steineiche Aleppokiefer, Strandkiefer, Lorbeerbaum
- → durch Degradation heute allerdings oft nur noch Buschwald mit Zwergsträuchern (die **Macchie**) vorzufinden

Die gemäßigte Zone

Auch: **Klima der Mittelbreiten** oder **der mittleren Breiten**. Der Begriff **gemäßigt** darf angesichts der hohen Jahrestemperaturamplituden bis etwa 40 Celsiusgrade (Tagestemperaturamplituden über 15 Celsiusgrade) keinesfalls falsch verstanden werden. Die gemäßigte Zone ist eine vielfach differenzierte Klimazone, in der heute weit über 10 Einzelzonen unterschieden werden (vgl. mit geeigneter Atlaskarte).

Klimamerkmale

- → **klimatische Vielfalt** (viele Einzelregionen)
- → auf der Nordhalbkugel: **gemäßigte Zone entspricht ungefähr der Westwindzone** (nicht auf der Südhalbkugel, wo sie wegen der anderen Land-Meer-Verteilung kaum auftritt)
- → maximale Tagestemperaturen über 45 °C, Minimalwerte bis –30 °C
- → Vorherrschen des **Jahreszeitenklimas**
- → **Monatsmitteltemperaturen der wärmsten Monate zwischen 15 und 20 °C** (in Einzelfällen bis 25 °C), also **relative Einheitlichkeit**
- → **Monatsmitteltemperaturen der kältesten Monate allerdings breit gestreut, zwischen –30 und 10 °C**, also **starke Differenziertheit**
- → **Jahresmitteltemperaturen etwa zwischen 8 und 12 °C**
- → weitgehende **Lage in der Westwindzone**, große Unterschiede zwischen **ozeanisch geprägten Westseiten** der Kontinente (geringere Jahrestemperaturamplitude) und den **eher kontinental geprägten Ostseiten** (hohe Jahrestemperaturamplitude)

→ **Verstärkung des ozeanischen Klimacharakters an der Westseite** Eurasiens durch warmen Golfstrom, **Verstärkung des kontinentalen Charakters an der Ostseite** durch den kalten Labradorstrom (Meeresströmung zwischen Grönland und Nordamerika) und den Oyashio (kalte Oberflächen-Meeresströmung)
→ **gesamtzonale Auswirkungen auf die Vegetation: West-Ost-Abfolge von Waldklimaten** (nach Osten hin zunehmende Kontinentalität), **Nord-Süd-Abfolge von Steppen- und Wüstenklimaten** in den kontinentalen Innenbereichen, **Ost-West-Abfolge von Waldklimaten auf den Ostseiten** (immerfeucht bis sommerfeucht)

Vegetationsmerkmale

→ Westränder der Kontinente: Niederschlagsreiche Westwinde, milde ozeanische Winter brachten ursprünglich **dichte Laubwaldbestände** hervor (z. B. Irland, Großbritannien, Norwegen, Kalifornien, Chile und Westspanien), die heute jedoch weitgehend gerodet sind.
→ weiter ostwärts: **hohe Biomassenproduktion** in klimatischen Gunsträumen (**ausreichend Niederschläge durch Einwirken der Westwinde, ausreichend lange Vegetationszeit** [= Anzahl der zusammenhängenden Tage mit einem Temperaturmittel von mindestens 5 °C]) **Laubwälder mit Eichen-, Buchen-, Ahorn-, Birken- und Eschenbeständen; winterlicher Blattwurf**; Beispiel: Mitteleuropa
→ weiter ostwärts: **steigende Jahrestemperaturamplituden** durch zunehmende Kontinentalität, **Abnahme der Jahresniederschlagssummen durch abnehmenden Einfluss der Westwinde** führt zum Entstehen von **Waldsteppe** (Waldland mit einzelnen Grasflächen), dann nur noch **Grassteppen**
→ Grassteppen sind unterteilt in **sommerfeuchte Steppen** (Niederschlagsmaxima spätes Frühjahr und Frühsommer, dichte Grasdecke bei Jahresniederschlägen bis 1000 mm, jedoch hohe Verdunstungsrate, also kaum mehr Bäume) und **sommertrockene Steppen** (geringere Jahresniederschläge bis unter 250 mm bei potenziell hohen Verdunstungsraten bis 1500 mm; tiefwurzelnde, weniger dichte Grasbedeckung); Beispiele für Steppengebiete der gemäßigten Zone sind die **Great Plains** in den USA und die **kasachische Steppe**.

Bodenmerkmale

→ Ausgeglichenheit zwischen chemischer und physikalischer Verwitterung **in Waldgebieten**
→ **humusreiche Oberhorizonte** (A-Horizonte)
→ im Westen **Braunerden und Parabraunerden,** im Kontinentinnern **graue Waldböden**
→ entsprechend der Niederschlagsmengen **im Bereich der Steppen Schwarzerdeböden** (Tschernoseme), **kastanienfarbene Steppenböden** bis hin zu **Halbwüstenböden**

Die kalte Zone

Sie schließt sich polwärts an die gemäßigte Zone an und wird unterteilt in **boreale Nadelwaldzone, Tundra** und **polare Zone**.

Boreale Nadelwaldzone

→ **Größtes zusammenhängendes Waldgebiet der Erde** (z. B. Skandinavien, Kanada und auf dem Gebiet der ehemaligen Sowjetunion, dort **Taiga** genannt)
→ Südgrenzen: in Skandinavien bei etwa 61° n.Br., in Nordamerika bei etwa 45–60° n.Br., im Amurgebiet bei etwa 43° n.Br., an der Wolga bei etwa 53° n.Br.
→ Nordgrenze entspricht der 10° Celsius-Juli-Isotherme; kaum Ausbildung des borealen Nadelwalds auf der Südhalbkugel (fehlende Landmasse)
→ geringer jährlicher Biomassenzuwachs (kurze Vegetationsperiode) Artenarmut; bestandsbildend sind vor allem **Fichten**, **Waldkiefern** und **sibirische Lärchen**
→ **kühle und feuchte Sommer**, extrem tiefe Wintertemperaturen (Beispiel Edmonton/Kanada: Monatsmittel Juli 15 °C, Monatsmittel Januar –8 °C; absolute Extremwerte in Nordostsibirien: kälter als –60 °C im Winter und wärmer als 30 °C im Sommer)
→ Auftreten von **Permafrostböden** (tiefgründig ganzjährig gefrorene Böden mit oberflächigem sommerlichen Auftauen)
→ vorherrschender Bodentyp: **Podsol**

Tundrenzone

Sie schließt sich polwärts an den borealen Nadelwaldgürtel an.

→ Seen und Sümpfe
→ **spärliche Jahresniederschlagsmengen** (meist unter 200 mm)
→ **Permafrostboden**
→ kein geschlossener Vegetationsgürtel wegen **Nährstoff- und Stickstoffarmut** (kaum chemische Verwitterung) der Böden
→ **subpolares Klima**
→ allenfalls niedrigwüchsige Kümmersträucher, ansonsten Flechten, Moose und einzelne Grasflächen

Polarzone

→ Eis- und Schneewüsten, extrem niedrige Temperaturen, geringe Sonneneinstrahlung
→ vegetationslos bis äußerst spärliche Vegetation (Flechten) an Gunststandorten

> **Klima und Mindmap** — Merke
>
> Mithilfe einer Mindmap lassen sich die Klima- und Vegetationszonen besser im Gedächtnis verankern.
>
>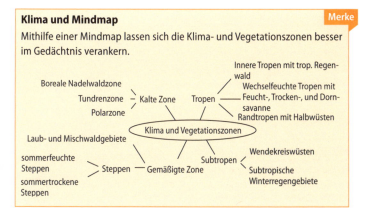

Klimatypen und Vegetationsformen im Überblick

Vom Äquator zum Pol in ihrer meridionalen Abfolge durch Afrika und Europa (Nordhalbkugel)

Klimatyp	Vegetationstyp	Gebiete	Geograf. Breite
Polar	weitgehend vegetationslos	Spitzbergen, Polarregion	80–90° n.Br.
Subpolar: Niederschlag (gering) zu allen Jahreszeiten	Tundra: Moose, Flechten, Subpolarer Birken- und Nadelwald, Fjellheide im Hochland	Nord- und Mittelskandinavien	70° n.Br. nördlicher Polarkreis 60° n.Br.
Gemäßigte Breiten: vorwiegend Frühjahrs- u. Herbst-Niederschlag.	kühlgemäßigter Laub- und Mischwald	Mitteleuropa	50° n.Br.
Subtropen: Winterregen, Sommer trocken 1 Monat humid 0 Monate humid	subtropische Hartlaubgehölze, Wüstensteppe, Vollwüste	Mittelmeergebiet Libyen Sahara	40° n.Br. 30° n.Br. nördlicher Wendekreis
Tropen: Randtropen (1 Monat humid) **Wechselfeuchte Tropen** (2–4 Monate humid) (5–6 Monate humid) (7–9 Monate humid) **Immerfeuchte innere Tropen** (10–12 Monate humid)	Halbwüste Dornsavanne Trockensavanne Feuchtsavanne Tropischer Regenwald	Südsahara Sudan Sudan Sudan Kongobecken	südlich des nördlichen Wendekreises 20° n.Br. 10° n.Br. ca. 7° n.Br. Bereich Äquator

Temperatur- und Niederschlagswerte

Temperatur- (obere Zeile) und Niederschlagswerte (untere Zeile) ausgewählter Klimastationen

Innere Tropen: Kisangani/Zaire, 460 m NN, 0°41'N, 25°11'O

Jan	Feb	Mär	Apr	Mai	Jun	Jul	Aug	Sep	Okt	Nov	Dez	Jahr
26,0	26,2	26,1	26,2	26,0	25,3	25,3	25,2	25,3	25,0	25,1	25,1	25,6
95	115	152	181	167	115	100	186	174	228	177	114	1804

Wechselfeuchte Tropen: Kano/Nigeria, 470 m NN, 12°03'N, 8°32'O

Jan	Feb	Mär	Apr	Mai	Jun	Jul	Aug	Sep	Okt	Nov	Dez	Jahr
21,2	23,7	27,8	30,9	30,7	28,4	26,2	25,3	26,4	27,0	24,8	21,9	26,2
0	0	2	10	66	110	204	302	132	15	0	0	8410

Subtrop. Winterregengebiet: Iraklion/Kreta, 29 m NN, 35°21'N, 25°08'E

Jan	Feb	Mär	Apr	Mai	Jun	Jul	Aug	Sep	Okt	Nov	Dez	Jahr
12,3	12,6	13,5	16,1	19,0	23,0	25,4	25,6	23,2	20,4	17,3	14,2	18,6
95	46	43	26	13	3	1	1	11	64	71	79	453

Subtrop. Wendekreiswüste: Faya-Largeau/Tschad, 234 m NN, 18°00'N, 19°10'O

Jan	Feb	Mär	Apr	Mai	Jun	Jul	Aug	Sep	Okt	Nov	Dez	Jahr
20,9	22,8	26,1	30,5	33,5	34,3	34,0	33,2	33,2	30,3	25,4	21,7	28,8
0	0	0	0	0	10	12	1	0	0	0	23	

Gemäßigte Zone Mitteleuropas: München, 527 m NN, 48°09'N, 11°42'E

Jan	Feb	Mär	Apr	Mai	Jun	Jul	Aug	Sep	Okt	Nov	Dez	Jahr
−2,4	−1,2	3,0	7,6	12,2	15,4	17,2	16,6	13,3	7,8	2,9	−0,9	7,6
59	55	51	62	107	125	140	104	87	67	57	50	964

Kalte Zone/Borealer Nadelwald: Jokkmokk/Schweden, 257 mNN, 66°36'N, 16°51'E

Jan	Feb	Mär	Apr	Mai	Jun	Jul	Aug	Sep	Okt	Nov	Dez	Jahr
−14,4	−13,4	−7,9	−1,5	5,0	11,3	14,8	12,3	6,8	−0,5	−7,1	−11,1	−0,5
29	27	21	29	30	57	77	63	49	40	36	35	493

5.5 Klima und Vegetation in Gebirgsräumen

Wesentlich für das Klima der Hochgebirgsräume sind die **physikalischen Veränderungen der Atmosphäre mit zunehmender Höhe**:

- **Abnahme des Luftdrucks** mit der Höhe (auf Meereshöhe z. B. 760 Hektopascal, in 7000 m Höhe NN 300 Hektopascal)
- **Abnahme des Wasserdampfgehalts** mit der Höhe
- **Abnahme der Wärmespeicherfähigkeit** von Luft mit der Höhe (infolge geringerer Dichte)
- Abnahme der **Lufttemperatur mit der Höhe** (infolge schwächer werdenden Einflusses der wärmeabstrahlenden Erdoberfläche); **vertikaler Temperaturgradient** 0,6 bis 1,0 °C Abnahme pro 100 Höhenmeter

Beispiele für Barriere- und andere Effekte in Gebirgsräumen

- **Stau von Luftströmungen** mit eventueller Umleitung
- Gebirge sind kältere Regionen, in denen sich **kleinere Hochdruckgebiete** entwickeln können.
- Staueffekte verursachen an den Gebirgsrändern **Verwirbelungen**.
- Gebirgsräume verursachen Staueffekte an den Luvseiten, **Windschatteneffekte an den Leeseiten.**
- Gebirge zwingen Luft zum **Aufsteigen** (Steigungsregen im Luv, Niederschlagsarmut im Lee).
- Höhere Lagen erhalten **andere Strahlungen** (Zunahme der kurzwelligen Strahlung mit der Höhe).
- Gebirgsräume entwickeln oft **eigene Zirkulationssysteme** (Berg-Tal-Wind, Gletscherwind).
- Innerhalb von Gebirgsräumen herrschen in räumlicher Nähe oft **unterschiedliche Strahlungs- und Wärmehaushalte** vor (z. B. je nach Exposition [Ausrichtung] verschiedener Hänge).
- In Gebirgsräumen kommt es häufiger zu **Inversionswetterlagen**, die sich durch einen umgekehrten, vertikalen Temperaturgradienten auszeichnen und damit die oberen Luftschichten wärmer sind (z. B. Kaltluftseen in den Talmulden mit darüber gelagerter wärmerer Luft).

Der Föhn-Effekt

Bei sogenannten **Föhnlagen** kommt es am Rand von Gebirgen zu eigenartigen Temperaturanomalien: Die Lufttemperaturen können in gleichen Höhen über dem Meer auf der Luvseite wesentlich geringer als auf der Leeseite (vom Wind abgewandte Seite) sein. Als Paradebeispiel für Föhnlagen gilt der **Alpenföhn**. Gleichermaßen treten ähnliche Phänomene auch in anderen Gebirgsräumen, z. B. den Rocky Mountains als **Chinook** auf. Die folgende Abbildung verdeutlicht die thermischen Verhältnisse von Luftmassen beim Überqueren von Gebirgen.

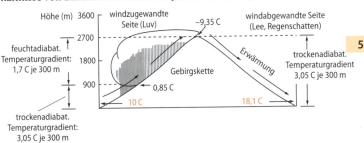

- Luftmassentemperatur an der Luv-Seite in Meereshöhe: 10 °C
- Aufsteigen der Luftmasse trockenadiabatisch (das heißt ohne Kondensation) um 900 m (pro 300 m trockenadiabatischer Aufstieg Temperaturabnahme um 3,05 °C), also t-Abnahme um 9,15 °C
- deshalb Temperatur in 900 m Höhe: 10 °C – 9,15 °C = 0,85 °C
- danach Aufsteigen der Luftmassen feuchtadiabatisch (das heißt mit Kondensation) um 1800 m (pro 300 m feuchtadiabatischer Aufstieg Temperaturabnahme um nur noch 1,7 °C), also weitere t-Abnahme um 10,2 °C
- deshalb Temperatur in 2700 m Höhe: 0,85 °C – 10,2 °C = –9,35 °C
- danach trockenadiabatischer Abstieg auf der Lee-Seite um 2700 m (pro 300 m Abstieg trockenadiabatisch 3,05 °C Temperaturzunahme)
- deshalb t-Zunahme beim Abstieg um 27,45 °C (9 · 3,05 °C), somit Temperatur der Luftmasse auf der Lee-Seite in Meereshöhe: –9,35 °C + 27,45 °C = 18,1 °C
- somit ist die Lufttemperatur auf der Leeseite durch das Überqueren des Gebirges um ca. 8 °C gestiegen!

> **Merke**
>
> **Föhneffekt**
>
> Bei Föhneffekten kann es durch Übersteigen eines Gebirges durch Luftmassen zu deren Erwärmung kommen. Gleichzeitig sind diese Luftmassen nach der Gebirgsüberquerung wesentlich trockener.

Entstehungsbedingungen für den Alpenföhn: Hochdruckgebiet südlich der Alpen, Tiefdruck auf der Alpennordseite (dadurch deutliche Ausgleichsströmung von Süd nach Nord über die Alpen). Die warmen und trockenen Föhnwinde auf der Gebirgsleeseite verursachen bei manchen Menschen gesundheitliche Probleme wie Kreislaufbeschwerden und Kopfschmerzen.

Schnee-, Wald- und Baumgrenzen

- **Klimatische Schneegrenze:** Sie trennt das **Nährgebiet** eines Gletschers vom **Zehrgebiet**. Im Nährgebiet fällt im Durchschnitt mehr Schnee als durch Abschmelzen und Verdunstung verloren geht. Die klimatische Schneegrenze ist ein Durchschnittswert und hängt von der geografischen Breitenlage ab (Lage in 70–80° geografischer Breite etwa bei 500 m NN, in 40–50° Breite etwa bei 3000 m NN, am Äquator etwa bei 4600 m NN).
- **Lokale Schneegrenze:** Sie ist die Schneegrenze an einem bestimmten Gebirgsmassiv, abhängig von lokalen Faktoren wie Luv- und Leelage, Exposition usw. Sie kann deshalb von der klimatischen Schneegrenze abweichen.
- **Temporäre Schneegrenze:** Sie ist die momentane, jahreszeitlich abhängige Schneegrenze. Deshalb variiert sie im Jahreslauf erheblich, wie z. B. im Inntal:

	März	Juni	September
Südhang	960 m NN	2190 m NN	3210 m NN
Nordhang	720 m NN	2030 m NN	2760 m NN

- **Waldgrenze:** Die Linie, oberhalb derer kein geschlossener Waldbestand mehr auftritt; unterschieden werden die **klimatisch bedingte Waldgrenze** (z. B. Norwegen 300 m NN, Schwarzwald 1400 m NN, Tibet 4800 m NN, Himalaya-Südseite 3250 m NN) und die **morphologische Waldgrenze**, die vom Untergrund und der Hangneigung abhängt.
- **Baumgrenze:** Die Grenze oberhalb derer selbst Einzelbäume nicht mehr vorkommen. Die **montane Baumgrenze** entsteht vor allem durch die Wärmeabnahme mit zunehmender Höhe.

Höhenstufen der Vegetation in Gebirgen

Entsprechend der klimatischen Veränderungen mit der Höhe werden auch die vorkommenden Bestände der potenziellen, natürlichen Vegetation modifiziert. Je nach Breitenlage der Gebirgsräume ergeben sich unterschiedliche Differenzierungen.

→ Beispiel tropisches Gebirge Afrikas

→ Beispiel Anden in Venezuela

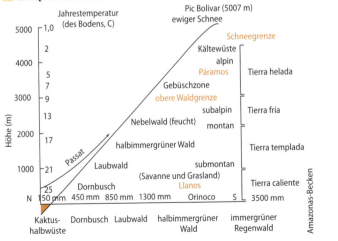

→ **Beispiel Alpen**

Bezeichnung	natürliche Vegetation
nivale Stufe	weitgehend vegetationslos
alpine Stufe	Zwergsträucher
montane Stufe	alpine Matten, Nadelwald
kolline Stufe	sommergrüner Laubwald

Mit der Höhe nehmen die Temperaturen ab, Niederschläge und Strahlung dagegen nehmen in der Regel zu.

In Hochgebirgen liegen damit andere zentrale Klimafaktoren vor als im Flachland. Es ergeben sich dadurch in der Folge landschaftsökologische Höhenstufen und spezielle Lebensräume. Bei schematischen Darstellungen und Auflistungen der Höhenstufen der Vegetation z. B. in den Alpen muss jedoch beachtet werden, dass anthropogene Einflüsse, beispielsweise Rodungen, diese Stufen erheblich verändern können. Am Beispiel der Alpen wird auch deutlich, dass die Nutzungsart des Menschen abhängig ist von der jeweiligen Vegetationsstufe: In der kollinen Stufe (Alpenvorland) werden wärmeliebende Kulturen angebaut (Obst, Reben), sie wird intensiv landwirtschaftlich, aber auch für Verkehrsbänder und Besiedlung genutzt. Die montane Stufe dagegen verliert für diese Funktionen an Bedeutung, Viehzucht ist hier vorherrschend. Die alpine Stufe ist durchgängig geprägt durch Zwergsträucher. Eine landwirtschaftliche Nutzung ist in Form der Alpwirtschaft möglich (Alpwiesen). Es folgt die nahezu vegetationslose nivale Stufe, die man auch unter der Bezeichnung Schneestufe kennt.

5.6 Anthropogene Eingriffe in Geoökosysteme

Im Folgenden werden die **Wirkmechanismen menschlicher Eingriffe auf Geoökosysteme verschiedener Klimazonen** exemplarisch erläutert.

Shifting Cultivation in den Tropen

Ursprünglich angepasste Landnutzungsform des **Brandrodungswanderfeldbaus**, bei der im rotierenden Verfahren niedergebrannte Waldflächen abwechselnd mit z. B. Getreidearten oder Hackfrüchten bebaut und brach gelassen werden (deshalb auch **Wald-Feld-Wechselwirtschaft**). Um ein Dorf herum werden so immer weitere Flächen brandgerodet. Die Neurodung von Flächen wird notwendig, da die nach dem Abbrennen in Form von Asche vorhandenen Nährstoffe schnell wieder ausgeschwemmt werden (als Folge der Waldentfernung werden die Wurzelpilze zerstört, die als Nährstofffilter und -speicher dienen). Die Erträge auf den brandgerodeten Flächen nehmen deshalb nach wenigen Jahren rasch ab.

Art der Bewirtschaftung

- Brandrodung eines Feldes vor der Regenzeit, Aussaat durch Eingraben von Samen (z. B. Yams, Banane, Hirse, Batate) mit der Harke
- Weitere Bodenbearbeitung bzw. Bodenpflege fehlt weitgehend.
- Alte Anbauflächen bleiben nach einigen Jahren brach liegen und entwickeln einen artenarmen Sekundärwald.
- **Wandel der *shifting cultivation* zur ökologisch bedenklichen Landnutzungsform**
- Mit dem Übergang von der Subsistenzwirtschaft zum marktorientierten Anbau von *cash crops* und mit dem einsetzenden Bevölkerungsanstieg werden unter Umständen immer mehr Flächen für das Shifting Cultivation genutzt.
- Im Extremfall kommt es zum **Raubbau an den Waldflächen** und zur Naturraumzerstörung.

Desertifikation in der Sahelzone

a) Lage der Sahelzone und natürliche Klimabedingungen

Südsaum der Sahara, Übergangszone Wüste-Dornsavanne-Trockensavanne; geringe Jahresniederschlagsmengen (300 mm im Norden, 600 mm im Süden); hohe Niederschlagsvariabilität; Niederschläge auf 30 bis 50 Tage pro Jahr verteilt (im Sommer), hohe Verdunstung

b) Veränderungen der wirtschaftlichen Nutzung

Früher

- Weidewirtschaft (nomadisch) im trockenen Norden, Halbnomadismus mit Hackbau und Hirseanbau im feuchteren Süden

→ bei länger anhaltenden Trockenperioden (über Jahre) Wanderung der Nomaden aus dem Norden in den Süden und Nutzung der dortigen Bracheflächen für die Weidewirtschaft, kaum Nutzungskonflikte

Mit Beginn der 1970er-Jahre

→ Anbau von *cash crops*, besonders Baumwolle, in den südlichen Gunstgebieten, dadurch Verlagerung des Hirseanbaus für den Eigenbedarf (Subsistenzwirtschaft) in die klimatisch schlechteren Regionen des Nordens; Nährstoffverarmung der Böden durch Wegfallen der Brache, Erosionsschäden
→ Tiefbrunnenbohrungen in niederschlagsreicheren Jahren, dadurch Ansiedlung von Viehzüchtern, überdurchschnittliche Bevölkerungsentwicklung durch Wasserangebot: stark steigende Viehbestände
→ zusätzlich Durchführung von Programmen zur Sesshaftwerdung der Nomaden mit der Folge der Kappung der ehemaligen saisonalen räumlichen Verlagerungen

c) Ökologische Auswirkungen

→ Überweidung verursacht starke Bodenerosion: mehrjährige (bodenfestigende) Kulturen verschwinden, exportorientierter Anbau mit Maschinen- und Herbizideinsatz belastet den Boden stärker; Entfernung der Grasdecke (besonders durch Ziegenweidung) vermindert Zusammenhalt des Bodens, dadurch höhere Erosionsgefahr durch Starkregen und **Windausblasung** (Deflation).
→ zusätzlich stärkere Bodenaustrocknung infolge fehlender Schattenwirkung und höherer Verdunstung; dadurch Bodenerosion
→ zusätzliche Austrocknung des Oberbodens nach **Absenken des Grundwasserspiegels durch die Tiefbrunnen**
→ schwere Katastrophen (mit Hungersnöten) in den 70er-Jahren des 20. Jahrhunderts, als nämlich mehrere Trockenjahre (mit stark überdurchschnittlichen Niederschlagsdefiziten) einsetzen

Ausmaß:
→ Trotz des Wissens um die verheerenden Folgen der Desertifikation haben Ausmaß und Intensität der Zerstörung fruchtbaren Bodens in den vergangenen 20 Jahren zugenommen.

- → Industrieländer, vor allem aber Entwicklungsländer sind betroffen: 250 Millionen Menschen betrifft die Desertifikation direkt in der Frage ihrer Existenzsicherung.
- → Etwa 40% der afrikanischen sowie der asiatischen Bevölkerung leben in Räumen, die durch Desertifikation bedroht sind.

e) Denkbare Gegenmaßnahmen

- → Beschränkung des Viehbestandes
- → Anlage von **Futtermittelreserven** für eventuelle Trockenzeiten
- → Aufgabe zentraler großer Tiefbrunnenanlagen zugunsten räumlich breit gestreuter kleinerer Brunneneinheiten
- → Einführung von Maßnahmen des *Ecofarming* (ökologisch angepasste Landnutzungsformen)
- → Präventionsmaßnahmen gegen Erosionsgefahr, z. B. Anlage von Windschutzhecken, Aufforstung, etc.
- → Nutzung **alternativer Energieformen**, z. B. Einsatz von Miniparabolspiegeln zum Kochen, Kleinwindkraftanlagen

> **Allgemeine Definition der Desertifikation** — Merke
> Ausbreitung wüstenhafter Erscheinungen durch Einwirkungen des wirtschaftenden Menschen auf ein labiles Ökosystem in Trockenräumen.
> **Im engeren Sinne:** schleichender Prozess einer nachhaltigen Störung der Regenerationsfähigkeit der Ökofaktoren in ariden und semiariden Gebieten als Folge einer nicht angepassten Landnutzung.

Waldraubbau im Mittelmeergebiet

Ausgangslage

Heute sind weite Areale des Mittelmeergebiets entwaldet, nackter oder spärlich bedeckter Fels (meist Kalkformationen mit **Karsterscheinungen**) kennzeichnen beispielsweise die Halbinsel Istrien (Holzlieferant für Venedig in der Renaissance), die meisten der griechischen Inseln und große Küstenbereiche Italiens, Spaniens, Portugals und Griechenlands. Die Entwaldung hat dort also **keinen klimatischen Grund**, sondern ist auf **anthropogene Einwirkungen** zurückzuführen.

Biografie des Waldraubbaus

- → frühe Jäger-, Sammler- und Viehhalterperiode: **Anlegen von gezielten Bränden** zur Gewinnung von Kulturflächen
- → Ausdehnung der Kulturfläche für Weidewirtschaft (besonders Ziegen und Schafe); **Transhumanz** (jahreszeitliche Wanderungen der Hirten mit ihren Ziegen- und Schafherden, Ziegen fressen Schösslinge und Laub der Bäume und Sträucher
- → Entwicklung eines ausgeprägten **Städtesystems** bereits seit der Antike, großer Holzbedarf

Ökologische Folgen der Entwaldung

- → Abtragung der Bodenkrume (obere, fruchtbare Bodenschicht) bis zur vollständigen Entfernung des Oberbodens, dadurch Verlust der Wasserspeicherfähigkeit, verstärkter Oberflächenabfluss mit Erhöhung der Erosionsgefahr besonders bei Starkregen (tiefe Erosionsrinnen, Zerschneidung und Zerrachelung [Abtragungsvorgang des Reliefs] der Hänge), Verlust von Kulturfläche
- → Abgang von Muren (Schlammströme) mit teilweise verheerenden Schadenswirkungen (Zerstörung von Ortschaften)
- → Verstärkung der Karsterscheinungen, Entstehung von kargen Kalklandschaften
- → Versandung von Häfen

Aufforstung als Gegenmaßnahme

- → große Aufforstungsaktionen, um den steigenden Holzbedarf zu sichern und betroffene Flächen zu regenerieren (vorwiegend Kiefern und Eukalyptus)
- → hohe Kostenintensität (Notwendigkeit der Anlage von Terrassen, Einzäunung, Bewässerung der Jungbäume)
- → Nadelbäume sind trockener und damit brandgefährdeter, Waldbrandgefahr
- → mäßige Erfolge durch die Aufforstung (bereits kahle Flächen können nicht mehr regeneriert werden)
- → Zunahme herbstlicher Hochwasser und Überschwemmungen in den Tallagen infolge fehlender Rückhaltefähigkeit

Bodenerosion in semiariden Steppengebieten – Great Plains

Ausgangsproblematik

- → semiaride Steppengebiete sind gegenüber Erosion sehr viel anfälliger als humide Gebiete
- → bei Entfernung des Steppengrases (z. B. durch Aufpflügen für den Weizenanbau) rasche Bodenaustrocknung und Gefahr der Substratausblasung durch den Wind (hohe Windgeschwindigkeiten durch fehlende Hindernisse in den Ebenen, Deflation), da zudem die fehlenden Graswurzeln dem Oberboden keinen Halt mehr geben
- → Zusätzlich droht Abschwemmung durch die zwar selteneren, aber heftigen Niederschläge (Starkregen).
- → *Dust Bowl* (übersetzt: Staubschüssel) in den 30er-Jahren des 20. Jahrhunderts: Zerstörung von über einer Million Hektar Ackerland in den Bundesstaaten Texas, Nebraska und Kansas
- → Aufgabe von Hunderttausenden landwirtschaftlicher Betriebe

Die Hauptgründe für die Bodenzerstörung lagen auch hier in der Einwirkung des Menschen (unsachgemäße Bodenbearbeitung) auf das empfindliche Ökosystem der Steppenvegetation!

Mögliche Gegenmaßnahmen

- → Anlage von **Terrassen**, damit das Niederschlagswasser eher vertikal versickert als oberflächlich abfließt
- → Bau von **Windschutzstreifen** (*shelter belts*) mit Baum- und Heckenreihen zur Verminderung der Windgeschwindigkeit
- → **höhenlinienparalleles Pflügen** (*contour ploughing*), dadurch Verminderung des Oberflächenabflusses
- → *Dry Farming*: zunächst bis zu zwei Brachejahre, dann Aufpflügen des Bodens in zeitlicher Nähe zu den Niederschlägen, danach Walzen (Zerstörung der Bodenkapillaren und Verminderung der Verdunstungsoberfläche), anschließend Schädlingsbekämpfung
- → *Strip Cropping*: Anbau in parallelen Streifen (Grünland und Ackerland), vermindert Schädlingsbefall und Erosionsgefahr
- → *Minimum Tillage:* nur Aufreißen des Bodens statt mehrerer aufeinanderfolgender Arbeitsgänge wie Pflügen, Eggen, Säen; dadurch

geringere Bodenbeanspruchung; durchführbar mit Spezialmaschinen, die alle Arbeitsgänge in einem Durchgang erledigen
→ in Monokulturgebieten **Zwischenfruchtanbau** zur Nährstoffregenerierung und zum Erosionsschutz

Auswirkungen der Abholzung von Bergwäldern in Hochgebirgen

Gebirgswälder schützen vor Bodenabtrag, Lawinen, Murgängen und Steinschlag. Darüber hinaus haben Bergwälder auch eine entscheidende klimatische Regulierungsfunktion.

Hydrologische und klimatische Funktionen

→ Bergwald wirkt als natürlicher **Filter** für den versickernden Niederschlag und beeinflusst somit die Reinheit des Grund- und Quellwassers.
→ Bergwälder beeinflussen entscheidend das Abflussverhalten von Oberflächenwasser: **Interzeption** = Abfangen eines Teils des Niederschlags in den Baumkronen, Ästen und im Blattwerk, der dort auch verdunstet (Transpiration) und das Mikroklima entscheidend positiv mitprägt.
→ **Speicherung** eines weiteren Niederschlagteils in neu wachsender Biomasse, der somit oberflächlich Erosionsschäden vermeidet
→ schnelles Versickern der Restniederschläge im von Wurzeln aufgelockerten Waldboden, dadurch **verzögerter Abfluss** und Erosionsschutz
→ verzögertes Auftauen von Schnee und Eis in Schattenlagen, dadurch zeitliche **Verzögerung der Abflussspitzen** im Frühjahr
→ durch Verharren von Niederschlagswasser in Bäumen und im Boden **wärmeregulierende (-ausgleichende) Wirkung**

Bodenschützende Funktion

→ **Bodenfestigung** durch intensive und **tiefe Durchwurzelung**, dadurch Minderung der Gefahr von Hangrutschungen und Murabgängen
→ **Humusbildung** durch Laub- und Nadelfall, Schaffung von Lebensraum für Bodentiere, dadurch bessere Durchlüftung

Lawinenschutz

→ **Rückhaltung** eines Teils des Schnees in Baumkronen, allmähliche Verdichtung durch schubweises Fallen des Schnees
→ **Verhinderung von Lawinenanrissen** (obere Abbruchkante) durch Waldbestockung

Folgen der Abholzung von Bergschutzwäldern

→ **Humusschwund:** Abbau, Verwehung und Abschwemmung des Humus (besonders an südexponierten Hängen), Nährstoffverluste des Oberbodens, verringerte Wasserspeicherfähigkeit, erhöhter Oberflächenabfluss mit Erosionsschäden
→ **Narbenversatz:** talseitiges Abschieben oder Durchtreten der Grasnarbe durch Vieh (besonders auf dauerhaft durchnässten Böden), Aufreißen der Grasnarbe, dadurch schnelleres Eintreten der Niederschläge, Entstehung von Erosionsschäden
→ **Rutschungen:** Abbrechen hangiger Erdmassen und Abgleiten, Gefahr von Rutschungen und Murabgängen
→ **Tiefenerosion:** furchenbildendes Einschneiden von Gebirgsbächen und Rinnsalen, Murabgänge, Zerstörung von taligen Wiesen und Ackerflächen
→ **Gleitschnee:** talwärtige Bewegung von Schnee, dadurch Zerstörung der Bodenvegetation
→ **Lawinen:** Entstehung schneller Schneebewegungen, Zerstörung der Bodenvegetation, Freilegung des Bodens, Zerstörung tieferliegender Waldbestände

> **Störungen von Geoökosystemen** — Merke
> Geoökosysteme zeigen grundsätzlich ein hohes Maß an Eigenstabilität, d. h. sie können leichte Störungen von außen durch Anpassungen adaptieren. Geoökosysteme reagieren gegenüber lang andauernder Störung äußerst empfindlich. Ein dauerhaft gestörtes System kann meist nicht mehr in seinen natürlichen Ausgangszustand zurückversetzt werden.

Checkliste 5 Geoökosystem

→ **Begriffe Ökosystem und Ökologie**/Landschaftsökologie: Biozönose, Biotop, Ököfaktoren (biotische, abiotische, sozioökonomische)
→ **Merkmale von Ökosystemen**: Diversität, Produktivität, Stabilität, Selbstregelungsfähigkeit, ökologisches Gleichgewicht (dynamisches Fließgleichgewicht), Rückkoppelungseffekte
→ **Ökosystemarten**: terrestrische, semiterrestrische, marine und limnische
→ das **Ökosystem See** exemplarisch als ein Ökosystem erläutern können
→ Wirkungszusammenhänge von **Geofaktoren**: Geofaktorendreieck Klima-Boden-Vegetation
→ **Klimaklassifikationen**: genetische und effektive Klassifikationen, Köppensche Klassifikation, Tageszeiten- und Jahreszeitenklima, Klimatypen und Klimauntertypen
→ den groben Aufbau der **Klimarübe** bzw. des Idealkontinents kennen
→ **Klima- und Vegetationszonen**: Tropen (immerfeuchte innere, wechselfeuchte, Randtropen), Subtropen (Halbwüsten- und Wüstenklimate, subtropische Winterregengebiete, Wendekreiswüsten), gemäßigte Zone, kalte Zone (boreale Nadelwaldzone, Tundrenzone, Polarzone)
→ **Klima und Vegetation in Gebirgsräumen**: Barriere-Effekte, Luv- und Lee-Effekte, Inversionswetterlagen, Föhn-Effekt, Schnee-, Wald- und Baumgrenzen, Höhenstufenabfolge der Vegetation
→ die Höhenstufen der Vegetation an verschiedenen Beispielen benennen
→ am Beispiel der Alpen den Zusammenhang zwischen Höhenstufe und Nutzungsform erläutern können
→ **Anthropogene Beeinflussung von Geoökosystemen**: *shifting cultivation*, Desertifikation im Sahel, Waldraubbau im Mittelmeergebiet, Bodenerosion in semiariden Steppengebieten, Abholzung von Regenwäldern

Globale klimaökologische Probleme 6

Die Problematik klimaökologischer Prozesse, insbesondere der globale Klimawandel, beschäftigt seit wenigen Jahrzehnten zunehmend Wissenschaft, Politik, Wirtschaft und Gesellschaft. Problemfelder wie etwa der anthropogene Treibhauseffekt, das El-Niño-Phänomen, die Ausdünnung der Ozonschicht u. v. a. mehr stellen heute schon Herausforderungen dar, mit denen die Menschheit sich in Sorge um das zukünftige Funktionieren des Gesamtökosystems Erde eingehend befassen muss.

6.1 Die Treibhausproblematik

Seit Jahrzehnten beschäftigt der **Treibhauseffekt** und die mit ihm verbundene Gefahr einer **Erwärmung der Erdatmosphäre** mit möglicherweise katastrophalen ökologischen Folgen die Klimaforscher. Strikt unterschieden werden muss bei dieser Diskussion jedoch zwischen dem **natürlichen Treibhauseffekt**, welcher für das Überleben aller irdischen Organismen lebensnotwendig ist, und dem **anthropogen verstärkten Treibhauseffekt** mit seinen ökologischen Schadenswirkungen.

Der natürliche Treibhauseffekt

Grundsätzlich kann **kurzwellige Sonnenstrahlung** infolge ihrer physikalischen Eigenschaften die Erdatmosphäre durchdringen und trifft auf die Erdoberfläche auf, wo diese Energie in **langwellige Wärmestrahlung** umgewandelt wird. Diese wird von der

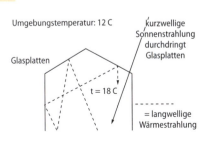

Oberfläche abgestrahlt und erwärmt dabei die Luftmoleküle. Langwellige Wärmestrahlung kann jedoch infolge ihrer veränderten physischen Eigenschaften zum größten Teil die Atmosphäre nicht mehr verlassen. Dieser Mechanismus bewirkt, dass ein Teil der auftreffenden Sonnenenergie in der Erdatmosphäre zwischengespeichert wird und so zu einer globalen mittleren Durchschnittstemperatur von etwa 15 °C beiträgt. Ein ähnlicher Mechanismus ist in einem Treibhaus zu beobachten (die Glasflächen stehen hier für die Atmosphärenschichten).

Atmosphärischer Strahlungshaushalt: Von der Sonne emittierte kurzwellige Strahlung wird einerseits an der Atmosphärenoberfläche **reflektiert**, in der Atmosphäre **gestreut** und andererseits an der Erdoberfläche und in der Atmosphäre **absorbiert**, das heißt aufgenommen und in langwellige Wärmestrahlung umgewandelt. Ein Teil der gestreuten Strahlung wird reflektiert (Austritt in den extraterrestrischen Raum), ein anderer Teil trifft zusammen mit der direkten Sonnenstrahlung als **diffuse Himmelsstrahlung** auf die Erdoberfläche.

> **Merke — Globalstrahlung**
> Direkte Sonneneinstrahlung + diffuse Himmelsstrahlung
> = Globalstrahlung!
> Globalstrahlung = durchschnittlich 50 % der Solarkonstante (extraterrestrische Strahlungsmenge an der Atmosphärenoberseite)

Jeder Punkt der Erde strahlt – auch nachts – Wärmeenergie ab. Die Energieeinstrahlung erfolgt aber nur an der jeweils beschienenen Erdseite. Daraus ergibt sich global ein Defizit im Strahlungshaushalt von 14 Prozentpunkten (Einstrahlung = 100 %, Ausstrahlung = 114 %). Demnach würde die Erde im Laufe der Jahrmillionen wieder abkühlen. Der natürliche Treibhauseffekt verhindert dies, weil die von der Oberfläche ausgehende langwellige Wärme-

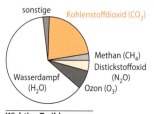

Wichtige Treibhausgase

strahlung an den atmosphärischen Spurengasen ständig erneut absorbiert und reflektiert wird.

Der anthropogen verstärkte Treibhauseffekt

Grundproblematik

Seit Beginn der Industrialisierung setzt der wirtschaftende Mensch klimawirksame Spurengase vermehrt in die Atmosphäre frei. Durch das vermehrte Auftreten dieser Spurengase ist eine in ihren Auswirkungen noch nicht genau abschätzbare **Erhöhung der Globaltemperaturen** zu erwarten. Die größte Rolle bei den künstlich freigesetzten Spurengasen spielt

Anteile am Gesamtausstoß der Treibhausgase; ausgewählte Länder und Ländergruppen (2010)

Kohlenstoffdioxid (besonders durch Verbrennung fossiler Brennstoffe).
→ **Kohlenstoffdioxid:**
- Entwicklung globaler Durchschnittswerte an CO_2 in ppm (parts per million, also Anzahl an Molekülen pro 1 Mio. Moleküle).
  vor der Industrialisierung: 280 ppm
  1991: 355 ppm
  1997: 367 ppm
- Geschätzte Verdoppelung bei gleich bleibendem Energieproduktionsverhalten etwa im Jahre 2100 (entspricht einer globalen Temperaturerhöhung der Atmosphäre um ca. 1,2 °C). Zur Zeit werden jährlich etwa 30 Milliarden Tonnen CO_2 an die Atmosphäre abgegeben, davon werden 75 % durch die **Verbrennung fossiler Brennstoffe**, etwa 21 % infolge **Brandrodung** und ca. 4 % durch die **Holzverbrennung** in Entwicklungsländern verursacht.

Weitere klimawirksame, künstlich freigesetzte Spurengase sind
→ **Methan (CH_4)** aus Kohlen- und Erdgasförderung, Viehhaltung, Reisanbau, Biomassenverbrennung, Mülldeponien
→ **FCKW** aus der Verwendung als Kühl-, Treib- und Lösungsmittel (Heute ist die Verwendung vielfach verboten, da bekannt ist, dass FCKW mitverantwortlich für den Abbau der Ozonschicht ist.)

- **Distickstoffoxide (N_2O)** aus der landwirtschaftlichen Düngung
- **bodennahes Ozon (O_3)**
- **Wasserdampf**
- **Halone (Halogenkohlenwasserstoffe)**
- **Schwefelhexafluoride (SF_6)**

Von größter Bedeutung ist die **Verweildauer** und die **Störungszeit** (Dauer in Jahren, nach der sich nach einem theoretisch sofortigen Abbruch der Emissionen wieder der Ursprungszustand einstellt) der Spurengase in der Atmosphäre. **Für CO_2 gilt:** Verweildauer = 5 bis 10 Jahre; Störungszeit = **bis zu 200 Jahre!**

Die Rolle der Ozeane

Sie verhindern eine noch höhere CO_2-Konzentration dadurch, dass sie jährlich etwa 50 % aller anthropogenen Emissionen binden.

Beispiele heute beobachtbarer Ereignisse, die mit dem anthropogen verstärkten Treibhauseffekt zu tun haben könnten

- **auffällig lange → El-Niño-Warmphasen**
- **Anstieg des Meeresspiegels** (bis zu 25 cm in den letzten 100 Jahren)
- genereller **Anstieg der Luftfeuchtigkeit in den Tropen**
- auffallende **Abnahme der Schneemächtigkeit in Hochgebirgslagen**
- allgemeiner **Anstieg des Bewölkungsgrades über Festländern**
- **Zunahme extremer Witterungserscheinungen**

Hypothesen zum anthropogen verstärkten Treibhauseffekt

- **Abschmelzen von Polkappenteilen und genereller Meeresspiegelanstieg** (primär durch Erwärmung der oberen Wasserschichten der Ozeane und damit verbundene Volumenvergrößerung, sekundär durch abgeschmolzenes Eis)
- dadurch **Überflutungen von Küstenbereichen**
- häufigeres Auftreten von **Hitze- und Kälteperioden**
- Veränderung der Laufbahnen von Meeresströmungen mit **großräumigen Klimaveränderungen**

Viele der heute getroffenen Aussagen zum Treibhauseffekt beruhen auf Vermutungen oder Messungen, deren Relevanz z. B. infolge von Lückenhaftigkeit ungenau sind. Mit der Methode des **geothermischen Gradienten** in der Antarktis lassen sich aber genaue Prognosen erstellen. Der Gradient beschreibt die Wärmedurchleitung im antarktischen Eis von der Oberfläche in tiefere Schichten. Wird eine schnellere Wärmedurchleitung nach unten bei ansonsten gleichen Bedingungen festgestellt, so kann daraus auf eine verstärkte Wärmeeinbringung an der Oberfläche geschlossen werden. Die Untersuchungen ergeben tatsächlich eine Wärmezunahme in tiefere Eisschichten um mehrere Grade Celsius.

Mögliche Maßnahmen zur Eindämmung des anthropogen verstärkten Treibhauseffekts

- Internationale Abkommen zur Begrenzung und Reduzierung des CO_2-Ausstoßes (z. B. **Klimakonferenz von Rio**)
- Reduzierung der Verbrennung fossiler Brennstoffe zugunsten **Einführung alternativer Energieträger**
- **Technologische Verbesserungen** in den Bereichen Energieerzeugung und Kraftfahrzeugtechnik (z. B. neue Motorenarten)
- Einsatz der **Brennstoffzelle**
- Steuerliche Vergünstigungen bei Verwendung energiesparender Antriebstechniken
- Reduktion der Brandrodung, z. B. durch Intensivierung der landwirtschaftlichen Nutzung auf bestehenden Nutzflächen

---

Treibhauseffekt — Merke

- **Treibhausproblematik:** natürliche und anthropogene Komponente
- **Strahlungshaushalt im Treibhaus:** eintreffende kurzwellige Strahlung, abgehende langwellige Wärmestrahlung
- **Übertragung auf Atmosphäre:** Solarkonstante, Globalstrahlung
- Rolle des **CO_2 als Hauptverursacher**
- **weitere Treibhausgase**
- **Verweildauer und Störungszeit** der Treibhausgase, Rolle der Ozeane
- **Szenarien zu den Folgen der Erderwärmung, geothermischer Gradient**

6.2 Probleme mit Ozon

Ozon bereitet uns heute in zweierlei Hinsicht Probleme, als **troposphärisches Ozon** tritt es vermehrt besonders in den Sommermonaten in den bodennahen Luftschichten auf (**Photosmog**), in der **Troposphäre** dünnt es in der **Ozonschicht** besonders über der Antarktis jahreszeitlich abhängig immer wieder aus und vermindert damit seine Schutzfunktion in Bezug auf gefährliche kurzwellige Strahlung aus dem All.

Beschaffenheit von Ozon (O_3): Das äußerst reaktionsaktive Spurengas mit einem hohen Oxidationspotenzial besteht aus Molekülen mit drei Sauerstoffatomen. Molmasse 48, Schmelzpunkt $-192{,}7\,°C$, Siedepunkt $-111{,}990\,°C$, Dichte bei $0\,°C$ $2{,}14\,g/l$.

Troposphärisches Ozon

Troposphärisches und damit auch bodennahes Ozon entsteht durch natürliche und anthropogene Wirkmechanismen.

Natürliche Entstehung: durch Troposphärenfaltungen (Frühjahr und Herbst), wobei Ozon aus der Stratosphäre bis in Höhen von ein bis zwei Kilometern über der Erdoberfläche eingebracht wird.

> **Reaktionszyklen der Photooxidation (vereinfacht)**
> 1. $NO_2 \rightarrow NO + O$
> 2. $O + O_2 \rightarrow O_3$
> 3. $O_3 + NO \rightarrow O_2 + NO_2$
> 4. $NO_2 + O_2 \rightarrow NO + O_3$

Anthropogene Entstehung: in Bodennähe durch die Beteiligung von **Präkursoren** (Substanzen wie Kohlenwasserstoffe und Stickoxide), die durch Lichtenergie bodennahes Ozon als Photooxidanten entstehen lassen.

Eine besondere Rolle spielen während der Sommermonate (erhöhte Reaktionsbereitschaft, stärkere Energieeinstrahlung) die **NO-Verbindungen**, die durch Autoabgase vermehrt erzeugt werden. Alarmierend ist die Zunahme des Bodenozons der Sommermonate in den letzten 100 Jahren (1890: $20\text{–}40\,mg/m^3$, 2000: $60\text{–}80\,mg/m^3$). Ursache dafür ist das vermehrte Auftreten von troposphärischen **Peroxidradikalen** biogener (flüchtige Kohlenwasserstoffe aus Wäldern) und anthropogener Natur (Verbrennung von fossilen Energieträgern, Abgase des Straßenverkehrs). Peroxidradikale können NO zu NO$_2$ oxidieren **ohne** aber weiteres Ozon zu verbrauchen. NO$_2$ wiederum wird unter Sonneneinwirkung leicht wieder in Ozon umgebaut.

Beispiele für Auswirkungen bodennahen Ozons auf den menschlichen Organismus

Ozon wird durch die Atmungsorgane aufgenommen. Das Molekül ist schwer löslich, deshalb können die wasserhaltigen Schleimhäute der Atmungsorgane Ozon kaum absorbieren. Hierdurch gelangt Ozon bis in die feinsten Lungenverästelungen und kann diese morphologisch verändern. Des Weiteren sind als Folgen allergische Reaktionen, verringerte körperliche Leistungsfähigkeit, Bronchialreizungen, Hustenreiz und Erhöhung der Infektionsanfälligkeit bekannt. Neben den Gesundheitsrisiken für Menschen stellt Ozon auch für Pflanzen ein Risiko dar – eine anhaltende Belastung mit Ozon kann Ernteerträge sowie die Qualität der pflanzlichen Produkte beeinträchtigen. Werden in Sommermonaten besonders hohe Ozonwerte gemessen, wird die Bevölkerung (ab einem Wert von 180 µg/m^3) darüber informiert, denn körperliche Anstrengung kann die gesundheitlichen Risiken durch Ozon noch verstärken.

Mögliche Gegenmaßnahmen

→ Reduzierung des Ausstoßes beteiligter Reagenzien, z. B. durch Entwicklung schadstoffarmer Motortechnik, Einschaltung von Schadstofffiltern in Kraftwerken
→ Errichtung eines Photosmog-Warnsystems
→ nötigenfalls Fahrverbote für Fahrzeuge mit erhöhtem Schadstoffausstoß

Stratosphärisches Ozon

In einer Höhe von etwa 20–25 km über der Erdoberfläche befindet sich ein Gürtel mit erhöhter Dichtekonzentration von Ozon (**Ozongürtel, Ozonschicht**). Dieser Schutzschild wirkt als Filter und schirmt die energiereichen UVB- und UVA-Strahlen der Sonne zu etwa 95 bis 97 % ab. Ohne die Ozonschicht könnten also die Organismen der Biosphäre nicht überleben.

Stratosphärisches Ozon bildet sich unter dem Einfluss von Sonnenenergie aus Sauerstoff-Atomen: $O_2 \rightarrow O + O$;
$O_2 + O \rightarrow O_3$

Photolytisch, nämlich durch Absorption von UV-Strahlung wird Ozon in der Stratosphäre wieder abgebaut:
$O_3 \rightarrow O + O_2$

So wird unter **ungestörten Bedingungen** ein **Gleichgewicht** aus Ozonneubildung und Ozonabbau erreicht.

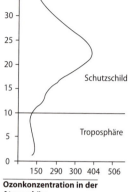

Ozonkonzentration in der Atmosphäre

Problematik: Seit etwa 40 Jahren gelangen in der Natur nicht vorkommende Stoffe (**FCKW = Fluorchlorkohlenwasserstoffe**) in die Stratosphäre. Sie stammen aus technischen Anwendungsgebieten, wo sie als **Treibgas** in Spraydosen, **Kälte- und Lösungsmittel** Verwendung fanden und finden. Sie benötigen zum Aufstieg in die Stratosphäre sieben bis 30 Jahre, sodass – selbst bei sofortigem Einsatzstop dieser Mittel – ihre Ozon zerstörende Wirkung erst in mittlerer Zukunft beendet sein wird. Das in den FCKW enthaltene Chlor ist äußerst reaktionsaktiv. Ein einziges Chloratom kann in wiederkehrenden Reaktionsfolgen bis zu 10 000 Ozonmoleküle durch Umbau in Sauerstoff zerstören.

> **Merke** **Die beiden Ozonprobleme**
> → zweigliedriges Ozonproblem: troposphärischer Photosmog + stratosphärisches Problem der Ausdünnung der Ozonschicht
> → Kenntnis der wesentlichen Reaktionsschemata und der jeweiligen Umweltbedingungen
> → Folgen für den menschlichen Organismus und für die Umwelt und mögliche Gegenmaßnahmen

> **Spezifische Reaktionsbedingungen über der Antarktis** — Merke
>
> 1. Grundsätzlich: Energiereiches UV-Licht setzt **Chlor-Atome** aus den FCKW frei: $CF_3Cl \rightarrow CF_3 + Cl$
> 2. Reaktion von Ozon-Molekülen mit Chlor-Atomen zu **Chloroxidradikalen:** $Cl + O_3 \rightarrow ClO + O_2$
> 3. Bildung von **Reservoirgasen** (zwischenzeitliche Speicherung von Chlor) durch Reaktion von Chlormonoxid mit anderen Gas-Molekülen: $ClO + NO_2 \rightarrow ClONO_2$
> 4. Auftreten von sehr tiefen Temperaturen (bis –90°C) über der Antarktis in den Wintermonaten (Juli – September), dadurch Bildung von **polaren stratosphärischen Eiswolken** (**Polar Stratospheric Clouds = PSC**). Umbau der Reservoirgase an der Oberfläche der Eiskristalle zu Verbindungen mit erneut photochemischer Aktivität: $ClONO_2 + H_2O \rightarrow HOCl + HNO_3$
> 5. am Beginn des antarktischen Frühlings (ab Oktober): schlagartige Energieeinbringung durch aufgehende Sonne; Freisetzung von Chlor-Atomen durch photochemische Prozesse; Wiederinstandsetzung des Reaktionszyklus: $HOCl \rightarrow HO + Cl$

Beispiele möglicher Folgen des „Ozonlochs"

- → Mehr **Hautkrebserkrankungen**
- → Gefahr von **Augenschädigungen** (z. B. Grauer Star)
- → Gefahr der **Allgemeinschwächung** von Immunsystemen
- → vermehrt Infektionen, Allergien und Atemwegserkrankungen

Mögliche Gegenmaßnahmen

- → sofortiges weltweites Verbot für die Verwendung von FCKW in Kühlgeräten, als Spraygas oder Lösungsmittel
- → Forschung bezüglich der Entwicklung von Ersatzstoffen und deren Umweltbeeinträchtigung

6.3 Das El-Niño-Phänomen

Im Bereich der klimaökologischen Forschung sind die Wechselbeziehungen zwischen Meeren und Atmosphäre in den vergangenen Jahren immer mehr in den Vordergrund gerückt. Ozeane verfügen nämlich über eine enorme **Wärmespeicherkapazität** und beeinflussen deshalb die Weltklimate.

Als ein sehr bekanntes Beispiel solcher Interaktionen wird heute das sogenannte **El-Niño-Phänomen** betrachtet. Dabei handelt es sich um ein Klimaphänomen in Form einer **Zirkulationsanomalie**. Der Begriff El Niño bezieht sich ursprünglich auf eine lokale warme Meeresströmung, welche zur Weihnachtszeit (*el niño* = das Christkind) entlang der ecuadorianischen Küste im östlichen Pazifik nach Süden fließt. Heute bezeichnet der Begriff aber eben eine Störung dieser Zirkulation, die jeweils ein bis zwei Jahre andauert und in Intervallen von zwei bis zehn Jahren auftritt.

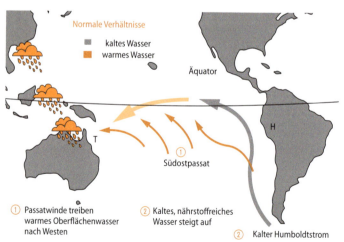

Unter Normalbedingungen (siehe Abbildung oben) herrscht im Bereich des äquatorialen Pazifiks eine stabile Ostströmung des warmen Oberflächenwassers (also nach Westen) bedingt durch die quer über den Pazifik nach Westen wehende sogenannte Walker-Zirkulation. Da das warme Oberflächenwasser nach Westen vertrieben wird ①, strömt als Ausgleichsbewegung an der Westküste Südamerikas kaltes, sauerstoff- und nährstoffreiches Tiefenwasser nach oben ②. Das nach Westen getriebene warme Wasser (wasserdampfreich) führt in Südostasien und Australien zu Niederschlagsreichtum.

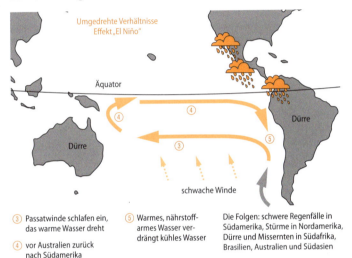

③ Passatwinde schlafen ein, das warme Wasser dreht
④ vor Australien zurück nach Südamerika
⑤ Warmes, nährstoffarmes Wasser verdrängt kühles Wasser

Die Folgen: schwere Regenfälle in Südamerika, Stürme in Nordamerika, Dürre und Missernten in Südafrika, Brasilien, Australien und Südasien

Unter **El-Niño-Störungsbedingungen** (siehe zweite Abbildung) wird dieses Zirkulationssystem umgedreht. Die Passatwinde der Walker-Zirkulation „schlafen ein" ③, das warme Oberflächenwasser „schwappt" sozusagen nach Osten zurück ④ und verhindert an der Westküste Äquatorialamerikas das Aufsteigen der Tiefenwasser ⑤. Nun kommt es zu abnormalen Niederschlägen über Ecuador und Peru und zu einer allgemeinen Erhöhung der Temperatur des Oberflächenwassers vor der südamerikanischen Küste – verbunden mit Fischsterben als Folge des zu niedrigen Sauerstoff- und Nährstoffgehalts.

Die Ursachen für die El-Niño-Störung konnten bis heute noch nicht klar gefunden werden. Auffällig ist die Tatsache, dass die Störung immer dann auftritt, wenn auch andernorts auf der Erde starke Klimaanomalien zu beobachten sind, so etwa Dürren in Australien, Nordostbrasilien und Indonesien, extrem kalte Winter in Nordamerika und Japan und ein zahlenmäßig überdurchschnittliches Auftreten von Wirbelstürmen im Zentralpazifik. Die El-Niño-Störung scheint deshalb in einen globalen klimatischen Zusammenhang eingebettet zu sein.

> **Merke — Das muss man unbedingt wissen**
>
> **El-Niño-Normaljahr**
> → Stabile Oberflächenströmung nach Westen
> → Erwärmung der Wassertemperaturen an der Ostküste Australiens und in Südostasien mit Niederschlägen
> → Aufsteigendes, kaltes Tiefenwasser als Ausgleichsströmung an der Westküste Südamerikas
>
> **El-Niño-Störung**
> → Einschlafen der Walker-Zirkulation mit Umkehrung der Strömungsverhältnisse
> → Zurückschwappen des warmen Wassers an die Westküste Südamerikas
> → Blockierung des aufsteigenden, kalten Tiefenwassers

> **Checkliste — 6 Globale klimaökologische Probleme**
>
> → **Treibhauseffekt:** Mechanismen des natürlichen und anthropogenen Treibhauseffekts kennen und verstehen; verschiedene Treibhausgase und ihre Wirkung kennen; Rolle des CO_2 im Treibhauseffekt erläutern können; Bedeutung der Ozeane und anderer Kohlenstoffspeicher kennen; Szenarien des Treibhauseffekts darstellen können; Gegenmaßnahmen erläutern und bewerten können
> → **Ozonprobleme:** Bedeutung des stratosphärischen Ozons als Strahlungsfilter beschreiben können; Reaktionszyklen und Beeinträchtigungen durch Fluorchlor-Kohlenwasserstoffe erläutern können; troposphärische Ozonproblematik erklären können
> → **El-Niño-Problem:** Wirkungsmechanismen im Normal- und Störungsjahr beschreiben und begründen können

Welthandel und Globalisierung

7

Die Globalisierung im engeren (wirtschaftlichen) Sinn, also die Internationalisierung von Waren-, Dienstleistungs- und Kapitalströmen, wird heute sowohl als Auslöser schwerwiegender weltumspannender Wirtschaftskrisen, als auch als Chance für die Verringerung von Entwicklungsunterschieden diskutiert. Vor dem Hintergrund von Globalisierungsprozessen werden mittlerweile die weltwirtschaftlichen Verflechtungen, Interaktionen und Abhängigkeiten untersucht.

7.1 Globalisierung

Begriffsdefinition

Die **OECD** (Organisation for Economic Cooperation and Development) definiert **Globalisierung aus Sicht der Industrieländer** als einen *„Prozess, durch den Märkte und Produktion in verschiedenen Ländern immer mehr voneinander abhängig werden – dank der Dynamisierung des Handels mit Gütern und Dienstleistungen und durch die Bewegungen von Kapital und Technologie"*. Der Prozess der Globalisierung läuft derzeit mit hoher Geschwindigkeit und hoher Intensität ab.

> **Globalisierung** — Merke
> Globalisierung ist die Intensivierung transnationaler und interaktionärer globaler Verflechtungen in Politik, Wirtschaft, Ökologie, Kommunikation, Technologie und Kultur.

Alain Minc, ein französischer Ökonom, äußert sich zum Thema Globalisierung: „Ich bin kein Enthusiast, ich bin Realist. Die Globalisierung ist für unsere Volkswirtschaften das, was für die Physik die Schwerkraft ist.

Man kann nicht für oder gegen das Gesetz der Schwerkraft sein – man muß damit leben. Die Globalisierung ist nicht aufzuhalten, sie ist ein Fakt." Freihandel und internationaler Wettbewerb sind aus dem 21. Jahrhundert nicht mehr wegzudenken, man muss sich im Zeitalter der Globalisierung aber auch den Herausforderungen dieses Prozesses stellen. Doch nicht erst seit den 1990er-Jahren, der sogenannten dritten Phase der Globalisierung, kann man von globaler Verflechtung sprechen.

Die **erste Globalisierung** begann im 15. Jahrhundert: Bereits die europäische Expansion, aber auch Erfindungen wie der Buchdruck mit beweglichen Lettern und die Dampfmaschine sorgten für einen verstärkten Handel und Informationsaustausch. Ebenso intensivierten Wettbewerbe (Verleihung des Nobelpreises seit 1901) und Institutionen die Internationalisierung, zwei Weltkriege forderten weltweit Opfer, der Crash der New Yorker Börse stürzte im ersten Drittel des 20. Jahrhunderts die Weltwirtschaft in eine Krise.

Die sogenannte **zweite Globalisierung** ist aus europäischer Perspektive geprägt durch den Kalten Krieg, die Gründung der UN sowie deren „Allgemeine Erklärung der Menschenrechte" im Jahr 1948. Die Probleme der Erde (übermäßige Nutzung bestimmter Ressourcen, Umweltverschmutzung) wurden bewusst und über die Grenzen der eigenen Nation wahrgenommen. Zu dieser veränderten Sichtweise trug auch die Weltraumfahrt bei: Bilder des plötzlich klein (und zerbrechlich) wirkenden „blauen Planeten" prägten sich ins kollektive Bewusstsein der Menschheit ein.

Die **dritte Globalisierung** beginnt ab 1990. Sie ist die entscheidende Phase, in welcher sich die benannten Prozesse intensivieren und beschleunigen, etwa durch neue Kommunikationstechniken und belastbare Verkehrsnetze. In dieser Phase wird die gegenseitige Abhängigkeit von Volkswirtschaften besonders deutlich, etwa im Rahmen der globalen Finanz- und Wirtschaftskrise ab 2007.

Globalisierung ist beispielsweise an einer **zunehmenden Konkurrenzsituation** auf den Märkten des internationalen Handels spürbar, die nicht nur Waren, sondern auch Dienstleistungen, Kapital und das Transportwesen betrifft. Wichtige Begleiterscheinungen, gleichermaßen aber auch Voraussetzungen, sind ein **weltweiter Trend zur Deregulierung**, die **globale Vernetzung der Kapitalmärkte** und ein **verstärkter Informationsaustausch** besonders über die neuen Medien. Darüber hinaus spielen sogenannte *global players* (transnationale Megaunternehmen) eine entscheidende, die engen ökonomischen Restriktionen der Nationen sprengende Rolle.

Das Beispiel Coca-Cola

Doch wie kann man einen so abstrakten Begriff wie Globalisierung fassen? Ein anschauliches Beispiel einer bekannten Marke kann da sicherlich weiterhelfen: Coca-Cola ist ein Produkt, das wie kein anderes für die Prozesse der Globalisierung steht. 1886 erfand ein Apotheker in Atlanta, USA, die Rezeptur und verkaufte die Rechte weiter – der Beginn der Coca-Cola-Company und eines großen wirtschaftlichen Erfolgs. Laut Unternehmensangaben werden die Produkte des Getränkekonzerns täglich in 200 Ländern weltweit konsumiert, Bezeichnung und Markenzeichen sind weltweit bekannt und Teil des Straßenbildes. Auch die Produktion des Getränks passiert weltweit, vor allem in Ländern mit geringen Lohnkosten und teils schlechten Arbeitsbedingungen. Die zu geringen Preisen hergestellten Produkte gelangen dann wieder dank moderner Transportsysteme auf die globalen Märkte und verschaffen dem größten Softdrinkhersteller der Welt Gewinne. Ob der Umsatz allerdings zu Lasten von Umwelt und Sicherheit der eigenen Beschäftigten geht, bleibt in der Diskussion. Dem Unternehmen wurden in der Vergangenheit diverse Vorwürfe aufgrund ihrer Geschäftspraktiken gemacht.

Immer schneller, immer mehr, immer besser?

Unser Wirtschaftssystem ist auf Wachstum ausgerichtet, durch die Globalisierung versuchen *global player*, ihre Produktionsorganisation schneller, effizienter und günstiger zu machen, um konkurrenzfähig zu bleiben. Die Globalisierung scheint sämtliche Grenzen aufzubrechen. Doch gibt es nicht irgendwo eine Grenze des Wachstums? Vor mehr als 40 Jahren veröffentlichte der **Club of Rome**, eine nichtkommerzielle Organisation mit Sitz in der Schweiz, seinen Bericht „**Die Grenzen des Wachstums**" und wurde damit international bekannt. Inhalt der Studie war die Warnung vor den Grenzen des Wachstums, sollten Umwelzerstörung, Bevölkerungswachstum, Industrialisierung und die Ausbeutung von Ressourcen weiterhin anhalten.

Thomas Robert Malthus (1766–1834), ein britischer Ökonom, stellte sich in seinem „Essay on the Principle of Population" bereits im 18. Jahrhundert die Frage, wie eine immerzu wachsende Bevölkerung noch ernährt werden soll, wenn sich die Menge der produzierten Nahrungsmittel nicht proportional zur Bevölkerung erhöhe.

Die folgende Liste aus dem **UNDP-Bericht über menschliche Entwicklung** aus dem Jahre 1997 zeigt überblicksartig die entscheidenden Auslöser und das Wirkungsgefüge der Globalisierung:

→ **Wegfall der Handelsschranken:**
  - Abbau von Handelshemmnissen (z. B. Zölle)
  - Aufhebung von Devisenkontrollen
  - Expansion des Welthandels

→ **Zunehmende Finanzströme:**
  - Zunahme von Direktinvestitionen
  - Expansion des Welthandels
  - Machtexplosion der Finanzmärkte
  - Hauptzufluss der Finanzmittel in die Industrieländer
  - Abnahme des Wertanteils bei Roh- und Grundstoffen zugunsten stärkerer Investitionen im Dienstleistungsbereich
  - zunehmende Bedeutung der multinationalen Konzerne bei der Mobilisierung von Kapital und Technologie

→ **Globale Technologie:**
  - Technologietransfer in Entwicklungsländer unter Ausnutzung von komparativen Kostenvorteilen (z. B. niedriges Lohnniveau)
  - Auseinanderbrechen der ehemals räumlichen Konzentration von Technologie, hoher Produktivität und hohen Löhnen, stattdessen verstärkte ausländische Investitionen

Ausprägungen der Globalisierung

Die tatsächlichen Dimensionen der Globalisierung werden beispielhaft im Folgenden anhand verschiedener Tätigkeitsbereiche des öffentlichen Lebens exemplifiziert und verdeutlicht.

Globalisierung in verschiedenen Bereichen	
Wirtschaft z. B.	→ zunehmende Bedeutung multinational arbeitender Konzerne (*global players*) mit Wirtschaftsstrategien globaler Tragweite → Zunahme der Direktinvestitionen → überdurchschnittliche Wachstumsraten im Bereich der Wissenschafts- und Technologieentwicklung → Zunahme der internationalen Arbeitsteilung unter Ausnutzung komparativer Kostenvorteile → zunehmendes Trachten nach Spekulations- und Anlagegewinnen (Aktienbeteiligungen als Teil der Wirtschaftsstrategie eines Unternehmens) → sinkender Kostenaufwand für Transport und Kommunikation → allgemein steigende Exportanteile
Gesellschaft z. B.	→ Zunahme sozialer und ethnischer Konflikte → Wegfall räumlicher Distanz → internationale Arbeitsplatzkonkurrenz → Entwicklung von Industrieländern hin zu Überalterung, von Entwicklungsländern hin zu hohem Kinder- und Jugendanteil → weltweite Konkurrenz der Sozial- und Umweltstandards → zunehmende Überprägung kultureller Identitäten z. B. durch vereinheitlichtes Konsum- und Freizeitverhalten → zunehmende räumliche Mobilität, bzw. Zwang hierzu
Politik z. B.	→ Privatisierungstendenzen ehemals staatlicher Institutionen (Post, Bahn) → Ausbreitung einer neoliberalen Wirtschaftsphilosophie → Aufhebung von Einfuhr-/Ausfuhrbeschränkungen, somit Deregulierung des Güter-, Dienstleistungs- und Kapitaltransfers → Entstehen regionaler Großwirtschaftszonen (z. B. EU, NAFTA, asiatisch-pazifischer Raum) → Verlust von Machtstrukturen an übernationale Organisationen → zunehmende internationale Kooperation besonders nach dem politischen Bedeutungsverlust des Ostblocks
Wissenschaft und Technologie z. B.	→ Tendenz zur zeitlichen Beschleunigung von Entwicklungs- und Forschungsverfahren → Erfolge in der landwirtschaftlichen Produktion durch Einsatz der Gentechnologie → kürzere Transportzeiten durch Einsatz neuer Verkehrstechnologien (z.B. durch Container) → schnellerer, reichweitenunabhängiger Transport von Personen (z. B. durch Flugverkehr, Hochgeschwindigkeitszüge) → Abkopplung vom Ressourcenverbrauch durch technische Fortschritte → revolutionäre Kommunikationstechniken

> **Abi-Tipp: Globalisierung**
>
> Dieser Begriff wird derzeit kontrovers diskutiert. Allzu oft werden Globalisierungsprozesse auf den Verlust von Arbeitsplätzen infolge der Arbeitsplatzverlagerung in Billiglohnländer reduziert. Gehen Sie mit diesem Begriff behutsamer um und vermeiden Sie plakative Aussagen. Verwenden Sie stattdessen besser Begriffe wie Internationalisierung von Waren-, Dienstleistungs- und Kapitalströmen.

7.2 Daten zur Weltwirtschaftsordnung

Welthandel in der Theorie, Hemmnisse in der Praxis

Idealvorstellung: Der **wirtschaftliche Austausch** von Waren, Dienstleistungen und Kapital fördert gegenseitig den Wohlstand der beteiligten Handelsländer. Staaten können heute nicht mehr isoliert agieren, sondern nur im **Verbund des Welthandels**. Im Sinne einer **internationalen Arbeitsteilung** stellt jeder Staat die Güter her, für die er spezifische Produktionsfaktoren (z. B. Arbeitskräfte, Rohstoffe, Know-how, Grund und Boden und andere) besitzt. Aus dieser arbeitsteiligen Produktion resultieren **absolute** und **komparative Kostenvorteile**. Eine Produktion über den Binnenmarkt hinaus ermöglicht über die **Exporterlöse** einen **Produktaustausch** und damit ein **vielfältigeres Warenangebot**.

In der Realität: Die **Selbstregulierungskräfte** des Marktes werden durch andere Einflüsse, z. B. Protektionismus, staatlich auferlegte Zölle, Subventionen u. a. **gestört**. **Monopolpositionen** entstehen durch die Konzentration wirtschaftlicher Macht in transnationalen Großkonzernen und in starken Wirtschafts-Teilregionen (z. B. EU, Nordamerika, Südostasien). **Unterentwickelte Staaten werden benachteiligt** infolge geringer Exportquoten oder infolge von Exportprodukten mit geringer Wertschöpfung (z. B. mineralische und landwirtschaftliche Rohstoffe).

Allgemeindaten zur Weltwirtschaft

Nach wie vor zeigen die Welthandelsströme, welch unterschiedlich hohe Anteile die Weltwirtschaftsräume besitzen. Die wesentlichen Industrieländer dominieren die Handelsströme, die wiederum deutliche Indikatoren ökonomischer Entwicklung sind. Die Warenströme zwischen Europa und Asien sowie Nordamerika und Asien haben gewaltige Dimensionen angenommen.

Man spricht hierbei von der **Triade** der nordamerikanischen, europäischen und ostasiatischen Volkswirtschaften, die ihre wirtschaftliche Zusammenarbeit untereinander fördern und damit eine Erstarkung dieses Raums bewirken. Kritiker verbinden damit primär eine Abschottung gegenüber Dritten, die nicht der Triade angehören.

Orangefarben sind die Zahlen für den Handel innerhalb der jeweiligen Region

Welthandelsströme — Merke

→ Verhältnis des Handelsvolumens innerhalb der Blöcke
→ *terms of trade* der Entwicklungs- und Transformationsländer (negative Außenhandelsbilanz)
→ Dominanz der westlichen Industrieländer; 75 % der Menschheit (Entwicklungsländer) haben am Welthandel einen nur äußerst geringen Anteil

Globalisierung messen?

Welche Staaten der Erde inwieweit in die Prozesse der Globalisierung eingebunden sind, kann die Grafik der Welthandelsströme (vorige Seite) nur unvollständig beantworten. Denn neben der ökonomischen Globalisierung, welche man anhand von Handelsströmen, wirtschaftlichen Verflechtungen und der Höhe der ausländischen Direktinvestitionen (ADI bzw. FDI für *Foreign Direct Investment*) messen kann, gibt es weitere Dimensionen der Globalisierung.

ADIs spielen eine große Rolle und haben sich von 207,9 Mrd. US-$ (1990) auf 1411,4 Mrd. US-$ (2000) und 1833,3 Mrd. US-$ (2007) innerhalb der letzten Jahrzehnte enorm vervielfacht. Immer noch sind vor allem die USA, China, Hongkong und europäische Länder Zielländer ausländischer Direktinvestitionen, mehr als die Hälfte der grenzüberschreitenden Zahlungen gingen im Jahr 2010 jedoch an Schwellenländer.

Ausländische Direktinvestitionen 2012 (2011) in Milliarden Dollar	In den Ländern
176 (226)	Vereinigte Staaten
121 (123)	China
74 (96)	Hongkong
65 (66)	Brasilien
62 (51)	Großbritannien
51 (55)	Russland
45 (41)	Kanada
30 (22)	Chile
29 (11)	Irland
25 (36)	Indien
25 (38)	Frankreich

Quelle: Unctad

Neben der ökonomischen Dimension spielen auch die **soziale und politische Globalisierung** eine Rolle. Der Grad an sozialer und politischer Globalisierung lässt sich beispielsweise durch Indikatoren wie der Anzahl der verschickten und empfangenen Briefe aus dem Ausland, die Zahl der

Ikea-Geschäfte in einem Land (als Maß für einen einheitlichen globalen Geschmack) sowie die Anzahl an Botschaften und die Mitgliedschaft eines Landes in internationalen Bündnissen und Institutionen messen. Anhand der verschiedenen Indikatoren gehen die drei Hauptdimensionen mit unterschiedlichen Gewichtungen in die Berechnung des **KOF-Index** ein. Dieser wird von der Konjunkturforschungsstelle der Technischen Hochschule in Zürich veröffentlicht. Demnach waren Belgien, Irland und die Niederlande die drei Länder der Erde, die im Jahr 2012 am stärksten in die Globalisierungsprozesse eingebunden waren. Bei der ökonomischen Globalisierung steht der Stadtstaat Singapur an erster Stelle, bei der sozialen Dimension Zypern und im politischen Bereich stand Italien auf Platz eins.

7.3 Wirtschaftsblöcke und Organisationen des Welthandels

Allgemein können **westliche Industrieländer, Entwicklungsländer und Transformationsländer** unterschieden werden. Die westlichen Industrieländer zeichnen sich durch einen auffallend **starken Binnenhandel** aus, der besonders in Westeuropa durch einen **hohen Ergänzungsgrad differenzierter industrieller Volkswirtschaften** verdeutlicht wird. Die **Entwicklungsländer** treiben vergleichsweise geringen Handel untereinander, ja machen sich sogar gegenseitig bei den Exportgütern Konkurrenz. Bezogen auf ihren Bevölke-

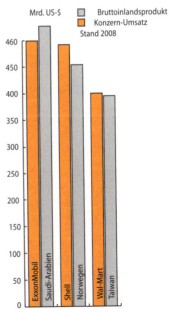

rungsanteil (ca. 75% der Weltbevölkerung) ist ihr Anteil am Gesamtwelthandel immer noch als extrem unterdurchschnittlich anzusehen. Die **Transformationsländer** werden immer noch durch Umstrukturierungsmaßnahmen und das Wegbrechen ihrer ehemaligen Ostblockhandelsströme in ihrer wirtschaftlichen Entwicklung gebremst. Die **ehemalige Dominanz der Weltwirtschaft durch die USA** hat sich in Richtung einer **polyzentrischen Struktur** mit den Wirtschaftsblöcken **USA, Westeuropa und Südostasien** entwickelt. Innerhalb des Welthandels haben sich infolge **regionaler Wirtschaftsabkommen** wirtschaftliche Bündnis- und Kooperationsblöcke und daraus resultierende **erweiterte Binnenhandelsregionen** entwickelt (siehe Übersicht S. 107).

→ **Transnationale Unternehmen** (TNU) haben eine große Bedeutung für die Weltwirtschaft, denn sie sind in der Lage, die Vorteile, die sich für große Unternehmen durch die Globalisierung bieten, auszuschöpfen. Gab es Ende der 1960er-Jahre etwa 10 000 TNUs, erreichte die Anzahl im Jahr 2008 mit 82 000 TNUs ihren bisherigen Höchststand. Parallel hierzu stieg auch die Anzahl der Tochterunternehmen, ihre Zahl lag 2008 bei 807 000. Durch Unternehmenskäufe und Fusionen bauen weltweit operierende Firmen ihre Macht an den Märkten aus, sie transferieren Kapital, Management-Know-how und Technologien und beeinflussen mit ihren Standortentscheidungen wesentlich nationale Ökonomien.

	Anzahl der TNU in absoluten Zahlen	Anteil der TNU aus ökonomisch entwickelten Staaten in Prozent
1990	35 000	keine Angaben
1995	38 747	88,3
2000	63 312	78,9
2005	77 175	71,9
2008	82 053	71,6

→ **GATT (General Agreement on Tariffs and Trade)** 1947 in der Zeit der kolonialen Nachkriegsordnung gegründet; Hauptziele waren eine offene Welthandelsordnung, der Abbau von Zöllen, Gebühren,

Lizenzen, Kontingenten, Abschöpfungen und sonstigen Wirtschaftsnormen. GATT ging 1994 in die Hand der **Welthandelsorganisation (WTO = World Trade Organisation)** über. Hauptziele: Verbesserung des klassischen Warenhandels, Patentregelungen, Investitionen.

Bezeichnung	Erläuterung/Staaten	Einwohner in Mio
NAFTA	**North American Free Trade Agreement** Kanada, USA, Mexiko	400
Andenpakt	– Kolumbien, Bolivien, Ecuador, Peru, Venezuela	106
Mercosur	**Mercado Común del Sur** Argentinien, Brasilien, Paraguay, Uruguay, Chile, Bolivien	210
EU	**Europäische Union** Belgien, Dänemark, Deutschland, Griechenland, Spanien, Frankreich, Irland, Italien, Luxemburg, Niederlande, Österreich, Portugal, Finnland, Schweden, Großbritannien und Nordirland – EU-Erweiterung: Estland, Lettland, Litauen, Malta, Polen, Slowakische Republik, Slowenien, Tschechische Republik, Ungarn, Zypern, Bulgarien, Rumänien, Kroatien	505
ECOWAS	**Economic Community of West African States** Benin, Burkina Faso, Elfenbeinküste, Gambia, Ghana, Guinea, Guinea-Bissau, Kap Verde, Liberia, Mali, Niger, Nigeria, Senegal, Sierra Leone, Togo	228
PTA	**Preferential Trade Area** Verbund zahlreicher afrikanischer Staaten	335
OPEC	**Organization of Petrol Exporting Countries** Algerien, Indonesien, Irak, Iran, Katar, Kuwait, Libyen, Nigeria, Saudi-Arabien, Venezuela, Vereinigte Arabische Emirate	514
APEC	**Asia-Pacific Economic Cooperation** Australien, Brunei, Chile, Republik China, VR China, Indonesien, Japan, Kanada, Republik Korea, Malaysia, Mexiko, Neuseeland, Papua-Neuguinea, Peru, Philippinen, Russland, Singapur, Thailand, USA, Vietnam	2510
ASEAN	**Association of South East Asian Nations** Brunei, Indonesien, Kambodscha, Laos, Malaysia, Myanmar, Philippinen, Singapur, Thailand, Vietnam	505

- **Europäische Union und AKP-Staaten (Afrika-Karibik-Pazifik):** Das erste **Lomé-Abkommen** (1975) begründete eine Zusammenarbeit zwischen den Staaten der Europäischen Union und den AKP-Staaten. Vertragsinhalte waren der freie Zugang von AKP-Produkten in die EU, finanzielle und technische Unterstützung bezüglich einer ländlichen Entwicklung der AKP-Staaten, Finanzhilfen für bergbauliche Erzeugnisse und der Aufbau des STABEX-Systems (zur Stabilisierung der Rohstoffpreise).
- **Weltbankgruppe (Vereinte Nationen):** Sie umfasst: Internationale Bank für Wiederaufbau und Entwicklung (EBRD für die Europäische Bank bzw. IBRD für die Internationale), Internationale Entwicklungsorganisation (IDA), Internationale Finanz-Corporation, Multilaterale Investitions-Garantie-Agentur (MIGA), Internationales Zentrum für die Beilegung von Investitionsstreitigkeiten (ICSID). Hauptaufgaben: wirtschaftliche Förderung und Aufbau sozialer Netze in unterentwickelten Staaten, Vergabe von längerfristigen Darlehen, Garantieübernahmen, Projekt- und Programmfinanzierung.
- **Internationaler Währungsfond (IWF, IMF):** Er strebt ausgewogenes Wachstum der Weltwirtschaft an, fördert die internationale währungspolitische Zusammenarbeit, versucht den Abbau der Zahlungsbilanzungleichgewichte und stützt die Stabilität der Währungen.
- **UNCTAD** (United Nations Conference on Trade and Development): Organ der Generalversammlung der Vereinten Nationen mit der Zielsetzung, die wirtschaftliche Entwicklung und den Handel weltweit zu fördern; zur Zeit ca. 190 Mitgliedsländer (davon G77 = Entwicklungsländer Afrikas, Lateinamerikas und Asiens)

7.4 Auswirkungen der Globalisierung

Wirtschaftliche Auswirkungen

Allgemeine Auswirkungen

- → starke Tendenz der **Verlagerung von Produktion** aus dem verarbeitenden Gewerbe hin zum Dienstleistungssektor
- → qualitative Veränderung des sekundären Sektors hin zu **kapitalintensiven High-Tech-Produktionszweigen** bei gleichzeitiger **Abnahme des Beschäftigtenanteils** infolge Automatisierung der Produktionsabläufe
- → grundlegende **Internationalisierung** bei gleichzeitigem **Herausbilden regionaler, kompakter Wirtschaftsräume**, z. B. EU, USA, ASEAN, FTAA (Free Trade Area of the Americas), MERCOSUR, TAFTA (Transatlantic Free Trade Area)
- → Zunahme der **ausländischen Direktinvestitionen**

Auswirkungen auf den Handel von Gütern

- → bessere Expansionsmöglichkeiten für heimische Unternehmen (höherer Exportanteil, Erschließung neuer Märkte)
- → bessere Transfermöglichkeiten für Know-how
- → Lohnkostenvorteile für die Industrieländer
- → Möglichkeit wirtschaftlicher Impulsgebung in den weniger entwickelten Ländern
- → gleichzeitig aber Schaffung von Risiken durch die Lohnkostenvorteile in weniger entwickelten Ländern
- → Verminderung des Wohlstandes in den Industrieländern durch Verlagerung von Arbeitsplätzen ins Ausland
- → Gefahr des Kapitalrückflusses aus einem Entwicklungs- in ein Industrieland, damit geringe Teilhabe an der durch ausländische Unternehmen erwirtschafteten Leistung

Arbeitsmarktbezogene Auswirkungen

- → Für die **Industrieländer** sind **zwei Tendenzen** sichtbar: einerseits **Bedeutungsverlust von weniger qualifizierter, ungelernter Arbeit** und **Erfordernis höherer Ausbildungsstandards** in den modernen Produktionsprozessen, andererseits **Verschiebung der Nachfrage zu Produkten mit kapitalintensiver Produktion**. Hieraus folgt eine immer **stärkere Einkommensdifferenzierung**. Es besteht die Gefahr, dass sich die **Einkommensschere** immer weiter öffnet (niedrige Arbeitsleistung wird weniger hoch, qualifizierte Arbeitsleistung wird noch besser bezahlt werden). **Einkommensdisparitäten** können sich so drastisch verstärken. Mögliche Gegenmaßnahme: **staatlich gelenkte Anhebung der unteren Einkommensgrenze**. Dann aber besteht die Gefahr der Verlagerung von Arbeitsplätzen in das Ausland unter Ausnutzung der Lohnkostenvorteile.

→ In den **Entwicklungsländern**: Chance auf neue Entwicklungsschübe und Errichtung einer wettbewerbsfähigen Volkswirtschaft. Da die Entwicklungsländer aber meist nur über einen Produktionsfaktor, nämlich die menschliche Arbeitskraft, im Übermaß verfügen, besteht das Risiko, dass weiterhin für lange Zeit **nur Niedriglöhne** gezahlt werden. Finanzielle Mittel von staatlicher Seite zur Überbrückung einer Übergangszeit fehlen in den Entwicklungsländern im Gegensatz zu den Industrieländern weitgehend.

Einige Entwicklungsländer versuchen, innerhalb ihrer Sonderwirtschaftszonen (siehe Kapitel 9) große Firmen anzulocken, indem in diesen räumlich abgegrenzten Gebieten rechtliche Erleichterungen für Investoren gelten.

Daraus können sich wiederum starke Disparitäten innerhalb des Landes ergeben zwischen wirtschaftlichen Akitvräumen (wie den Sonderwirtschaftszonen) und in der Regel peripheren Gebieten. Idealtypisch wäre ein *trickle-down-effect*, sodass der Wohlstand der wenigen Reichen (z. B. Unternehmer, Eigentümer einer Firma) gewissermaßen „durchsickert" zu den sozial schwächeren Bevölkerungsschichten (z. B. ungelernte Arbeiter). Für viele der unterentwickelten Länder stehen außerdem Probleme der Befriedigung der Grundbedürfnisse (Armut, Hunger) so stark im Vordergrund, dass für wirtschaftliche Entwicklungskonzepte kaum Zeit und Mittel zur Verfügung stehen.

Auswirkungen auf die Finanzmärkte

- allgemeine **Liberalisierung der Kapitalmärkte**: höhere Markteffizienz infolge des Abbaus von Kapitaltransferbestimmungen
- denkbar: höhere Investitionen zur Entwicklungs- und Produktionsverbesserung
- Infolge des hohen **Verschuldungsgrades** werden voraussichtlich aber Entwicklungsländer weniger stark an der Kapitalliberalisierung teilhaben können.

Gesellschaftliche und kulturelle Aspekte

Die nationalen Kulturen und Gesellschaften werden durch die enorm schnelle, internationalisierte Entwicklung gerade der Kommunikationsstrukturen mit Sicherheit stark verändert werden. Bereits heute werden Begriffe wie **Wertebeliebigkeit**, **neue Werteorientierung**, **Werte- und Kulturimperialismus** und *Clash of Civilizations* kontrovers diskutiert.

Zu kulturellen Problemen kommt es dann, wenn westliche Verhaltensmuster, Kommerzialisierung und eine aggressive Werbepolitik auf traditionelle, kulturphilosophisch-religiöse Bereiche treffen. Die Globalisierung kann einerseits zur **Öffnung eines traditionalistischen Staates** hin zu **neuen Kulturtechniken** führen, andererseits aber auch zu starken Gegenreaktionen etwa im religiösen und sprachlichen Bereich (so etwa Verstärkung fundamental-religiöser Verhaltensweisen als Folge des Imports westlicher Kulturaspekte). Ein möglicher positiver Aspekt der Globalisierung besteht darin, einen Zwang auf autokratisch-diktatorische Regime auszuüben, **demokratische Systeme** einzuführen und **Menschenrechte** zu achten.

Politische Auswirkungen

- Die **Handlungsfähigkeit nationaler politischer Strukturen verliert an Bedeutung** unter dem Druck, sich an den Globalisierungsvorteilen beteiligen zu wollen (Anschluss an Welthandel, Weltmarktöffnung).
- Einzelne **wirtschaftliche Bereiche verselbstständigen sich** und koppeln sich von nationaler politischer Einflussnahme ab; Folge: Bedeutungs- und Vertrauensverlust der politischen Organe.

- → Die politische Handlungsfähigkeit der Staatsregierungen reduziert sich möglicherweise „nur" noch auf die **soziale Sicherung**. Diese muss unter Umständen mit weniger Kapital (sinkende Steuereinnahmen infolge wirtschaftlicher Privatisierung) finanziert werden.
- → Der soziale Sektor wird womöglich von den politischen Entscheidungsträgern vernachlässigt, wenn der **Anpassungsdruck an die rasanten wirtschaftlichen Veränderungen** der Globalisierung zu Planungsunsicherheit und Planungschaos führt.

Auswirkungen der Globalisierung auf die Umwelt

- → Gefahr des generellen Anstiegs der **Umweltbelastung** durch sich ständig erhöhende Waren-, Dienstleistungs- und Verkehrsströme
- → Gefahr des **erhöhten, unkontrollierten Ressourcenverbrauchs** infolge schneller, ungeplanter Erschließungsmaßnahmen, aber evtl. auch **verstärkter Ressourcenschutz** durch den Einsatz neuer, umweltschonender Produktionsweisen und Technologien
- → Gefahr der **Abwanderung von Produktionseinrichtungen ins Ausland** (z.B. in Entwicklungsländer oder die Transformationsländer Osteuropas) infolge strenger Umweltschutzauflagen

Beispiele für Risiken in den Ländern mit Entwicklungsdefiziten

- → generelle Gefahr, dass Entwicklungsländer infolge der **Koppelung der wirtschaftlichen Macht an die Industrieländer** zu geringen Anteil an den Vorteilen einer Globalisierung haben können
- → **Strukturanpassungszwang:** Potente Investoren der Industrieländer setzen wirtschaftspolitische Stabilität voraus, die oft nur unter Beisteuerung von Staatsausgaben auf der Seite der Entwicklungsländer erfolgen kann; dies schmälert allerdings Investitionen im sozialgesellschaftlichen Bereich.
- → Buhlen um ausländische Investoren setzt häufig Sozialstandards (z.B. Lohnniveau, Sozialleistungen) der Arbeitskräfte herab.
- → **Liberalisierung der Kapitalmärkte** ist meist verbunden mit einer hochtechnologischen Produktion, die viele spezialisierte Arbeitskräfte erfordert, welche zudem oft „importiert" werden, zunehmend werden nur wenige nichtqualifizierte Arbeitskräfte eingestellt,

sodass die Arbeitslosigkeit in Entwicklungsländern kaum gemindert wird.
→ Die in den Entwicklungsländern installierten Billigproduktionszweige eines multinationalen Großunternehmens verbleiben weiterhin in dessen vertikaler Verflechtung, sodass der Aufbau einer eigenen Unternehmensstruktur im Land verhindert wird.
→ Landwirtschaftliche Produkte aus den Entwicklungsländern werden wegen der Subvention der Agrarprodukte in den Industrieländern oft weit unter den Weltmarktpreisen gehandelt.

Gegenmodelle zur Globalisierung

Die Globalisierung hat, das hat die Auflistung deutlich gemacht, viele Schattenseiten. Ganze Branchen und Bereiche leiden unter den Prozessen der Globalisierung. Doch es gibt auch Gegenmodelle.

Parallel zur Globalisierung entwickelte sich die **Regionalisierung**, welche zu zahlreichen regionalen Handelsbündnissen führte. Durch den Zusammenschluss mehrerer Staaten konnten Handelshemmnisse schnell überwunden werden, gleichzeitig machte man durch Protektionismus (etwa durch staatliche Subventionen) ganze Wirtschaftsbereiche konkurrenzfähig gegenüber den angebotenen Waren auf dem Weltmarkt.

Der Welthandel boomt, die Handelsströme wachsen, der Bedarf an Nahrungs- und Konsumgütern ist hoch, dennoch leben Millionen Landwirte und Beschäftigte in Armut. Für ihre Arbeitskraft erhalten sie oft einen zu geringen Lohn, der nicht einmal das Existenzminimum abdeckt oder ihre landwirtschaftlich nutzbaren Flächen sind so klein, dass der Ertrag nicht zum Leben reicht. Aus diesem Grund fordern verschiedene Institutionen zum **gerechten Handel** auf.

Für *fair-trade*-Produkte beispielsweise zahlt der Käufer in der Regel einen höheren Preis, hierfür können im Erzeugerland jedoch sozialverträgliche und sichere Arbeitsbedingungen geschaffen werden.

Die **Ökobilanzierung** setzt das Nachhaltigkeitskonzept um, indem sie über alle Umweltwirkungen eines Produkts aufklärt. Das gibt Käufern beispielsweise die Möglichkeit, Kaufentscheidungen besser zu treffen, weil sie wissen, wie hoch der Energieverbrauch eines Geräts ist, welche und wie viele Ressourcen für die Herstellung verbraucht wurden und welche Eingriffe in die Umwelt bei der Entsorgung möglicherweise entstehen. Für einen gewöhnlichen Fruchtjoghurt und dessen Verpackung beispielsweise legen Lkws eine Strecke von rund 9000 Kilometern zurück, bevor er verkauft und konsumiert wird.

Das Konzept des sogenannten **Ökologischen Fußabdrucks** versucht, die Idee der Ökobilanzierung fassbar zu machen. Der Kanadier William Rees und der Schweizer Mathis Wackernagel sind die „Väter" dieses Konzepts. Sie stellten in ihrem Buch „Unser ökologischer Fußabdruck. Wie der Mensch Einfluss auf die Umwelt nimmt" dar, dass man, abhängig vom persönlichen Lebensstil, einen bestimmten Verbrauch an Fläche (Wasserfläche, Waldfläche usw.) hat, um etwa Kleidung und Nahrung zu produzieren oder den Müll zu deponieren. Dazu gehört auch die Fläche, die nötig ist, um das Kohlendioxid zu binden, das während der Produktion von Gütern freigesetzt wird.

> **Checkliste 7 Welthandel und Globalisierung**
> → Grundlagen und Grundfunktionen der **Weltwirtschaftsordnung** kennen (Welthandel, internationale Arbeitsteilung, komparative Kostenvorteile, Welthandelsströme, Wirtschaftsblöcke, transnationale Unternehmen, GATT, NAFTA u. a.)
> → Defintionen (wirtschaftliche und differenzierte) von **Globalisierung** beherrschen
> → Ursprünge und Auswirkungen von Globalisierung erläutern können
> → gesellschaftliche und umweltbezogene Aspekte der Globalisierung kennen und mit ihnen umgehen können
> → **Risiken und Chancen der Globalisierung** in Staaten unterschiedlichen Entwicklungsstands beschreiben und einschätzen können
>
> **Darüber muss man sich im Klaren sein**
>
> Der Begriff Globalisierung wird von Fachleuten heutzutage in einer schwer zu überblickenden Vielfalt von Bedeutungen und Konnotationen verwendet. Niemand verlangt daher von Ihnen eine die letzte Bedeutungsmöglichkeit durchdringende Kenntnis dieses Begriffs-Chamäleons.

Verkehrs- und Kommunikationsnetze   8

In Industrie- und Dienstleistungsgesellschaften spielen Verkehr und Kommunikation Schlüsselrollen, indem die Mobilität von Gütern und Personen erhöht und die überregionale und internationale Arbeitsteilung sowie touristische und Freizeitaktivitäten ermöglicht werden.

8.1 Historische Entwicklung

Dass man heute Informationen innerhalb von Sekunden versenden und große Entfernungen innerhalb weniger Stunden überwinden kann, schien vor Jahrhunderten noch undenkbar, doch ist seitdem die Welt dank moderner Kommunikations- und Verkehrsnetze gewissermaßen geschrumpft. Denn das schnelle und kostengünstige Überwinden der Räume lässt Orte, die weit voneinander entfernt liegen, näher zusammenrücken.

Bis ins 19. Jahrhundert hinein sorgten primär Segelschiffe und Kutschen für den **Waren- und Personentransport.** Aufgrund der, aus heutiger Sicht, niedrigen Reisegeschwindigkeit von bis zu 15 km/h dauerten Reisen mit einer Wegstrecke von rund 1000 Kilometer mehrere Tage. Erst im 19. Jahrhundert änderte sich dies mit Erfindung der Dampfmaschine; Lokomotiven und Dampfschiffe erlaubten immerhin Geschwindigkeiten von bis zu 100 km/h. Konkurrenz bekamen diese Verkehrsträger erst durch die Erfindung des Otto- bzw. Dieselmotors. Preiswerter werdende Kraftfahrzeuge und ein immer stärkerer Drang nach Mobilität förderten den Aufschwung des Individualverkehrs. Flugzeuge stellen in dieser Reihe die bislang schnellste Form des Verreisens dar, hierdurch konnte sich auch der Ferntourismus etablieren. Eine Halbierung der Reisedauer auf Langstreckenflügen erzielte die Concorde, ein Überschall-Passagierflugzeug, welches die Strecke Paris–New York in 3,5 Stunden zurücklegte. Allerdings wurde der Linienflugbetrieb im Jahr 2003 aufgegeben.

Für die Überwindung von Entfernungen spielen nicht nur Verkehrsnetze, sondern auch **Kommunikationsnetze** eine entscheidende Rolle. Zwar konnten bereits durch das Telefon sowie das Verlegen von Tiefseekabeln Informationen weitergegeben werden, an Schnelligkeit und Leistungsfähigkeit gewannen die Netze jedoch erst mit der Satellitenkommunikation, der drahtlosen Telefonie sowie letztlich dem Internet, das andere Formen der Kommunikation ermöglicht.

Das World Wide Web verbindet Menschen weltweit miteinander, schafft eine Kommunikationsbasis für global operierende Firmen und ist aus der internationalen Kommunikation nicht mehr wegzudenken. In der Europäischen Union hatten im Jahr 2012 76% aller Haushalte einen Internetzugang, 77,2% der deutschen Bevölkerung (ab 14 Jahren) waren im Jahr 2013 online. Innovationen, vor allem mobile Geräte, treiben die Nutzung des Internets weiter voran.

Stau in Innenstädten, Verkehrslärm, der Bau neuer Tunnel, riesige Containerterminals im Hamburger Hafen und umstrittene Landebahnerweiterungen: Das Thema Verkehr, definiert als Raumüberwindung durch Güter, Personen und Informationen, bestimmt unseren Alltag und führt zu Konflikten bei der Raumnutzung (etwa Infrastrukturausbau contra Naturschutz, Mobilität versus Ruhebedürfnis, Geschwindigkeit oder Reduzierung von Gefahren).

Der Verkehr verbindet Gesellschaft(en), Wirtschaft und Räume miteinander. Ohne ausgebaute Verkehrsnetze wären Massen- und Ferntourismus undenkbar, der gesamte globale Warenhandel und mit ihm nachgelagerte Branchen sind von funktionierenden Verkehrssystemen abhängig. Im Verkehr spiegeln sich aber auch gesellschaftliche Veränderungen wieder – beispielsweise ist der im Jahr 1978 bis dahin erreichte Höchststand am Bestand von Pkws in der Bundesrepublik Deutschland (33 Pkw auf je 100 Einwohner) Ausdruck von Wohlstand und Mobilitätsbedürfnis. Es stehen aber wohl Veränderungen an: Heute sucht man sich Mitfahrgelegenheiten im Internet und in vielen deutschen Großstädten boomt der Car-Sharing-Markt: Man leiht sich ein Auto aus, statt es zu besitzen – möglicherweise ist auch das bereits Ausdruck eines sich entwickelnden Mobilitätsverhaltens.

8.2 Verkehrsbelastung – Beispiel Alpentransit

Der Alpenraum gehört heute zu den am dichtest frequentierten Transiträumen der Erde.

Zeittafel	
Frühphase der Besiedlung Europas	erste Alpenüberquerungen
218 v. Chr.	Alpenüberquerung mit Elefanten durch den Karthager Hannibal
58–51 v. Chr.	Die Alpen gewinnen als Transitraum für die Römer während der gallischen Eroberung an Bedeutung.
1. Jh. n. Chr.	Bau der Via Claudia (Rom – Reschenpass – Augsburg)
frühes Mittelalter	Alpenpässe und Klosteranlagen gewinnen an strategischer Bedeutung.
Spätmittelalter und Neuzeit	Etablierung eines regelmäßigen Güterverkehrs über die Alpen zwischen den oberitalienischen Städten und den Handelsstädten nördlich der Alpen
14. Jh.	Gründung von Portgenossenschaften (Talgenossenschaften auf dem Gebiet der heutigen Schweiz) nach dem Zerfall der Feudalgemeinden: Diese kontrollieren Transport und Wegesicherung gegen Gebühren.
1772–1805	Bau der Hauptverkehrswege am Simplon (1805), am Brenner (1772) und an der Tenda (1788): Übergang vom Zugtiertransport zum Wagentransport, Beginn des eigentlichen Transitverkehrs
19. Jh.	Ausbau der Eisenbahnlinien
20. Jh.	Fertigstellung der Brenner-Autobahn 1967, Konzentration des Güter- und Personenverkehrs auf die Straße
21. Jh.	Bau von Alpentransversalen

Die heute viel diskutierten Verkehrsbelastungen sind nicht Ergebnis des Transitverkehrs allein, sondern resultieren aus drei Komponenten:
- **Eigenverkehr:** tägliche Pkw-Fahrten zwischen Wohn- und Arbeitsstätte, zwischen Gemeinden, inneralpiner Güter-/Geschäftsverkehr
- **Transitverkehr:** Personendurchgangsverkehr auf den Urlaubsreisewegen zwischen Nord und Süd, Güterverkehr auf Straße und Schiene

→ **Touristischer Verkehr:** An- und Abfahrten der Urlauber und Tagesausflügler, inneralpine Fahrten während des Urlaubsaufenthaltes

Die Gütertransportmenge in Europa hat zugenommen (vgl. Abbildung).
Darüber hinaus erfolgte eine **deutliche Verlagerung des Gütertransports von der Schiene auf die Straße** (1980: Anteil Schiene 56 %, Straße: 44 %; 2008: Schiene 20 %, Straße 80 %). Die Gründe hierfür sind der vorangegangene Ausbau der Verkehrswege, das steigende Gütertransportvolumen (durch die Eisenbahn nicht mehr zu bewältigen), die einfacheren Organisationsabläufe des Lkw-Verkehrs, die fehlende Ausbaumöglichkeit der Eisenbahnlinien in den relativ engen Gebirgstälern, unterschiedliche nationale Normierungen.

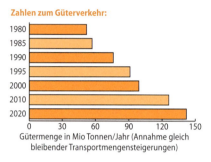

Zahlen zum Güterverkehr:
Gütermenge in Mio Tonnen/Jahr (Annahme gleich bleibender Transportmengensteigerungen)

> **Merke** **Resultierende Umweltbelastungen**
> → erhöhte **Geräuschbelastung** (Trichterwirkung der Gebirgstäler, besondere Verstärkung bei Inversionswetterlagen)
> → enorme **Luftschadstoffbelastung** (CO_2, Stickoxide, Kohlenwasserstoffe, Schwefeldioxid, Rußpartikel) in engen Verkehrstälern infolge räumlicher Bündelung des Transitverkehrs
> → allgemeine **Störung eines hochsensiblen Gebirgsökosystems** (z. B. Schwermetallanreicherung im Boden und in der Vegetation)
> → **Flächenverbrauch** und **Störung des Landschaftsbildes**

Verkehrstechnische Lösungsansätze für den Alpenraum

→ **NEAT (Neue Alpentransversale):** Verbesserung der verkehrstechnischen Verbindungen zwischen einzelnen Regionen der Schweiz durch den Ausbau der Strecke zwischen Arth-Goldau und Lugano mit Basistunneln am Monte Ceneri (30 km) und am Gotthard (50 km);

Ausbau der Simplon-Linie und Anschluss an das französische Hochgeschwindigkeitsnetz des TGV (*train de grand vitesse*)
- **Brennerbasistunnel:** Schaffung zusätzlicher Schienentransportkapazitäten durch die Anlage eines Basistunnels (quer durch die Alpen auf Gebirgsfußniveau), Fertigstellung bis ca. 2020, dann geplante 400 Züge täglich zwischen Innsbruck und Brixen
- **Ausbau bestehender Verkehrslinien für den Huckepack-Verkehr:** Form des **kombinierten Verkehrs**, bei dem genormte Lastwagentransportbehälter (Eurocontainer) auf Verladebahnhöfen am Nord- und Südrand der Alpen vom Lkw auf Niederflurwaggons für den Eisenbahntransport durch den Alpenhauptkamm umgeladen werden.

8.3 Neue verkehrstechnische Konzepte

Kombinierter Verkehr (auch multimodaler Verkehr)

Ziel: Reduktion der Verkehrsbelastung auf unterschiedlichen Verkehrsträgern, Optimierung der Transportlogistik im Güterverkehr
Verfahren: Gütertransport mit mindestens zwei verschiedenen Verkehrsträgern (z. B. LKW und Schiff) in ein und derselben Ladeeinheit (Container) – **Begleiteter Verkehr:** hierbei wird der Ladeträger, z. B. ein LKW, mit der Ladeeinheit, dem Container, auf ein Schiff oder einen Eisenbahnniederflurwagen verladen. – **Unbegleiteter Verkehr:** die genormten Transportbehälter werden auf unterschiedliche Ladeträger (Schiff, LKW, Niederflurwaggon) verladen. Es ergeben sich **Transportkettensysteme** (z. B. LKW – Schiff – Eisenbahnwaggon – LKW).

Innovative Kraftstoff- und Antriebsformen

- **Kraftstoff Methanol:** geringerer Kohlenwasserausstoß im Vergleich zu Kraftstoffen aus konventionellen fossilen Energieträgern (Reduzierung des anthropogenen Treibhauseffekts); geringere Abhängigkeit von der Lieferung fossiler Energieträger aus dem Ausland; höherer Wirkungsgrad; kostengünstige Gewinnung aus Kohle und Erdgas
- **Hybridmotoren:** Hybridsysteme arbeiten mit zwei verschiedenen Antriebsarten in einem Fahrzeug (etwa einem konventionellen Ben-

zin- oder Dieselaggregat und einem hoch effektiven Elektroantrieb). Europäische Automobilhersteller arbeiten derzeit an pedalgesteuerten Umschaltungen der beiden Antriebe.
- **Brennstoffzelle:** Umkehrung der Elektrolyse; aus den Ausgangsstoffen Wasserstoff/Luft entsteht Wasser unter Freigabe von Energie.
- **Rapsöl-Metyl-Ester:** Dieselersatzstoff aus Rapsöl; Beispiel für die Gewinnung nachwachsender Rohstoffe; im Vergleich zum herkömmlichen Dieselkraftstoff geringerer Ausstoß an Schwefeldioxid, Kohlenwasserstoffen und Rußpartikeln

> **Merke** **Verkehrsfluss steuernde Systeme**
> - Verkehrstelematische Systeme: moderne Verkehrsleittechniken, bei denen Informationen über größere Entfernungen zwischen Fahrzeugen und Leitstelle ausgetauscht und mit dem Ziel einer optimierten Verkehrsführung verarbeitet und rückgemeldet werden
> - Navigationssysteme: Bordsysteme, die über eine Reihe von Satelliten ihre exakte Position geografisch auf elektronische Weise bestimmen können (GPS = *Global Positioning System*).

> **Checkliste 8 Verkehrsgeografische Aspekte**
> - Kenntnis der **Phasen der Verkehrsentwicklung** im Alpenraum
> - richtiger Umgang mit den Begriffen **Eigenverkehr, Transitverkehr und touristischer Verkehr**
> - Einblick in das derzeitige Verhältnis Schienen- und Straßenverkehr in Europa
> - mögliche **Umweltbelastungen** für den Alpenraum beschreiben können: Geräusch-, Luftschadstoffbelastung, Flächenverbrauch, Störung des Landschaftsbilds
> - neuere verkehrstechnische Lösungsansätze im Alpenraum: NEAT, Brennerbasistunnel, Huckepackverkehr
> - das Konzept des kombinierten Verkehrs beschreiben können
> - **Innovationen** im Bereich der Kraftstoff- und Antriebsentwicklung aufzeigen können, z. B. Hybridantrieb, Brennstoffzelle u. a.
> - Verkehrsleitsysteme erläutern können

Entwicklungsstand   9

Die Betrachtung der Entwicklungsstände von Staaten, die im Vergleich zu den klassischen Industrieländern Entwicklungsdefizite aufweisen, steht heute im Fokus globaler, wirtschaftspolitischer Überlegungen. Im Vergleich zu früheren Jahrzehnten wird heute allerdings versucht, von der Ganzheitlichkeit des globalen Wirtschaftssystems auszugehen und den integrativen Charakter von Maßnahmen der Entwicklungszusammenarbeit in den Vordergrund zu stellen.

9.1 Zentrale Probleme in Staaten mit Entwicklungsdefiziten

Allgemeine Kennzeichen von Entwicklungsdefiziten

In der Regel bestimmt gleich ein ganzes Bündel an Merkmalen und Kriterien den Entwicklungsstand eines Landes. Auch bei der Suche nach den Ursachen für Entwicklungsdefizite reichen einfache Erklärungsmuster oft nicht aus, sie müssen für jeden Staat im Detail betrachtet werden. Typische Merkmale jedoch, die Entwicklungsländer aufweisen, werden im Folgenden aufgeführt:

Bereich Wirtschaft und Verwaltung

- geringes BIP/Kopf sowie geringe Zuwachsraten
- hohe Arbeitslosenquote
- schwach ausgebaute Infrastruktur (z. B. Verkehrsinfrastruktur)
- niedrige Investitionsvolumina
- hoher Anteil der Erwerbstätigen im primären Sektor
- weite Verbreitung der Subsistenzwirtschaft (Selbstversorger)
- geringe Ausgaben für (verbessertes) Saatgut, Düngemittel und Pestizide
- oft geringes Ertragspotenzial der Böden

- → extensive Landwirtschaft
- → oft eine einseitige Produktionsstruktur
- → kaum Weiterverarbeitung von Rohstoffen, stattdessen Export von Ressourcen
- → Importabhängigkeit von höherwertigen und weiterverarbeiteten Produkten
- → negative Handelsbilanz
- → sich verschlechternde *Terms of Trade*
- → hohe Bedeutung des informellen Sektors (Einnahmen und Tätigkeiten, die nicht offiziell gemeldet sind und damit keine Steuereinnahmen für den Staat erbringen)
- → fehlende Fachkräfte
- → fehlende Verwaltungs-, Vermarktungs- und Kreditvergabestrukturen

Bereich Gesundheit, Ernährung und Bildung

- → medizinische Unterversorgung (qualitativ und quantitativ)
- → Massenkrankheiten und Epidemien (z. B. Malaria, Aids)
- → hohe Säuglings- und Kindersterblichkeit
- → unterdurchschnittliche Lebenserwartung
- → Mangelernährung (z. B. Vitaminmangel) und Unterernährung
- → Hungersnöte
- → hohe Analphabetenquote
- → geringe Einschulungsquote, geringer Schulbesatz (Schulen pro Flächeneinheit)
- → Fehlen von Ausbildungs- und Weiterbildungsstätten
- → Kinderarbeit

Bereiche Gesellschaft, Religion, traditionelle Verhaltensweisen

- → ungleichmäßige Besitzverteilung (wenige Großgrundbesitzer, viele Kleinbauern und Pächter)
- → große Einkommensdisparitäten
- → Benachteiligung von Frauen aus religiösen/traditionellen Gründen
- → niedriger sozialer Status
- → fehlende Mittelschicht (stattdessen wirtschaftlich-gesellschaftliche Elite und Masse an verarmter Bevölkerung

- fehlende soziale Sicherungssysteme (z. B. Kranken- und Altersversorgung)
- geringe soziale Mobilität
- fehlende Aufgeschlossenheit gegenüber Innovationen
- Persistenz (Beibehalten traditioneller Verhaltensweisen)
- rentenkapitalistische Traditionen
- religiös-philosophische Einwirkungen (z. B. das Fortwirken eines zwar mittlerweile verbotenen, dennoch weiterhin bestimmenden Kastensystems im ländlichen Indien)
- ethnische Konflikte

Bereich Bevölkerung

- überdurchschnittlich hohe Geburten- und Sterberaten
- überdurchschnittliches Bevölkerungswachstum
- geringes Heiratsalter
- hohe Fruchtbarkeitsrate (Kinder als Altersversorgung, Arbeitskraft)
- fehlender demografischer Übergang

Bereich Ökologie

- Entwaldung infolge Abholzung zur Energiegewinnung
- unsachgemäßer bodenauslaugender Anbau von Kulturen
- zu hohe Wasserentnahme zur künstlichen Bewässerung
- Bodenversalzungseffekte
- Abholzung tropischer Regenwaldbestände für den Export von Edelhölzern
- Desertifikation durch Überweidung und Bevölkerungsexplosion

Zu den genannten Merkmalen kommen oftmals Defizite im politischen Bereich des Staats hinzu, welche beispielsweise die politische Stabilität, das Fehlen einer legalen Opposition, den Bereich von Korruption und die Situation der Menschenrechte des Landes umfassen. Diese Defizite sind lediglich eingeschränkt quantifizierbar und damit in ihrem Ausmaß kaum messbar. Trotz der Erhebungsprobleme gibt der Korruptionswahrnehmungsindex (CPI) Auskunft darüber, wie stark Korruption bei Amtsträgern des eigenen Landes von den Befragten wahrgenommen wird. 2013 wiesen Dänemark, Finnland und Neuseeland die besten Werte auf.

Entwicklungsstand – Definition und Klassifizierung

Zwar geben die aufgeführten Merkmale Aufschluss über die jeweiligen Defizite eines Staates, eine klare Einteilung der Länder in verschiedene Klassifikationen des Entwicklungsstands jedoch ist weitaus schwieriger zu treffen. US-Präsident Truman wagte im Januar 1949 auf internationalem Parkett eine begriffliche Einordnung, indem er von *underdeveloped areas* sprach. In der Zeit des Kalten Krieges trennte man strikt zwischen marktwirtschaftlich-kapitalistischem Westen, der sogenannten **Ersten Welt** und der **Zweiten Welt**, die planwirtschaftlich-kommunistisch organisiert war. Blockfreie Staaten wurden unter dem Begriff der **Dritten Welt** zusammengefasst, die ärmsten Länder der Welt bezeichnete man als **Vierte Welt**, welche insbesondere Staaten Afrikas miteinschloss. Mit dem Ende des Kalten Krieges haben diese Begrifflichkeiten an Bedeutung verloren, wertfreiere Bezeichnungen wie „Länder des Nordens" und „Länder des Südens" sowie die Einteilung nach Entwicklungs-, Schwellen- und Industrieländern sind üblich geworden.

International bemühen sich mehrere Institutionen um eine genaue Definition für den jeweiligen Entwicklungsstand eines Landes. Diese Klassifizierungsversuche dienen dem Zweck, die Zugehörigkeit eines Staats zu den ärmsten Ländern der Welt genau feststellen zu können. Eine solche Zuordnung kann durchaus erstrebenswert sein, da es ärmeren Ländern die Möglichkeit einräumt, Entwicklungshilfe oder Kredite unter günstigen Konditionen zu erhalten.

→ Die **Weltbank** benötigt für ihre Kreditvergabe eine genaue Einteilung der Länder nach Entwicklungsstand und orientiert sich dabei ausschließlich an dem Pro-Kopf-Einkommen bzw. an dem Bruttonationaleinkommen pro Kopf. Für jede Kategorie legt die Weltbank jährlich neue Unter- und Obergrenzen fest und unterscheidet damit nach **LICs** (*Low-Income Countries*) und **MICs** (*Middle-Income Countries*). Die Struktur dieser Klassifizierung ist sehr einfach und beruht auf einer sehr einseitigen, nämlich ausschließlich ökonomischen Ausrichtung des Begriffs Entwicklung.

→ Die **UN** unterscheidet bereits seit den 1970er-Jahren zwischen **LDC** (*Less Developed Countries*) und **LLDC** (*Least Developed Countries*), im Sprachgebrauch und aufgrund von begrifflichen Verwechslungen hat sich die **Abkürzung LDC** *(Least Developed Countries)* durchgesetzt. Der Kriterienkatalog für diese Ländergruppe hat sich seit 1991 dahingehend verändert, dass er neben ökonomischen Kriterien weitere Indexzahlen bezüglich der Bereiche Gesundheit, Bildung und Verwundbarkeit beinhaltet. Als Kriterien dienen das BNE pro Kopf im Durchschnitt von drei Jahren, welches unter 992 US-$ liegen muss, der *Human Assets Index* (HAI), welcher durch Kriterien wie z.B. Kindersterblichkeitsrate, Alphabetisierungsrate bei Erwachsenen Aussagen über die Lebensqualität der Einwohner eines Staats erlaubt sowie der *Economic Vulnerability Index* (EVI), der Index für die wirtschaftliche Verwundbarkeit (Struktur des Außenhandels, Anteil von weiterverarbeitender Industrie und Dienstleistungen am BIP). Erfüllt ein Staat alle Erfordernisse, erzielt er bestimmte Werte hinsichtlich der genannten Indizes und überschreitet er die Einwohnerzahl von 75 Mio. Menschen nicht, wird er in die Liste der LDCs aufgenommen.

→ Die UN hat neben der Klassifizierung der LDCs weitere Sonderkategorien etabliert: **LLDCs** *(Landlocked Developing Countries)* ohne Zugang zum Weltmeer und **SIDS** *(Small Island Developing Countries)*, vom möglichen Meeresspiegelanstieg bedrohte Inselstaaten.

→ Durch die Kritik an den stark ökonomisch ausgerichteten Klassifizierungssystemen etabliert die UN weitere Indizes, um die Lebenswirklichkeit der Einwohner besser abbilden zu können. Jährlich veröffentlicht die UN seit 1990 beispielsweise den **HDI** *(Human Development Index)*, welcher die Lebenserwartung bei Geburt, den Bildungsstand sowie die reale Kaufkraft pro Kopf miteinschließt. Kritiker bemängelten an diesem Index, dass weder die Menschenrechtssituation, die Stellung von Minderheiten sowie die Rolle der Frau berücksichtigt werden. Weitere Indizes schaffen in dieser Hinsicht Abhilfe: Der **GDI** *(Gender-Related Development Index)* und der **GEM** *(Gender Empowerment Measure)* ermitteln die Partizipation der Frauen. Weiterhin kann man seit 1997 mit Hilfe des **HPIs** *(Human Poverty Index)* gezielte Aussagen über Armut erlangen, da der HPI den Anteil der Menschen mit einer Lebenserwartung unter 40, die Analphabetenquote bei Erwachsenen sowie den Lebensstandard (Unterernährung bei Kindern, Zugang zu Trinkwasser) misst.

9 Entwicklungsstand

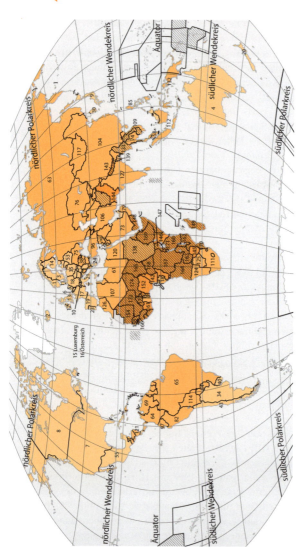

Ranking im Entwicklungsstand (HDI) (2003)

Im Vergleich mit dem Jahr 2013 wird deutlich, dass es grundsätzlich Veränderungen in der Rangfolge gibt. Siehe: http://hdr.undp.org/en/data

So finden sich 10 Jahre später die USA auf Rang 3, Australien „kletterte" auf Rang 2. Und Norwegen behielt den Spitzenplatz. Ägypten stieg auf Platz 112, Niger dagegen stürzte von 124 auf 187.

Ebenso deutlich ist, dass die grundsätzliche Einordnung in die HDI-Kategorien „Sehr hohe menschliche Entwicklung", „Hohe menschliche Entwicklung", „Mittlere menschliche Entwicklung" und „Niedrige menschliche Entwicklung" im Wesentlichen erhalten blieben.

9.1 Zentrale Probleme in Staaten mit Entwicklungsdefiziten

→ Die oben genannten Klassifizierungsversuche der UN und der Weltbank wurden aus verschiedenen, meist politischen Motiven entwickelt. Die Antwort der Geografie darauf ist ein eigenes, wissenschaftliches Konzept der **Verwundbarkeit** von Staaten. Es enthält Daten zur Tragfähigkeit und Gefährdung eines Raumes durch z. B. Nahrungsmittel- und Brennholzknappheit, Dürren oder Naturkatastrophen. Das Konzept gibt Aufschluss über die Bedrohung einer Gesellschaft durch soziale, politische, ökonomische oder natürliche Ereignisse sowie über typische Strategien und Maßnahmen, diese Ereignisse zu bewältigen.

Ernährungsproblematik

→ überdurchschnittliche Steigerung der Nahrungsmittelproduktion weltweit
→ Dennoch ist Hunger das größte Gesundheitsrisiko der Welt, jährlich sterben mehr Menschen an Hunger als an Tuberkulose, Malaria und AIDS zusammen.
→ Unterernährung trägt jährlich zum Tod von 2,6 Millionen Kindern unter fünf Jahren bei.
→ Etwa 870 Millionen Menschen hungern weltweit.
→ Der **Welthunger-Index** (Abkürzung WHI) ist ein jährlich erscheinender Bericht, der die Entwicklung des Hungers auf verschiedenen Maßstabsebenen darstellt, der Index beruht auf den folgenden Indikatoren: Anteil der Unterernährten an der Bevölkerung, Anteile von untergewichtigen und verstorbenen Kindern unter fünf Jahren.

Als Grund für Hunger gilt ein ganzes Bündel an Ursachen, von welchen an dieser Stelle einige genannt werden sollen:
→ Armut, geringes Einkommen, geringe Löhne, Ausbeutung
→ Klimawandel, Naturkatastrophen, die eine ganze Ernte vernichten
→ *Land-grabbing* (ausländische Investoren oder Staaten erwerben großflächig Land, um es zu bewirtschaften; Kleinbauern verlieren dadurch ihren Grundbesitz.)
→ Konkurrenz um Flächen (der Anbau von *food-crops* steht in Konkurrenz zu z. B. Produkten, welche zur Herstellung von Biosprit verwendet werden)

→ zu geringe **Bodenfruchtbarkeit** und damit niedriger Ertrag bzw. **Bodendegradation,** falsche bzw. unangepasste Bewirtschaftungsform
→ Ein **hoher Fleischkonsum** führt dazu, dass Futterpflanzen für das Mästen des Viehs angebaut werden statt *food-crops*, die Menschen ernähren könnten.
→ Mit Finanzspekulationen auf Nahrungsmittel werden weltweit hohe Gewinne erzielt, die Preise für Grundnahrungsmittel können hierdurch ansteigen.
→ Auch Kleinbauern leiden teilweise unter Hunger aufgrund der zu geringen Anbaufläche, Investitionen in kleinbäuerliche Landwirtschaft könnten aber dazu beitragen, die Erträge zu erhöhen.
→ **Fehlende staatliche Vorsorge** kann Hungerkrisen noch verstärken, Nahrungsmittelreserven könnten Abhilfe schaffen.

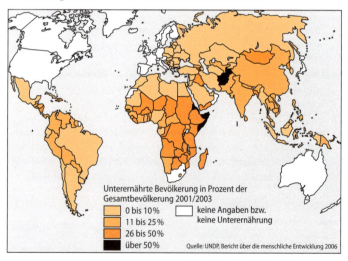

Veränderungen in der Subsistenzwirtschaft

Früher: autarke Selbstversorgung der Großfamilien, daher kaum eigene Kaufkraft nötig
Heute: überdurchschnittliche Bevölkerungsentwicklung mit Überbeanspruchung der landwirtschaftlichen Flächen bei gleichzeitiger Umorien-

tierung auf marktorientierten Anbau (*cash crops*, Plantagenwirtschaft); außerdem Investitionen vieler Entwicklungsländer in den industriellen Sektor und in Prestigeprojekte (Staudämme, Straßenbauten) zu Lasten der landwirtschaftlichen Produktion

Prognosen: In 30 Jahren werden ca. 75 % mehr Nahrungsmittel weltweit benötigt als heute! Gebiete wie Ostasien, der Nahe Osten, die Karibik, Lateinamerika und China werden dabei ausreichend versorgt sein (Grenzwert: **3000 Kilokalorien pro Tag**), nach wie vor problematisch wird die Situation in Afrika südlich der Sahara sein (vermutlich Anwachsen der Hungernden von derzeit 175 Mio. auf 300 Mio.).

Ernährungsansprüche: Ernährungsanspruch bedeutet die Mindestenergiezufuhr aus Fetten und Kohlehydraten, zusätzlich Proteine, Vitamine, Spurenelemente und Mineralen, z. B. werden pro Tag bei mittlerer körperlicher Beanspruchung zwischen 1600 und 2000 kcal, bei größerer Beanspruchung 2500 bis 3100 kcal benötigt. Die durchschnittliche Energiezufuhr in Industrieländern beträgt 3500 kcal/Tag, in Entwicklungsländern nur 2000 bis 2500 kcal/Tag. Die Folgen:

→ **Unterernährung** (Auszehrung und Gewichtsabnahme, Schwächung der körperlichen Leistungsfähigkeit, Schwächung des Immunsystems, Erkrankung, Apathie, eventuell Hungertod) und
→ **Mangelernährung** (z. B. Skorbut infolge Vitamin-C-Mangels, Blindheit durch Vitamin-A-Mangel, Schilddrüsenerkrankungen infolge Jodmangel)

Konfliktfeld Wasser

Ausgangslage: Die meisten Industrieländer liegen in niederschlagsreichen Zonen, viele der unterentwickelten Länder in den niederschlagsarmen und dürregefährdeten subtropischen und wechselfeuchttropischen Zonen. Vier Fünftel der globalen landwirtschaftlichen Fläche erhalten genügend Niederschlagswasser, ein Fünftel (in semiariden und ariden Gebieten, Tendenz steigend zur Sicherung der Nahrungsmittelproduktion) benötigt Wasser zur künstlichen Bewässerung. Dieses Wasser für die künstliche Bewässerung macht jedoch zwei Drittel des weltweiten Wasserbedarfs aus!

Fakten zur Ressource Süßwasser

- Nur knapp ein Fünftel der Weltbevölkerung (vorwiegend westlich industrialisierte Länder) ist an Wasser- und Abwasserleitungen angeschlossen.
- Über zwei Milliarden Menschen verfügen über keinen Zugang zu sauberem Trinkwasser.
- Über 1 Milliarde Menschen verfügen über weniger als 20 Liter Süßwasser pro Person und Tag (inbegriffen sind alle Verwendungen, so z. B. Trinkwasser, Waschen und Reinigung, etc.), eine weitere halbe Milliarde verfügt über weniger als drei Liter Wasser pro Person und Tag! Zum Vergleich: der tägliche Wasserverbrauch einer europäischen Familie beträgt 150 Liter, der einer indischen 25 Liter!
- Ein Großteil aller Krankheiten in unterentwickelten Ländern lässt sich auf unreines Wasser zurückführen. An diesen Krankheiten sterben heute rund drei bis vier Millionen Kinder jährlich.
- Über die Hälfte der Menschheit lebt in Flusseinzugsgebieten, die grenzüberschreitend genutzt werden (Nutzungskonflikte).
- Veraltete, traditionelle Wasserrechte führen zu immer häufigeren klein- bis großräumigen regionalen, nationalen und internationalen Konflikten.
- Fast alle Abwässer in den Metropolen unterentwickelter Länder werden immer noch ungeklärt den Oberflächengewässern zugeführt oder versickern im Boden.
- Durch falsche oder nicht angepasste Bewässerung gehen in den Entwicklungsländern (ohne Berücksichtigung der Verdunstung!) schätzungsweise drei Fünftel des Bewässerungswassers verloren. Gleichzeitig benötigt die Produktion von 40% der weltweit hergestellten Nahrungsmittel heute künstliche Bewässerung!
- Für die Beschaffung von Wasser wendet eine Familie in einem weniger entwickelten Land mittlerweile bis zu 20% des Familieneinkommens auf.
- In den Entwicklungsländern werden die Oberflächengewässer zunehmend durch ungeklärte Abwasser, Exkremente, Salze, Düngemittel u. a. verschmutzt.

Räumliche Disparitäten, Migration, Verstädterung

Die meisten Länder mit Entwicklungsdefiziten sind durch **starke räumliche (oder regionale) Disparitäten** zwischen **Stadt und Land**, zwischen den **Gebieten mit Rohstofflagerstätten** und denen ohne solche, zwischen **Küstenbereich und Hinterland** gekennzeichnet.

Diese Disparitäten sind oft zurückzuführen auf z. B.:
- die **ungleiche Verteilung der Ressourcen** (z. B. Rohstofflagerstätten, Energieangebot Wasserkraft),
- die **ungleiche räumliche Verteilung der Infrastruktur**,
- ein **koloniales Erbe**: während einer früheren Kolonialphase waren meist nur die Küstenbereiche (**Küstenorientierung**) und die zu den Rohstofflagerstätten/Anbaugebieten führenden Verkehrslinien ausgebaut.

Die **Küstenorientierung** wurde außerdem gefördert durch die Entwicklung der **Küstenstädte**, welche als Handels-, Rohstoffsammel- und Absatzzentren in direktem wirtschaftlichen Kontakt mit den jeweiligen Kolonialmächten waren.

Der **Verstädterungsgrad** und der **Anteil der Stadtbevölkerung** an der Gesamtbevölkerung haben in den unterentwickelten Ländern seit der Mitte des 20. Jahrhunderts stark zugenommen.

Metropolisierung: ein weiterer typischer Prozess, unter dem das starke bevölkerungsmäßige Anwachsen der Hauptstädte (oft zugleich Küstenstädte) verstanden wird; die Metropolen sind die Räume, in denen besonders die Hoffnung auf bessere Lebensbedingungen Bevölkerung aus den ländlichen Gebieten anlockt.

Die hiermit verbundene **Landflucht** (Migration in die Stadt) gründet sich beispielsweise auf Faktoren, die Menschen aus den ländlichen Gebieten in die städtischen ziehen lässt (= **Push-Faktoren**), wie etwa Ertragserschöpfung auf landwirtschaftlichen Flächen infolge Bodenauslaugung und Erosion, geringe Aussicht auf Aus- und Weiterbildung, Arbeitslosigkeit, Überbevölkerung, überkommene traditionelle Zwänge (etwa Dorfhierarchien, Kastensystem, ungleiche Besitzverhältnisse, infrastrukturelle Vernachlässigung seit der Kolonialzeit).

Darüber hinaus verfügen die städtischen Räume über (meist subjektive) **Pull-Faktoren**, mit denen große Erwartungen hinsichtlich eines besseren Lebens verbunden werden, so z. B. die Hoffnung auf höhere Arbeitsentgelte, die Erwartung in der Schattenwirtschaft tätig sein zu können, bessere gesundheitliche Bedingungen und bessere medizinische Versorgung, soziale Aufstiegschancen und anderes.

Marginalsiedlungen

Die starke Land-Stadt-Wanderung resultiert häufig in der Entstehung von **Marginalsiedlungen**. Der Begriff „marginal" kann hierbei sowohl räumliche als auch soziale Bedeutung haben (im Sinne von „am Rand der Gesellschaft"). Es handelt sich um großstädtische Wohngebiete mit schlechter bis schlechtester Wohn-, Bau- und Infrastruktursubstanz, welche von gesellschaftlich, wirtschaftlich, ethnisch oder religiös tiefstehenden Gesellschaftsschichten bewohnt werden.
Bezeichnungen: *barriades* (Peru), *favelas* (Brasilien), *ciudades perditas* (Mexiko), *bustees* (Indien), *bidonvilles* (Afrika).

Als **Squatter-Siedlungen** bezeichnet man jene Marginalsiedlungen, in denen ohne Legitimation gesiedelt wird. Das Entstehen von Marginalsiedlungen ist meist mit einem **unkontrollierten Städtewachstum** (wuchernder Charakter) und **sozialem Konfliktpotenzial** (hohe Kriminalitätsrate, Kinderprostitution, Bandenwesen) verbunden. Vergessen werden darf allerdings nicht, dass die Marginalsiedlungen für zahlreiche Menschen ebenso ein „soziales Sprungbrett" darstellen können (Zwischenstation, um nach einigen Jahren sozial höher zu steigen). **Slums** sind heruntergekommene einstige Wohnviertel (meist innerstädtisch).

Typische **sozio-ökonomische Kennzeichen** der Marginalsiedlungen:
- provisorischer Wohnraum (Hütten, Wellblechbehausungen)
- Fehlen eines gesicherten und regelmäßigen Einkommens
- fehlende Zusammenarbeit/Nachbarschaftshilfe, stattdessen wirtschaftlicher Überlebenskampf
- starker informeller Sektor (Schattenwirtschaft)
- Kinderarbeit und Kinderprostitution
- fehlende oder minderwertige Versorgung mit Wasser und Energie, fehlende bzw. nicht ausreichende Infrastruktur

- Dominanz junger Familien, nicht ausgebildete Arbeitskräfte
- Massenarbeitslosigkeit

Zunehmend beachtet werden müssen darüber hinaus die **erzwungenen Migrationen**. Diese sind z. B. zurückzuführen auf:
- die **Auflösung der Kolonialreiche Europas** nach dem Zweiten Weltkrieg (in der Folge: Territorrialstreitigkeiten, Verteilungskämpfe und Bürgerkriege),
- **ethnische** (Beispiel Nigeria), **religiös motivierte und kulturelle Konflikte**,
- **Auseinandersetzungen um Ressourcen** (z. B. Wasser, landwirtschaftliche Flächen).

Rolle der Frau

Die Menschenwürde der Frau wird in vielen Entwicklungsländern auch heute noch nicht geachtet. Beispiele hierfür sind Zwang zur Prostitution, Frauenhandel, Tötung weiblicher Säuglinge und Beschneidung. **Häufige Indikatoren** des gesellschaftlich unterbewerteten Status der Frau sind:
- fehlender Zugang zu sozialen Einrichtungen der Aus- und Weiterbildung und der medizinischen Versorgung
- oft fehlende Möglichkeit, Eigentum zu erwerben
- oft fehlende rechtliche Gleichstellung mit dem Mann
- Abgedrängtwerden in landwirtschaftliche Tätigkeiten der Subsistenzwirtschaft mit geringer oder fehlender Entlohnung, kaum Aufstiegschancen
- fehlende technische Neuerungen, dadurch keine Arbeitserleichterungen
- Arbeit häufig im informellen Sektor, als Billiglohn-Arbeiterinnen oder als Hausangestellte u. a.

Energiemangel

Das Energiemangelproblem vieler unterentwickelter Länder besteht zum einen darin, dass im Lande selbst oft keine Energieträger vorzufinden sind, zum anderen darin, dass infolge der fehlenden Wirtschaftskraft kaum Energieträger importiert werden können. Zurzeit ist etwa die Hälfte der Weltbevölkerung auf die Nutzung traditioneller Energieträger, vorwiegend Holz, angewiesen. Die ökologischen Folgen einer Holzentnahme durch Rodung von Wäldern und Schlagen von Büschen und Sträuchern nimmt aber gerade in den labileren Ökosystemen der Tropen und Subtropen mittlerweile katastrophale Ausmaße an. Die Prognose hierfür muss noch drastischer ausfallen angesichts steigender Bevölkerungszahlen und dem Streben nach Industrialisierung.

Rentenkapitalismus, Haziendasystem und Plantagenwirtschaft

Unter **Rentenkapitalismus** versteht man ein weitgehend im **orientalischen Raum** verbreitetes, oftmals als entwicklungshemmend bezeichnetes Sozialsystem. Es tritt in Form von **landwirtschaftlichen Organisationsformen** und von **handwerklichen Betrieben** auf.

Rentenkapitalismus

- Eigentümer (Großgrundbesitzer oder Besitzer des Handwerksbetriebes) verfügt und bestimmt über die wesentlichen Produktionsfaktoren (z. B. Wasser, Land, Saatgut, Düngemittel, Bearbeitungsgeräte, Werkzeug, mechanische Webstühle, Rohstoffe).
- Produktionsfaktoren werden verpachtet; die erzielten Erträge und Gewinne (Renten) werden nicht mehr in den Betrieb reinvestiert.
- In der Landwirtschaft: Verpachtung und Unterverpachtung führt zur Kleinparzellierung; auf den Miniflächen ist der Einsatz von mechanischen Hilfsmitteln nicht möglich und nicht rentabel.
- Pachtverträge führen zu starker Abhängigkeit der Pächter vom Großgrundbesitzer/Eigentümer des Handwerksbetriebes.
- Großteil des von den Pächtern und Unterpächtern erzielten Ertrages muss für den Kauf von z. B. Saatgut/Rohstoffen und die Miete für Geräte an den Großgrundbesitzer abgeführt werden.
- Bei Missernten oder geringer handwerklicher Produktion tragen die Pächter das alleinige Risiko.
- Um nach Missernten weiterhin arbeitsfähig zu bleiben, erhalten die Pächter vom Großgrundbesitzer Kredite, deren Schuldendienst sie immer weiter in die Abhängigkeit drängt.
- Infolge fehlender moderner Bearbeitungs- und Fertigungsweisen wird häufig Raubbau an den Ressourcen (z. B. Boden) betrieben.

Das **Haziendasystem** (besonders in Lateinamerika vorfindbar) stellt ein geschlossenes **Agrarsozialsystem** dar. Es besteht aus einer streng hierarchisch geordneten Gemeinschaft von Landeigentümer, Verwalter, Fachkräften, Lohnarbeitern und Pächtern. Bewirtschaftet werden riesige Latifundienflächen (Großgrund) für den Getreideanbau und die Viehhaltung. Geringer Kapitaleinsatz, eine hohe Arbeitsintensität ohne den Einsatz mechanischer Hilfen und Geräte und damit eine geringe Produktivität sind weitere Kennzeichen. Um selbstversorgerisch auf den kostenlos überlassenen Kleinflächen (Minifundien) arbeiten zu können, verpflichten sich die Lohnarbeiter längerfristig bei niedrigsten Löhnen auf den Haziendas zu arbeiten.

Plantagenwirtschaft: Im Vergleich zu den Haziendas handelt es sich hier um **höher technisierte, hoch spezialisierte, marktorientierte und kapitalintensive Großbetriebe der pflanzlichen Produktion für den Welt- und Binnenmarkt mit meist eigener Vermarktung.** Die Plantagenwirtschaft ist darüber hinaus gekennzeichnet durch einen hohen Arbeitskräftebesatz (Eigentümer, Verwalter, Arbeiter und Hilfskräfte) und eine meist ausreichende Infrastruktur (Wegenetz, Wohnbebauung etc.). Typische Plantagenprodukte sind Tee, Banane, Kaffee, Kakao, Zuckerrohr, Kokospalme und Sisal.

Teils entwicklungshemmende Merkmale der Plantagenwirtschaft:
- monokultureller Charakter mit Gefahr der Bodenauslaugung und Erosionsschäden bei unsachgemäßer Bearbeitung – häufig verbunden mit dem massiven Einsatz von Pestiziden zum Schutz der Monokulturen vor z.B. Insekten
- oft Vorherrschen von Billiglohnarbeitskräften und fehlende soziale Mobilität
- starke Markt- und Exportausrichtung (*cash crops*), dadurch häufig Verdrängen des Anbaus von Kulturen für die Eigenversorgung der ansässigen Bevölkerung auf schlechtere Böden

Tribalismus

Tribalismus meint das an traditionellen Stammesdenken geknüpfte Verhalten einheimischer Bevölkerungsgruppen eines Raumes.

Politisch problematisch wurde der Tribalismus während und nach der Kolonialzeit. In der Kolonialphase wurden häufig zusammenhängende Stammesgebiete durch die willkürliche Grenzziehung der Kolonialherren zerteilt, ethnisch zusammengehörende Stammesgebiete zerstückelt. Nach der Unabhängigkeit vieler Kolonialgebiete entstanden einheitliche Staatsgebiete, meist in den Grenzen der ehemaligen Kolonien. Diese neuen Staaten verlangten oft eine gemeinsame nationale Identität, der von den zersplitterten Stammesanteilen meist nicht nachgekommen werden konnte. Die neuen Staaten wurden häufig von Minderheitenregierungen geleitet. Ethnischen Konflikten wurde so der Nährboden geschaffen (Beispiel: Minderheit der Tutsi und bäuerliche Schicht der Hutu in Ruanda).

Negative Einflüsse religiös-philosophischer Strukturen

Beispiele für den Einfluss religiös-philosophischer Strukturen finden sich im **indischen Kastenwesen** (offiziell abgeschafft, im ländlichen Raum allerdings noch fortwirkend). Das Kastenwesen strukturiert die Gesellschaft in hierarchisch gegliederte Gesellschaftsgruppen, zwischen denen keine oder kaum soziale Mobilität möglich ist. In **islamischen Gesellschaften** hat beispielsweise das streng geregelte Erbrecht zu Kleinbauerntum infolge Besitzzersplitterung geführt. Zunehmend besorgniserregend sind **religiöser Fanatismus und Extremismus**.

Beeinträchtigungen durch andere Kulturkreise

Die Beeinflussung von unterentwickelten Staaten durch höher entwickelte Länder beeinträchtigt in vielfältiger Weise die kulturelle Nationalität und führt oftmals zu **Überfremdungserscheinungen und zum Verlust traditioneller Werte** und resultiert so oft in sozialen und kulturellen Konflikten.

Beispiel Tourismus: Er hat in vielen unterentwickelten Ländern zu einer initialen wirtschaftlichen Entwicklung geführt. Zu beachten sind dabei aber folgende Effekte:

→ Die westlichen Lebensgewohnheiten führen im Urlaubsland oft zu Verfremdungs- und Überfremdungserscheinungen.

- Ein zunehmend ernst zu nehmendes Problem stellt der Sex-Tourismus (z. B. in Thailand) dar (Kinderprostitution, Aids).
- Tourismus führt häufig zur Verstärkung räumlicher Disparitäten (z. B. durch Entwicklung der Küstensäume bei gleichzeitiger Vernachlässigung des Hinterlandes).
- Immobilienspekulationen führen zur Verstärkung von sozialen Disparitäten.

Auslandsverschuldung, Ressourcenverbrauch und negative Welthandelsverflechtungen

Die **Ursachen für die hohe Auslandsverschuldung** vieler weniger entwickelter Länder können in folgenden Bereichen gefunden werden:

- **Ölembargo der OPEC-Länder** in den 1970er-Jahren; hohe Exporterlöse werden teilweise zu günstigen, aber variablen Zinsen als Kredite an Entwicklungsländer vergeben, allerdings ohne genaue Überprüfung der damit finanzierten Projekte; dadurch Aufnahme hoher Kredite durch viele Entwicklungsländer; nach den Ölkrisen jedoch große Defizite für die OPEC-Länder; zusätzlich hohe Rüstungsausgaben lassen das Zinsniveau ansteigen, die Schuldenkrise beginnt.
- **Kapitalmangel für Industrialisierung:** um einen gewissen Industrialisierungsgrad zu erreichen, nehmen viele unterentwickelte Länder enorme Kreditsummen auf
- **Misswirtschaft** in den Entwicklungsländern infolge fehlenden Know-Hows oder Schwerpunktlegung auf wenig effektive Prestigeprojekte (z. B. Staudammbau): unproduktiver Kreditkapital-Einsatz
- **Kapitalflucht ins Ausland:** Erwirtschaftete Gewinne werden oft an ausländische Investoren abgeführt; zudem Zunahme ausländischer Beteiligungen von Firmen, die ihren Stammsitz nicht in den unterentwickelten Ländern haben.
- steigende Energiestoffabhängigkeit und Energiestoffkosten
- **Verteuerung der Importe bei sinkenden Exporterlösen:** Z. B. werden Rohstoffpreise durch den Weltmarkt unter Beteiligung der Industrieländer bestimmt; Rohstoffpreise schwanken erheblich und sind in den letzten Jahrzehnten teilweise stagniert bzw. gesunken; daraus ergeben sich verschlechternde terms of trade (teure Importe von Rohstoffen und Halbfertig- und Fertigprodukten, sin-

kende Erträge z. B. aus dem Export von Agrargütern und mineralischen und metallischen Rohstoffen).
- → **weiterhin geringe Wirtschaftskraft** der unterentwickelten Länder gegenüber den Industrieländern und innerhalb der Gruppe der Entwicklungsländer

Der Verschuldungsgrad einiger unterentwickelter Länder (bes. auch in Lateinamerika) hat die dortigen Volkswirtschaften mittlerweile an den Rand des **Staatsbankrotts** gebracht und immens **hohe Inflationsraten** hervorgerufen. Schuldendienste (Zins- und Tilgungsraten) können nicht mehr zurückgezahlt werden. Oft kommt es zur Aufnahme neuer Kredite um den angewachsenen Zinsberg abzutragen.

Der **Ressourcenverbrauch** in den unterentwickelten Ländern resultiert in ökologischen und ökonomischen Fehlentwicklungen. Das Paradebeispiel für die **ökologische Komponente** ist der **Raubbau** und die **Zerstörung der Waldbestände**. Betroffen sind hierbei die innertropischen Regen- und Bergwälder und die Wälder der wechselfeuchten Tropen.

Ökologische Folgen, z. B.

- → erhöhte Abtragungsraten in hangigem Gelände infolge erhöhten Oberflächenabflusses; dadurch Muren und Bodenausschwemmung
- → vermehrt Überschwemmungsgefahr in den Tallagen
- → vermehrte Abgabe von Kohlenstoffdioxid durch Brandrodung, gleichzeitig aber Verminderung der Kohlenstoffbindung durch fehlende Wälder und verminderte Sauerstofferzeugung (globale Auswirkung, Erhöhung des → Treibhauseffekts!)
- → Veränderung des Lokalklimas, z. B. erhöhte Evapotranspiration, veränderte Strahlungsbilanz, Erhöhung der Windgeschwindigkeit mit Deflationsfolgen)
- → Verminderung des Artenreichtums tropischer Wälder durch Entstehung von Sekundärwäldern nach der Brandrodung
- → Rückgang der Bodenfruchtbarkeit auf ohnehin bereits labilen Bodensystemen
- → verstärkte Wasserknappheit infolge größerer Verdunstungsraten im Savannenbereich

Ökonomische Folgeerscheinungen, z. B.

- steigende Kosten für Wassererschließung und Wasserreinhaltung
- sinkender Wasservorrat für die Landwirtschaft
- sinkende Flächenerträge durch Erosionsschäden (Bodenausblasung, Deflation)
- steigende Kosten für Schutzbauten, z. B. gegen die Überschwemmungsgefahr
- „Verschleudern" von wertvollen Rohstoffen mineralischer, landwirtschaftlicher und metallischer Art zu Niedrigpreisen, dadurch sinkende Einnahmen bei steigenden Importausgaben (*terms of trade*)

Negative Welthandelsverflechtungen: Sowohl **wirtschaftliche Abhängigkeiten** wie auch die bestehenden **Welthandelsverflechtungen** wirken sich in zunehmender Weise negativ auf die wirtschaftliche Lage der weniger entwickelten Länder aus. Zwar findet der Großteil des Welthandels immer noch innerhalb der **Triade** statt (Nordamerika, Europa, Asien-Pazifik), die Entwicklungsländer konnten seit den 1990er-Jahren ihren Anteil am Welthandel jedoch deutlich steigern. Die Exportquote, also der Anteil der exportierten Waren und Dienstleistungen am BIP, stieg im Zeitraum zwischen 1990 bis 2002 von 24 auf 33 Prozent an. Diese Steigerungsraten übertreffen die der Industrieländer (Steigerung von 18 auf 21 Prozent im genannten Zeitraum), jedoch konnten diese Zuwächse nicht in allen Entwicklungsländern gleichermaßen erzielt werden. Der Handel der Entwicklungsländer untereinander in Hinblick auf den Welthandel insgesamt ist trotz Zunahmen auf diesem Gebiet nach wie vor gering. Gerade in Krisenjahren wie 2009, in welchem viele Industrieländer mit wirtschaftlicher Rezession zu kämpfen hatten, erzielten Entwicklungsländer ein Wirtschaftswachstum von durchschnittlich 2,5 Prozent. Auch diese erfreulichen Entwicklungen sind regional und je nach Entwicklungsstand sehr unterschiedlich, was generelle Aussagen über alle Entwicklungsländer erschwert.

Zwischen Mitte des 20. Jahrhunderts bis zur Jahrtausendwende hat sich das **Welthandelsvolumen etwa verfünfzigfacht**. An dieser Entwicklung haben die unterentwickelten Länder keinen oder kaum Anteil! Die Aufwendungen für den Import von verarbeiteten, höherwertigen Produkten haben sich für die Entwicklungsländer gleichzeitig aber vervielfacht, dies jedoch bei stark schwankenden und teilweise sinkenden Rohstoffpreisen. In der folgenden Übersicht wird die Entwicklung der *terms of trade* deutlich:

Industrieerzeugnis aus Industrieland	Rohstoffe aus Entwicklungsland
1 Taschenrechner, entspricht	8 Sack Kaffee (16 Kilogramm)
Herstellung in 3 Arbeitsstunden	Herstellung in 25 Arbeitsstunden
hohe Ausstattungskosten für 1 Arbeitsplatz	niedrige Ausstattungskosten für die Arbeitsplätze, hoher Arbeitsanteil
Arbeitsteilige Produktion in mehreren Stufen	Vollproduktion in wenigen Arbeitsstufen
hoher Qualifikationsgrad der Arbeitskraft, entsprechende Entlohnung	niedriger Qualifikationsgrad der Arbeitskräfte: viele Menschen arbeiten, aber zu niedrigen Löhnen
hohe Produktivität	niedrige Produktivität, teilweise hohe Arbeitslosigkeit
höhere Exporterlöse	hohe Importaufwendungen, geringe Exporterlöse

Armut

In früheren Veröffentlichungen über Unterentwicklung ist immer wieder die Rede vom **Teufelskreis der Armut** (*vicious vircle*). Auch wenn dieser Begriff heute weitgehend aus der Literatur verschwunden ist, bleibt festzuhalten, dass die Armut der unterentwickelten Länder heute nach wie vor **Ursache und Folge** einer jahrzehntelangen Fehlentwicklung war und ist. Das Wohlergehen einer Volkswirtschaft und derer Einwohner hängt in erster Linie von den wirtschaftlichen Einkünften ab. Wirtschaftliche Einkünfte bedingen jedoch das Vorhandensein von Arbeitsplätzen, Bildungs- und Ausbildungsmöglichkeiten und vielem anderen mehr. Das Vorhandensein der letztgenannten Parameter ist wiederum notwendig zum Aufbau eines sozialen Netzes und damit zur Stabilisierung der gesellschaftlichen und wirtschaftlichen Verhältnisse.

> **Merke**
>
> **Pro-Kopf-BSP**
> (laut Angaben des Internationalen Währungsfonds, Stand 2013)
> Im Jahr 2013 erzielten 12 Länder auf der Erde ein Pro-Kopf-BIP von unter 600 US-$, der Großteil dieser Länder liegt auf dem afrikanischen Kontinent. Zu den ärmsten Ländern in dieser Kategorie gehören damit Burundi, die Demokratische Republik Kongo sowie Malawi. Auf der anderen Seite des Rankings des Internationalen Währungsfonds stehen Spitzenwerte von z.B. 110 573 US-$ (Luxemburg), 104 655 (Katar) und 101 271 (Norwegen).

9.2 Theorien zu Ursachen der Unterentwicklung

Diese Theorien versuchen das bestehende Entwicklungsdefizit auf bestimmte Faktorengruppen zurückzuführen. Kritisiert werden muss allerdings, dass diese Theorien Unterentwicklung häufig verallgemeinernd durch ein bestimmtes Faktorenbündel erklären wollen, ohne die spezifischen, unterschiedlichen Ausgangslagen der Länder zu berücksichtigen.

Geodeterministischer Ansatz

Unterentwicklung wird hier als **Folge der Einwirkung ungünstiger Naturfaktoren** bzw. einer ungünstigen Naturausstattung betrachtet (z. B. klimatische Einflüsse wie Niederschlagsarmut, hohe Niederschlagsvariabilität, hohe Verdunstung, außerdem das Fehlen von Ressourcen, nachteilige Bodenbeschaffenheit oder Vorhandensein empfindlicher Ökosysteme u.a.).

Modernisierungstheorie

Die Modernisierungstheorie geht davon aus, dass sich Entwicklungsländer ähnlich wie Industrieländer entwickeln, allerdings langsamer. Vorhandene Defizite seien durch die unterentwickelten Länder selbst verursacht worden, hätten also einen endogenen Charakter. Als Beispiele hierfür werden angeführt:

→ **überkommene traditionelle Verhaltensweisen**, ob gesellschaftlicher oder wirtschaftlicher Art (z. B. Kastenwesen, Einflüsse von

religiös-philosophischen Merkmalen, Rentenkapitalismus, Persistenzverhalten usw.)
→ fehlende Innovationsbereitschaft

Der **Modernisierungsansatz** (gleichzeitig eine Strategie zur Entwicklung) fordert eine durch Modernisierung, Industrialisierung und Wirtschaftswachstum nach westlichem Muster gesteuerte Entwicklung. Dabei zählt man auf die Förderung und das Wachstum einer staatlichen Verwaltung und industrialisierten Wirtschaft, besonders in den Städten durch Kapital- und Technologietransfer und hofft auf *trickle-down*-Effekte (Ausbreitung dieser Impulse auch auf die ländlichen Räume).

Der Modernisierungsansatz erfährt folgende Kritikpunkte:
→ zwar anfänglich hohe Wachstumsraten der Wirtschaft, allerdings im weiteren Verlauf Abflauen infolge des geringen anfänglichen Ausgangsniveaus
→ häufig nur Wachstumsraten in der Wirtschaft ohne Auswirkung auf das Sozialsystem der Bevölkerung
→ wirtschaftliche Wachstumsraten oft nur infolge des massenhaften Exports von vorhandenen Rohstoffen zu billigen Weltmarktpreisen (Ausverkauf!)
→ oft Ansteigen der Schuldenlast infolge kostenintensiver Modernisierungsprojekte
→ Industrialisierung häufig auf Kosten der landwirtschaftlichen Entwicklung
→ trotz steigender Wirtschaftsleistung oft erhebliche räumliche und soziale Einkommensdisparitäten
→ Verstärkung des sozialen Gefälles zwischen wirtschaftlicher Elite und Masse der Bevölkerung
→ Gefahr der Entstehung gesellschaftlicher Spannungsfelder

Dependenztheorie

Sie geht von **exogenen**, also von außen gesteuerten Einflüssen aus. Unterentwicklung wird als Folge imperialistischer und kapitalistischer Einflüsse verstanden. Dieser Theorie zu Folge unterlagen bzw. unterliegen die Entwicklungsländer zunächst den stark kontrollierenden

Einflüssen der Kolonialzeit (wirtschaftlicher Ergänzungsraum für die Kolonialmächte), später den wachsenden wirtschaftlichen Abhängigkeiten vom Weltmarkt. Als Folge produzieren die Entwicklungsländer eigentlich gar nicht für ihre wirtschaftliche Entwicklung, sondern für das Wohlergehen der Industrieländer unter Verlust einer eigenen Identität, in der ständigen Gefahr des unkontrollierten Ressourcenverbrauchs und der Verschärfung sozialer und räumlicher Disparitäten im eigenen Land.

Das Zentrum-Peripherie-Modell

Dieses Modell geht davon aus, dass in beiden Ländertypen, Industrieland und Entwicklungsland, je ein **Zentrum und eine Peripherie** vorhanden sind. Unter Zentrum kann man das räumliche Zentrum, besonders aber den sozialen Kernbereich wirtschaftlicher Aktivitäten mit hohem Kapitalfluss, Industriestandorten und politischen Entscheidungen verstehen, unter Peripherie die regional und gesellschaftlich weniger entwickelten Räume bzw. Gesellschaftsteile. Industrieländer verfügen über kleine Peripherien (Passivräume und soziale Randgruppen), Entwicklungsländer über große Peripherien (Hinterland, ländliche Räume, Großteil der sozial und wirtschaftlich schwach gestellten Bevölkerung). In Verbindung stehen hauptsächlich die beiden Zentren, das heißt alle Entwicklungsmaßnahmen kommen letztendlich nur einer kleinen Bevölkerungsgruppe des Entwicklungslandes zugute. Unterentwicklung wird hier also als Folge einer **zu geringen Teilhabe der Peripherie des Entwicklungslandes** an den wirtschaftlichen und gesellschaftlichen Impulsen gesehen.

9.3 Beispiele für Entwicklungsstrategien

Entwicklungsstrategien versuchen Gesamtkonzepte zur Minderung von Entwicklungsdefiziten zu erarbeiten. Der **Modernisierungsansatz** wurde bereits im letzten Kapitel vorgestellt. Im Folgenden werden weitere solche Konzepte vorgestellt.

Abkoppelungsstrategie

Sie hat sich aus der Dependenztheorie für Unterentwicklung entwickelt und schlägt vor, die Wirtschaft eines unterentwickelten Landes vom Weltmarkt abzukoppeln um den Binnenmarkt zu erschließen und die Industrie unter Förderung der Peripherien konkurrenzfähig und **autozentriert** zu entwickeln. Der Hauptkritikpunkt hierbei ist darin zu sehen, dass eine Abkoppelung angesichts der starken Abhängigkeit der Entwicklungsländer vom Weltmarkt nur schwer durchführbar ist.

Integrationsstrategie

Als Gegenteil zur Abkoppelung stellt diese Strategie den Versuch der Integration in eine liberale Weltwirtschaft dar. Institutionen wie der Internationale Währungsfond und die Weltbank betrachten die Entwicklungsdefizite nicht als Folge einer fehlgeleiteten Weltwirtschaftsordnung, sondern als Folge von **Wirtschaftsprotektionismus** (Einfuhrzölle, zu viele Normen und Vorschriften, Einfuhrbeschränkungen). Die Integrationsstrategie fordert eine Handelsliberalisierung, die Beteiligung ausländischer Kapitalgeber und die Ausnutzung der weltweiten Arbeitsteilung.

Welternährungsgipfel und Strategien gegen den Hunger

> **Merke** **Hauptstrategien des Welternährungsgipfels**
> Auf dem Welternährungsgipfel, welcher im November 1996 in Rom stattfand, wurden folgende Hauptstrategien zur Nahrungssicherung in Form von Selbstverpflichtungen formuliert: :
> → Sicherstellung der Welternährung

> - nachhaltige Politik der Entwicklung von Land- und Forstwirtschaft und Bekämpfung von Schädlingen, Dürre und Wüstenbildung
> - faires und marktorientiertes Welthandelssystem sowie Erzielen fairer Preise als Einkommensgrundlage für Entwicklungsländer
> - Vorrang der Ausnutzung lokaler Reserven vor der Maximierung des internationalen Handels
> - Verhindern von überproportionalen Subventionen und Preisdumping
> - besserer Ausgleich zwischen internationalen Überschüssen und Defiziten
> - bessere Vorbereitung auf und Bekämpfung von Naturkatastrophen und vom Menschen verursachte Hungersnöten (z.B. durch das Einrichten von Notreserven)
> - Einführung verbesserter Technologien zur Verhinderung von Nachernteverlusten (Mängel durch fehlende Transport- und Lagerungssysteme)
> - Förderung der internationalen Agrarforschung
> - Anpassung der Produktion auf traditionell angepasste Anbauprodukte

Das Aktionsprogramm setzte sich zum Ziel, die Zahl der Hungernden bis 2015 annähernd zu halbieren. Bislang jedoch, so scheint es, ist dieser Plan gescheitert, denn der Welthungerindex des Jahres 2009 verzeichnete 29 Länder mit einer ernsten Hungersituation.

Erweiterung des Nahrungsspielraums durch Alternativen – Grüne Revolution, Grüne Gentechnik und *Ecofarming*

Unter **Grüner Revolution** versteht man eine angepasste Agrartechnik, die für Räume der tropischen Klimazone entwickelt wurde. Verfolgte Ziele der Technik, welche in den 1960er-Jahren beispielsweise in Mexiko umgesetzt wurde, sind die allgemeine Ertragssteigerung sowie die bessere Flächennutzung für die Produktion von Nahrungsmitteln. Hohe Erträge und mehrere Ernten im Jahr konnten durch die Einführung von Hochertragssorten, die Ausweitung des Bewässerungsfeldbaus und eine verstärkte Mechanisierung erzielt werden. Zudem wurden verstärkt Dünge- und Pflanzenschutzmittel eingesetzt.

Trotz der Erfolge müssen folgende Punkte **kritisiert** werden:
- hoher Kapitaleinsatz, dadurch können sich nur die reicheren Bauern und die Großgrundbesitzer z. B. Pestizide und Dünger leisten
- hohe klimatische und bodenbezogene Ansprüche der Hochertragssorten
- fehlendes Kapital für die Agrarforschung in den unterentwickelten Ländern selbst
- hoher Energieverbrauch und hohe Energiekosten
- schlechte Transportwege, fehlendes Vertriebssystem
- insgesamt oft fehlende Verbesserung der Ernährungssituation infolge geringer Kaufkraft der Durchschnittsbevölkerung
- teilweise hierdurch noch Verstärkung regionaler und sozialer Disparitäten
- Verdrängen traditioneller, angepasster Kulturen und Anbauarten

Schematische Darstellung eines Konzept des Ecofarmings

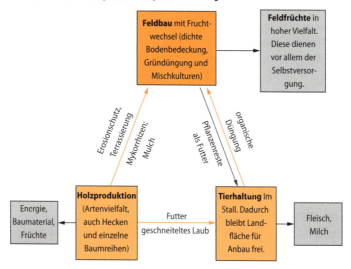

Ecofarming vereint eine Reihe an Konzepten, die darauf ausgelegt sind, möglichst wenige Elemente von außen hinzuzufügen, beispielsweise wird beim *Ecofarming* heimischer Dünger (Stallmist, Gründünger) verwendet. Gleichzeitig soll den ökologischen Risiken der jeweiligen Region durch angepasste Landwirtschaft entgegengewirkt werden sowie die Bodenfruchtbarkeit langfristig erhalten bleiben. Das Konzept beruht auf Mischkulturen und Fruchtwechsel, zusätzlich dienen angepflanzte Hecken und Bäume als Erosionsschutz und Nährstoffpumpe, zugleich kann das Holz als Energieträger verwendet werden.

Als Teilgebiet der Biotechnologie stellt die **Grüne Gentechnik** eine weitere, wenngleich umstrittene, Alternative dar, um den Nahrungsspielraum zu erweitern. Mit gezielten Eingriffen in das Erbgut können Pflanzen erzeugt werden, die resistent gegen Schädlinge, Krankheiten oder einen hohen Salzgehalt sind. Auch ist es möglich, Genpflanzen in Regionen der Erde anzupflanzen, die jenseits der Höhen- oder Trockengrenze liegen. Der Anbau gentechnisch veränderter Pflanzen führt zur preisgünstigen Versorgung mit Nahrungsmitteln, jedoch birgt die Gentechnik auch ein Risikopotenzial in sich. Die Folgen des massiven Eingriffs in die Natur sind noch nicht hinreichend erforscht. Auch können evtl. gesundheitliche Risiken nach gegenwärtigem Forschungsstand nicht ausgeschlossen werden; das betrifft beispielsweise die Gefahr, ungewollt bislang unbekannte Allergene zu produzieren. Problematisch für Bauern könnte sein, dass gentechnisch veränderte Pflanzen üblicherweise unter Patentschutz stehen und rechtlich entsprechend limitiert verwendbar sind. So verlieren die Landwirte das bisher übliche Verfahren, sich gegebenfalls das Saatgut selbst zu vermehren; das kann ihnen bei patentierten Pflanzen untersagt werden bzw. nur unter Zahlung von Lizenzgebühren erlaubt sein. Dadurch kann die Lebensmittelproduktion in Anhängkeit von den Patenthaltern geraten, die in der Regel Saatgutkonzerne sind.

Maßnahmen zur Lösung von Wasserkonflikten

Die Lösung von Wasserkonflikten dürfte eines der wohl schwierigsten Probleme in den semiariden und ariden Bereichen gerade weniger entwickelter Länder darstellen. Als Fallbeispiel sei das **Südostanatolien-Projekt GAP** (*Güneydoğu Anadolu Projesi*) genannt. Südostanatolien ist gekennzeichnet durch zahlreiche Entwicklungsprobleme (starke landwirtschaftliche Überprägung, fehlende Industrie, eine hohe Landflucht und traditionelle überkommene Besitzrechte), außerdem durch hohe Niederschlagsvariabilität, hohe Verdunstung und die Gefahr lang andauernder Trockenperioden.

Planungsziele:

- Steigerung der Energiebereitstellung (um 70%), Ausweitung der Bewässerungslandwirtschaft (Verachtfachung der Produktion)
- Bau von 22 Staudämmen und 18 Wasserkraftwerken, die mit Wasser aus Euphrat und Tigris gespeist werden
- Erschließung von 4,8 Mio ha Ackerland, Schaffung von spezialisierten Arbeitsplätzen, Minderung der Abwanderung nach Westen

Probleme bei der Durchführung: Die starke Wasserentnahme aus den beiden Flüssen Euprhat und Tigris führt zur Gefahr politischer Konflikte mit Syrien und dem Irak.

Notwendige Regulierungsmaßnahmen: Die Nutzung grenzüberschreitender Flusssysteme benötigt bi- und multilaterale Abkommen, welche im vorliegenden Fall durch sich überlagernde politische Auseinandersetzungen (z. B. Kurdenproblematik) erschwert werden.

Tourismus als Entwicklungschance?

Zahlreiche Entwicklungsländer verfügen über ein hohes touristisches Potenzial (naturräumliches Potenzial wie lange Strände, Gebirge sowie kulturelles Potenzial wie beispielsweise religiöse Feste, Bräuche sowie bedeutende Sehenswürdigkeiten) und sind damit zu wichtigen Destinationen für den internationalen Tourismus geworden. Als wichtiger Wirtschaftsbereich und Devisenbringer kann die Branche eine Entwicklungschance darstellen und sogar die Armut in den betreffenden Ländern verringern. Der Tourismus in Entwicklungsländern kann unter Umständen auch negative Effekte mit sich bringen, die sich nicht nur auf die Wirtschaft eines Landes auswirken, daher sollten jeweils auch ökologische sowie soziale Aspekte beachtet werden.

> **Merke**
>
> **Tourismusarten**
>
> Je nach Reisemotiv lassen sich verschiedene Arten voneinander unterscheiden, z.B.:
> - Erholungs-, Badeurlaub
> - Städtetourismus (Besuch wichtiger Sehenswürdigkeiten, Denkmäler, Museen, Einkaufen)
> - Kreuzfahrttourismus
> - Wellnessurlaub (Entspannung vom Alltag)
> - Eventtourismus (kurzer Aufenthalt für einen Besuch einer Musik- oder Sportveranstaltung)
>
> **Sanfter und nachhaltiger Tourismus als Lösung?**
>
> Gerade die negativen Auswirkungen des (harten) Massentourismus haben zum Umdenken in der Branche geführt, es wird nach alternativen, umweltschonenden Tourismusformen gesucht.
>
> Sanfter und nachhaltiger Tourismus soll
> - sozial und ökologisch verträglich sein, negative Folgen werden reduziert
> - den Einheimischen ein Einkommen durch den Tourismus sichern
> - die Identität der Einheimischen, die Kultur respektieren und verstehen
> - ein angemessenes Verhältnis zwischen Gästebetten und Einheimischen schaffen
> - den Ressourcenverbrauch minimieren und regionalen Produkten den Vorzug geben

Mögliche Vorteile des Tourismus in Entwicklungsländern:
- Schaffen von **Arbeitsplätzen** (v.a. in der Gastronomie, im Baugewerbe, in der Hotel- und Übernachtungsbranche), allerdings muss hier zwischen dauerhafter Beschäftigung und saisonalen Arbeitsplätzen unterschieden werden
- **Ausbau der Infrastruktur** (z.B. Verkehrsinfrastruktur: Erweiterung des Straßen-, Schienennetzes), von welcher auch die Einheimischen profitieren können
- **Steigerung des Volkseinkommens** bzw. des BIPs sowie der Steuereinnahmen des Staates

→ **Entwicklungsschub** für andere Wirtschaftssektoren (durch Synergieeffekte) des Landes sowie für andere Regionen, welcher allgemein den Lebensstandard und den Entwicklungsstand erhöhen kann.

Die Entwicklung von einem kleinen Touristenort (in der Regel ein Küstenort) eines Entwicklungslandes hin zum Zentrum des internationalen Tourismus beschreibt Karl Vorlaufer in seinem „Modell der raumzeitlichen Entfaltung des internationalen Tourismus in einem Entwicklungsland":

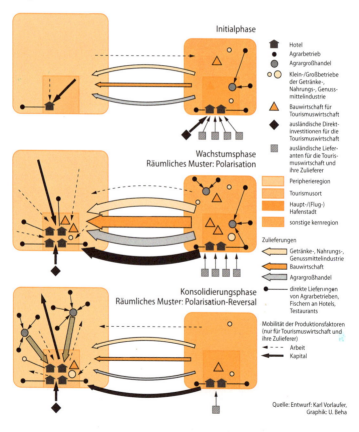

Quelle: Entwurf: Karl Vorlaufer, Graphik: U. Beha

Mögliche Nachteile des Tourismus in Entwicklungsländern:
- Das Arbeitsplatzangebot beschränkt sich häufig auf saisonale Arbeitsplätze und Tätigkeiten, die gering entlohnt werden.
- Nur ein geringer Anteil der Reisekosten bleibt im Entwicklungsland, viele Einnahmen fließen in das Ausland (beispielsweise zu internationalen Hotelketten).
- Investitionen in Großbauprojekte (Hotels, Freizeitanlagen) werden häufig durch ausländische Investoren realisiert, sodass auch Gewinne hieraus nicht im Entwicklungsland bleiben.
- Ein erhöhtes Einkommen in bestimmten Tourismusregionen lässt häufig Lebenshaltungskosten steigen, die von allen Einheimischen bezahlt werden müssen.
- Mit der Attraktivität eines Raums für den Tourismus steigen in der Regel die Bodenpreise, sodass die Preise für Wohnungen oder Grundstücke für Einheimische ansteigen.
- Rolle des informellen Sektors (Straßenverkauf), Kriminalität, Prostitution
- Durch den hohen Nutzungsdruck durch Massentourismus bestehen ökologische Folgen (z. B. Degradation, Umweltverschmutzung, Übernutzung).
- ein erhöhter Ressourcenverbrauch durch Touristen (z. B. hoher Wasserverbrauch durch Luxushotels, Golfplätze) sowie Entsorgungsprobleme (z. B. Müll)
- Identitätsverlust und soziale/kulturelle Überformung durch den z. T. westlichen, liberalen Lebensstil
- häufige Verstärkung vorhandener regionaler Disparitäten zwischen Touristenorten und dem Hinterland
- Überlastung der Infrastruktur, welche auf Massentourismus nicht ausgelegt ist
- Tourismus ist abhängig von Schwankungen (z. B. Finanzkrise), Naturkatastrophen und der politischen Situation vor Ort (z. B. Terroranschläge, politische Instabilität).

Die Entwicklung eines Touristenorts erklärt der schottische Geograph Richard W. Butler anhand seines Wachstumszyklusmodells, wonach in den Phasen der Erschließung und Erkundung zunächst Individualtouristen, in der Phase der Entwicklung dann massenhaft Touristen den

Touristenort besuchen. Nach einer Phase der Stagnation, in welcher keine Zuwachsraten an Ankünften mehr zu verzeichnen sind, kann sich ein Touristenort weiterentwickeln (durch neue Angebote, eine neue Zielgruppe) oder durch z.B. hohe ökologische Belastungen zunehmend unattraktiv werden und verfallen.

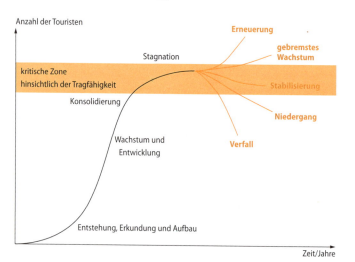

Entwicklungspolitik, Entwicklungszusammenarbeit, Nachhaltigkeit und Reform der Welthandelsbeziehungen

Die **Entwicklungszusammenarbeit** (früher: Entwicklungshilfe) muss aus einer konsequenten und nachhaltigen **Entwicklungspolitik** hervorgehen. Der Begriff **Entwicklungshilfe** wird heute weniger verwendet, weil er weitgehend durch ein einseitiges, nämlich auf die Geberländer bezogenes Verhältnis geprägt ist.

Während in der **Anfangsphase** der Entwicklungshilfe/Entwicklungszusammenarbeit weitgehend monetäre Hilfe ohne direkte Projektbindung gegeben und besonderer Wert dann oft auf die Realisierung großer Prestigeprojekte (z.B. Staudammbau) gelegt wurde, geht man mittlerweile dazu über, eher Einzelprojekte vor Ort in die **Gesamtstruktur einer nachhaltigen Entwicklung** fördernd einzugliedern.

> **Merke**
>
> **Entwicklungspolitik**
>
> Unter **Entwicklungspolitik** versteht man alle Maßnahmen von internationalen Institutionen, Organisationen und von Staaten, auf unterschiedlichen Ebenen Entwicklungsschübe zu initiieren, zu unterstützen und zu sichern. Hierbei werden Entwicklungsziele bestimmt, Prioritäten wie etwa Nachhaltigkeit, wirtschaftliche Entwicklung, Armutsbekämpfung etc.) gesetzt, Strategien zur Umsetzung erarbeitet und evaluiert (bewertet).

Die Ziele der Entwicklungszusammenarbeit hat man im Rahmen einer UN-Generalversammlung im Jahr 2000 festgelegt. Die sogenannten Millenniumsziele umfassen konkrete Ziele zur Armutsbekämpfung und alle Mitgliedsstaaten verpflichteten sich zur Einlösung der *Millennium Development Goals* bis zum Jahr 2015.

Die Entwicklungsziele umfassen unter anderem:
- Eine Halbierung des Anteils der in absoluter Armut lebenden Bevölkerung, Halbierung des Anteils der Hungernden weltweit,
- Verwirklichung der Grundschulbildung für alle Kinder,
- Realisierung der Gleichstellung zwischen Mädchen und Jungen, Frauen und Männern,
- Senkung der Kindersterblichkeit (Sterblichkeit bei Kindern unter 5 Jahren),
- Reduzierung der Müttersterblichkeit bei Geburt (durch bessere medizinische Versorgung),
- Bekämpfung und Rückgang der Verbreitung von Krankheiten wie HIV/AIDS, Malaria und anderen Infektionskrankheiten,
- Förderung einer nachhaltigen Entwicklung und
- Minimierung der Anzahl derjenigen Menschen, die keinen Zugang zu sauberem Wasser haben.

Bereits im Jahr 1992 wurde von der UN die sogenannte Agenda 21 verabschiedet. Dieses Programm, welches von rund 180 Staaten beschlossen wurde, verfolgt die Durchsetzung einer nachhaltigen Entwicklung (*sustainable development*) auf politischer, sozialer, ökonomischer und ökologischer Ebene. Das Konzept der Agenda für das 21. Jahrhundert soll sowohl auf globaler Maßstabsebene, als auch auf kommunaler Ebene umgesetzt werden z. B. durch Projekte in einzelnen Stadtteilen.

Beispiele konkreter Projekte und Maßnahmen der Entwicklungspolitik:

Das Prinzip „Nachholende Modernisierung" verfolgte das Ziel, Entwicklungsländer in kurzer Zeit durch Reformen in der Landwirtschaft und Investitionen in Wirtschaft und Infrastruktur an den Entwicklungsstand eines Industrielandes heranzuleiten. In den 1960er-Jahren lag ein Schwerpunkt der Entwicklungspolitik auf wirtschaftlichen Investitionen, so wurden durch dieses Prinzip Großprojekte gefördert, beispielsweise der Bau des Assuan-Staudamms in Ägypten. Durch große Investitionen in die Wirtschaft erhoffte man sich automatisch eine Erhöhung des Lebensstandards der Einwohner, dieser Effekt blieb jedoch in den meisten Fällen aus.

Hilfe zur Selbsthilfe und angepasste Entwicklung beschreibt ein heute gängiges Verfahren, bei dem der Schwerpunkt der Förderung auf örtliche Kleinprojekte gelegt wird mit dem Ziel, einen Entwicklungsanschub z. B. durch Know-how-Transfer zu leisten. Hilfe zur Selbsthilfe (z. B. die Terrassierung von Hängen in einem Dorf zur Verbesserung der Reisernte-Situation) geht davon aus, dass anfängliche Entwicklungsimpulse vor Ort weiterentwickelt werden können und sich räumlich, wirtschaftlich und gesellschaftlich selbstständig weiter ausbreiten.

Die Grundbedürfnisstrategie wurde 1974 vorgestellt und stellt die Grundbedürfnisse eines Menschen in den Vordergrund. So sollen die Daseinsgrundfunktionen wie Wohnen, Bildung, Gesundheit und die Versorgung mit Nahrungsmitteln und Kleidung erfüllt werden.

Der Begriff Entwicklung wird im Rahmen dieser Strategie nicht als rein wirtschaftlicher Begriff verstanden, vielmehr soll wirtschaftliches Wachstum zum Wohle aller Einwohner eines Landes führen. Beispiele für die Verfolgung der Grundbedürfnisstrategie können die Gewährung von Mikrokrediten sein, welche Entwicklungsprojekte im kleinen Rahmen unterstützen. Die Strategie verfolgt damit eine Entwicklung von „unten nach oben".

Frauenförderung ist mittlerweile fester Bestandteil der Entwicklungszusammenarbeit. Ziel der deutschen Entwicklungszusammenarbeit (Bundesministerium für wirtschaftliche Zusammenarbeit) ist es beispielsweise, Frauen und Männer gleichberechtigt am Entwicklungsprozess zu beteiligen und langfristig eine Verbesserung der Stellung von Frauen zu erreichen. Dazu stehen z.B. die Bereiche Gesundheit und Bildung im Fokus, sodass Frauen ein Recht auf Familienplanung sowie auf Bildung haben. Mädchen und Frauen sind infolge bildungsgesellschaftlicher Defizite besonders zu fördern.

Das Prinzip der nachhaltigen Entwicklung ist das Ziel aktueller Entwicklungszusammenarbeit, welche nicht nur ökonomische Aspekte (wirtschaftliche Leistungsfähigkeit) beachtet. Finanzierte Projekte der Geberländer zielen auf eine langfristige Entwicklung, welche den Schutz von Ressourcen und Umwelt, die soziale Gerechtigkeit sowie die Dimension der politischen Stabilität (Menschenrechte, Aufbau demokratischer Strukturen) miteinschließt. Das Dreieck der **Nachhaltigkeit** (Ökonomie, Ökologie, Soziales) hat man dahingehend verändert und die Dimension der Politik ergänzt.

Hierunter versteht man, vereinfacht formuliert, bei der Lösung eines Teilproblems nicht nur dessen unmittelbar einwirkende Faktoren zu berücksichtigen, sondern dieses Teilproblem in das komplexe, vernetzte Gesamtgefüge der Unterentwicklung einzubinden. Für die mangelhafte Nahrungsmittelversorgung bedeutet dies, z.B. eben nicht nur für eine ad-hoc-Produktionssteigerung zu sorgen, sondern Nahrungsmitteldefizite als interaktives Ergebnis von Armut, fehlender Kaufkraft, einem fehlenden Sozialsystem etc. zu betrachten.

> **Merke** **Die Rolle der Industrieländer**
>
> Die **Rolle der Industrieländer** bei der Realisierung einer nachhaltigen Entwicklungsförderung umfasst z. B.
> - ein **verantwortungsvolleres Konsumverhalten** (z. B. bezüglich der Nutzung von Tropenhölzern für den Möbelbau)
> - eine **verantwortlichere Import-Exportpolitik** (z. B. zur Minderung einer Verschlechterung der terms of trade durch billigen Rohstoffexport und teuren Import höherwertiger Produkte aufseiten des Entwicklungslandes)
> - die **Kohärenz der staatlichen Gesamtpolitik** (Entwicklungspolitik als gemeinsame Aufgabe aller beteiligten Entscheidungsträger)
> - eine **Förderung ökologischer Produktionsweisen**

Dem Funktionieren einer international abgestimmten Entwicklungszusammenarbeit stehen meist immer noch nationale politische und wirtschaftliche Interessen, zunehmend solche von *global players*, internationale Abstimmungsschwierigkeiten, stark unterschiedliche Auffassungen zum Umweltschutz und vieles andere mehr entgegen.

Formen der Entwicklungszusammenarbeit

- öffentliche Zusammenarbeit, z. B. durch die Deutsche Gesellschaft für Technische Zusammenarbeit (GTZ), die Carl-Duisberg-Gesellschaft (CDG), die Deutsche Stiftung für internationale Zusammenarbeit (DSE), die Kreditanstalt für Wiederaufbau (KfW)
- bilateral (zwischenstaatliche Vereinbarungen) oder multilateral (durch Beteiligung internationaler Organisationen); in den Bereichen Katastrophenhilfe, technische Zusammenarbeit, personelle Zusammenarbeit (z. B. Einarbeitung durch Spezialisten vor Ort), finanzielle Zusammenarbeit (z. B. Zuschüsse, zinsgünstige Kredite)
- nichtstaatliche Zusammenarbeit, z. B. durch politische Stiftungen, kirchliche und soziale Träger der Entwicklungszusammenarbeit

Ein neueres Entwicklungskonzept stellt die **Strategische Entwicklungspartnerschaft mit der Privatwirtschaft (PPP = *Public Private Partnership*)** dar. Darunter versteht man eine Zusammenarbeit von Entwicklungsländern mit privaten Wirtschaftsunternehmen auf infrastrukturellen Sektoren wie Energieerzeugung, Verkehrswege, Telekommunikation, Wasser und Abwasser. Gewinnorientierte privatwirtschaftliche Strategien treffen dabei aber oft auf entwicklungspolitische Zielsetzungen, wie etwa die Schaffung von Rahmenbedingungen für Entwicklung.

> **Vorteile der PPP** — Merke
> - Mobilisierung des privatwirtschaftlichen Sektors im Entwicklungsland
> - bessere Nutzung von Wirtschaftspotenzialen und längerfristige Effizienz infolge des Gewinnstrebens der beteiligten Privatunternehmen
> - bessere Einbringung privatwirtschaftlicher Potenziale, z. B. Fachkräfte, Know-how
> - konkrete Problemlösung durch Einsatz der Projekte auf der Basisebene (konkrete Einzelprojekte vor Ort)

Konzepte zur Verbesserung der Welthandelsbeziehungen

Die Forderung nach einer neuen **Weltwirtschaftsordnung (NWWO)** wurde in den 1970er-Jahren erstmals formal geäußert. Entwicklungsländer fordern in diesem Rahmen bessere Bedingungen für den Handel mit Industrieländern, einen fairen Handel mit landwirtschaftlichen und mineralischen Rohstoffen, die Schaffung eines Rohstoffkartells sowie einen Schuldenerlass für Entwicklungsländer. Ebenso fordern sie ein stärkeres Mitspracherecht auf internationaler Ebene, beispielsweise in der UN, WTO.

Damit diese Maßnahmen erfolgreich sind, müssen auf nationaler Ebene die notwendigen Voraussetzungen geschaffen werden, etwa, dass Entwicklungsländer die eigene Wirtschaft kontrollieren, Verfügungsgewalt über die heimischen Ressourcen und eine funktionierende Staatsgewalt besitzen. Um eine neue Weltwirtschaftsordnung durchsetzen zu können, muss auch die Rolle der Industrieländer neu definiert werden. Trotz Fortbestehen der Forderung der Entwicklungsländer nach einer NWWO stieß das Konzept in der Vergangenheit immer wieder auf Kritik. In Zeiten der Globalisierung, in welcher neben nationalen politischen sowie wirtschaftlichen Interessen zunehmend der Einfluss der privatwirtschaftlichen *global player* zunimmt, dürften die Forderungen allerdings schwer umsetzbar sein.

> **Abi-Tipp**
>
> Der Umgang mit Daten zu den Welthandelsverflechtungen ist äußerst kompliziert. Gehen Sie deshalb in einer Klausur oder Abiturprüfung ganz systematisch vor. Beziehen Sie sich auf die beigefügten Daten. Beschreiben Sie zunächst erst allgemeine Tendenzen und „zoomen" Sie sich danach erst in Detailstrukturen ein.

Das Ziel eines gerechteren Handels verfolgt auch ein anderes Konzept. Entwicklungsländer, die für viele Länder des Nordens Konsumgüter des täglichen Bedarfs produzieren, sollen gerecht am Welthandel beteiligt werden. Konkret geht es bei dem Label *Fair Trade* darum, den Konsumenten für ein fair hergestelltes Produkt zu gewinnen und ein Bewusstsein dafür zu schaffen, unter welchen ökologischen und sozialen Bedingungen beispielsweise das Kleidungsstück hergestellt wurde. Auf der anderen Seite sollen mit dem Kauf eines *Fair-Trade*-Produkts ganz direkt die Lebens- und Arbeitsbedingungen vor Ort verbessert werden. Während der Erzeuger bei einem konventionellen Produkt nur zu einem Bruchteil hinsichtlich des Endverkaufspreises beteiligt wird, entfällt ein wesentlich höherer Anteil des Preises auf den Produzenten, wenn es sich um ein *Fair-Trade*-Produkt handelt. Zudem bemüht man sich im Rahmen des fairen Handels um einen weitgehend stabilen Einkaufspreis, Kleinproduzenten erhalten Hilfe bei der Produktentwicklung und beim Marketing. Das bekannte Label wirbt auf Kleidung und Lebensmitteln in Weltläden und Supermärkten für den fairen Handel weltweit und ist eine sinnvolle Hilfe für die Erzeugerländer.

→ **World Trade Organisation (WTO):** Sie versucht in multilateralen Abkommen unter anderem nachhaltige Entwicklung einzuleiten, den Abbau von Handelshemmnissen zu beschleunigen, die weniger entwickelten Länder dabei besonders zu fördern und Fragen des Ressourcenschutzes zu klären. Einzelabkommen sind:

- **GATT** *(General Agreement on Tariffs and Trade)*: Tätigkeitsbereiche: Landwirtschaft, Textilien, Dumping/Subventionen, Investitionen
- **GATS** *(General Agreement on Trade in Services)*: Tätigkeitsbereiche: Finanzdienste, Telekommunikation und Transport
- **TRIPS** *(Trade-related Aspects of Intellectual Property Rights)*: Tätigkeitsbereiche: Patent-/Markenschutz und Urheberrechte

→ **Der Internationale Währungsfond (IWF/IMF)** strebt ein ausgewogenes Wachstum des Welthandels an, will die währungspolitische Zusammenarbeit fördern und Zahlungsbilanzungleichgewichte mindern.

---

9 Entwicklungsdefizite — Checkliste

→ **Kennzeichen:** wirtschaftliche, auf das Gesundheits- und Bildungswesen bezogene, gesellschaftliche und religiöse, auf traditionellen Strukturen basierende, demographische, ökologische

→ **Grundlagen der Ernährungsproblematik erläutern können:** quantitative und qualitative Mangelernährung, Problem der regionalen Verteilung von Nahrungsangeboten

→ das **Konfliktfeld Wasser** erläutern können

→ räumliche Disparitäten, Migration und Verstädterung in Ländern mit Entwicklungsdefiziten beschreiben können

→ **traditionelle Strukturen** wie Rentenkapitalismus, Haziendasystem und Plantagenwirtschaft und philosophisch-religiöse Mechanismen erläutern können

→ den **Problemkreis Verschuldung** erläutern können

→ die Grundlagen des **Welthandels** und der **Welthandelsverflechtungen** erarbeiten und analysieren können

→ Theorien der **Unterentwicklung** und **Entwicklungsstrategien** verstehen und erläutern können

→ Beispiele von Maßnahmen zur **Minderung von Entwicklungsdefiziten** darstellen können

→ den **Wandel in der Entwicklungshilfe** (besser: Entwicklungszusammenarbeit) erläutern können

Raumrelevante Probleme und Prozesse in Schwellen- und Transformationsländern

10

Die Schwellenländer und die Transformationsländer stellen bei der Betrachtung des Entwicklungsstandes in wirtschaftlicher, gesellschaftlicher und politischer Hinsicht Sonderformen dar. Die Gruppe der Schwellenländer befindet sich in einem Prozess starker wirtschaftlicher Entwicklung, allerdings sind sie im Vergleich zu den klassischen Industrieländern im Bereich der gesellschaftlichen Strukturen oft noch wenig fortgeschritten. Transformationsländer begegnen vor allem Strukturanpassungsproblemen beim Übergang von der ehemaligen zentralen Planwirtschaft zu marktwirtschaftlichen Strukturen.

10.1 Begriffe: Schwellen- und Transformationsland

Schwellenländer sind eine Gruppe nicht absolut klar definierter (ehemaliger) **Entwicklungsländer auf dem Wege zur Industrialisierung**. Das Stadium des Schwellenlandes ist durch einen weitgehenden Umbau der Wirtschaftsstrukturen von einer Agrargesellschaft zur Industrialisierung gekennzeichnet. Üblicherweise herrschen noch starke soziale Gegensätze zwischen Arm und Reich (z. B. fehlendes oder noch im Aufbau befindliches soziales Netz, starke Einkommensdisparitäten) vor. Häufig besteht ein hohes Risiko für politische Unruhen durch das bei der Industrialisierung entstehende Spannungsverhältnis zwischen konservativen Kräften und Parteien, die eine Modernisierung erreichen wollen. Die sozialen Entwicklungsindikatoren (Alphabetisierungsrate, Säuglingssterblichkeit, Lebenserwartung) hinken den wirtschaftlichen dabei oft hinterher. Derzeitige Schwellenländer sind beispielsweise China, einige Staaten des ehemaligen Ostblocks (→ Transformationsland), Brasilien und weitere südamerikanische Staaten, die Republik Südafrika, Mexiko und Malaysia.

Ähnlich wie bei der Definition bei Entwicklungs- und Industrieländern gibt es auch bei Schwellenländern weitere Bezeichnungen. Zu den *Newly Industrializing Countries* beispielsweise zählen Staaten mit einem hohen Bruttosozialprodukt und -wie der Name schon sagt- einem hohen Industrialisierungsgrad. Damit gehören die **NIC** zur Gruppe der Schwellenländer. Für Länder Südostasiens hat sich ein weiterer Begriff durchgesetzt: Als „kleine Tiger" werden Südkorea, Singapur, Taiwan, Hongkong bezeichnet, die zweite Generation der asiatischen Tiger beinhaltet zum Beispiel die Staaten Indonesien und Thailand.

Transformationsländer sind eigentlich eine Untergruppe der Schwellenländer. Es sind Staaten in einem Übergangsstadium von einer ehemals auf zentrale Planung konzentrierten Wirtschaftsform in eine marktwirtschaftlich organisierte Gesellschaftsordnung. Hierbei kann es zu erheblichen Anpassungsproblemen bei der Umstrukturierung von Wirtschaft und Gesellschaft kommen. Transformationsländer sind beispielsweise die **mittel- und osteuropäischen Länder (MOE)**, die Gruppe der **Neuen Unabhängigen Staaten (NUS)** auf dem Gebiet der ehemaligen Sowjetunion. Ein Großteil der MOE-Länder trat 2004 (Estland, Lettland, Litauen, Polen, Slowakei, Slowenien, Tschechien, Ungarn) bzw. 2007 (Bulgarien und Rumänien) in die Europäische Union ein, sodass sich auch EU-Institutionen vermehrt mit Transformationsprozessen und ihren Folgen für die gesamte EU beschäftigten. Die Gruppe der Neuen Unabhängigen Staaten (NUS) ist auch unter der Bezeichnung GUS-Staaten (Gemeinschaft Unabhängiger Staaten) bekannt. Das sind die zunächst 12 Nachfolgestaaten der ehemaligen Sowjetunion (z.B. Armenien, Weißrussland, Usbekistan), allerdings ohne die baltischen Staaten und die Mongolei; die Ukraine trat am 19. März 2014 aus der Gemeinschaft aus.

10.2 Nachholende Entwicklung am Beispiel des Schwellenlandes Südkorea

Mit der Republik Südkorea assoziierte man lange Zeit in erster Linie den Koreakrieg, Armut sowie die Teilung Koreas. Das ostasiatische Land hat sich jedoch ab den 1960er-Jahren von einem Agrarstaat zu einem klassischen Schwellenland entwickelt. Durch ein rasantes Wirtschaftswachstum sind es längst Begriffe wie Technologie, Elektronik und Autos, die man mit Südkorea verbindet, einer der hierzulande bekanntesten Namen dürfte Samsung sein, ein Mischkonzern, der unter anderem in der Elektronik (Fernseher, Handys), im Maschinenbau, der Chemieindustrie sowie der Bauwirtschaft tätig ist. Trotz der Asienkrise (im Jahr 1997) verzeichnet Südkorea aktuell wieder hohe Werte hinsichtlich des BIP pro Kopf. Den Status Südkoreas als Schwellen- oder Industrieland zu definieren, bleibt unter Experten eine Streitfrage.

Angaben für 2000 (in Klammern 2012)	Republik Südkorea	Deutschland
Fläche in km^2	99 300 (99 300)	357 000 (357 000)
Einwohner in Mio.	47 (50,1)	82 (80,5)
davon in Städten (%)	79 (83,2)	86 (86)
davon im ländlichen Raum (%)	21 (16,8)	14 (14)
Bevölkerungswachstum in %	1,0 (0,2)	0,0 (0,2)
Bevölkerungsdichte (pro km^2)	477 (489)	230 (226)
Durchschnittliche Lebenserwartung	74 (80,8)	76 (80,74 [2011])
Arbeitslosenquote in % aller Erwerbstätigen	3,2 (3,2)	10,4 (6,8)
Importvolumen in Mrd. US-$	152 (520)	520 (1276)
Exportvolumen in Mrd. US-$	162 (548)	648 (1492)
Durchschnittliche jährliche Inflationsrate 2000–2010 in %	2,4 (2,2 [2012])	1,9 (2,3 [2011])
Anteil der Wirtschaftssektoren am Bruttoinlandsprodukt in % → Landwirtschaft → Industrie → Dienstleistungen	4 (2,5) 41 (35,5) 55 (62)	1 (0,9) 31 (27,9) 68 (71,2)

Angaben für 2000 (in Klammern 2012)	Republik Südkorea	Deutschland
Erwerbstätigkeit in %: Landwirtschaft Industrie Dienstleistungen	11 (7) 28 (17) 61 (76)	3 (1,6) 33 (24,6) 64 (73,8)
Importgüter	Maschinenbau- und elektrotechnische Güter, Transportausrüstung, mineralische Brennstoffe, Schmiermittel, chemische Produkte, Rohstoffe	chemische Erzeugnisse, Kraftwagen und -teile, Maschinen, Nachrichtentechnik, Erdöl und Erdgas, Büromaschinen, Ernährungsgüter, Eisen- und Stahlerzeugnisse, sonstige Fahrzeuge
Exportgüter	Maschinen, elektrotechnische Produkte, Transportgeräte, chemische Erzeugnisse, Fahrzeuge, mineralische Brennstoffe	Kraftwagen und -teile, Maschinen, Nachrichtentechnik, Generatoren und Systeme, Eisen- und Stahlerzeugnisse, sonstige Fahrzeuge
HDI (Human Development Index)	0,90 (2012)	0,92 (2012)
BIP in Mrd. US-$	1116 (2011) Rang 15 weltweit	3577 (2011)
Pro-Kopf-Einkommen (US-$)	22 489 (2011)	43 742 (2011)
wichtigste Handelspartner (Importe und Exporte)	China, Japan, USA	Niederlande, Frankreich, China, USA

Exportorientierte Industrialisierung und Weltwirtschaftsintegration

Ende der 1950er-Jahre war Südkorea noch auf finanzielle Auslandshilfe und auf den Import nahezu aller Grundnahrungsmittel, Rohstoffe und Fertigprodukte angewiesen. **Ab etwa 1960** schlug der Staat den Weg einer **geplanten Industrialisierung** ein. Hierzu waren günstige Voraussetzungen vorhanden, wie etwa ein **hohes Arbeitskräftepotenzial** (Landwirtschaft zur damaligen Zeit mit 60 % aller Erwerbstätigen übersetzt), eine südostasiatischen Regionen gemeine, **effektivitätsför-**

dernde Arbeitsphilosophie (Lernwilligkeit, Loyalität gegenüber dem Arbeitgeber, geringe Streikhäufigkeit etc.), eine **geringe Analphabetenquote**, ein **niedriges Lohnniveau**, gewohnt **lange Arbeitszeiten** und eine **geringe Anzahl von Urlaubstagen**.

Die Industrialisierung erfolgte in sechs Einzelschritten:

- **1. Phase – Importsubstitution (Ersatz) von leichtindustriellen Konsumgütern:** Förderung der heimischen Konsumgüterproduktion (besonders Nahrungsmittel und Textilien); anstelle des Konsumgüterimports tritt der Import von Rohstoffen und halbfertigen Industrieprodukten. Gleichzeitig werden vermehrt Nahrungsmittel und mineralische Rohstoffe exportiert.
- **2. Phase – Produktion und Export leichtindustrieller Konsumgüter:** geringe Binnenkaufkraft (geringe Löhne), Sättigung des Binnenmarkts; Export von Produkten wie Textilien, Sperrholz und Bekleidung; Kompensation der notwendigen Kostensteigerung bei der Produktion durch das Vorhandensein des großen, spezialisierten Arbeitskräftepotenzials mit geringen Löhnen.
- **3. Phase – Importsubstitution schwerindustrieller Zwischenprodukte:** Die zur Produktion leichtindustrieller Konsumgüter nötigen Investitionen hätten hohe Ausgaben für den Import von Investitionsgütern (Maschinen), Rohstoffen und Zwischengütern erfordert. Deshalb: Erzeugung von Zwischengütern (vor allem chemische Grundstoffe, Stahl und Zement) im eigenen Land, Freiwerden von Kapital für die dann noch notwendigen Rohstoffimporte.
- **4. Phase – Produktion schwerindustrieller Güter für den Export:** Nachfragerückgang leichtindustrieller Konsumgüter auf dem Weltmarkt (bedingt durch höhere Zölle und steigende Konkurrenz), Herstellung neuer Produkte für den Export, so etwa Stahl, Schiffe, chemische Grundstoffe und Zement; weltweite Rezession in den 80er-Jahren des 20. Jahrhunderts und Missernten zwingen zu Neukonzipierung der Industrialisierung.
- **5. Phase – Importsubstitution von Investitionsgütern:** Für den heimischen Markt werden nun Investitionsgüter wie etwa Elektrogeräte, Maschinen und Autos im eigenen Land hergestellt.

→ **6. Phase – Produktion von Investitionsgütern für den Export:**
Südkorea produziert nun zusätzlich Investitionsgüter für den Weltmarkt. Beispiele: Hyundai (Autos), PCs und Unterhaltungselektronik (z. B. Samsung).

Aus der Produktion hochwertiger Investitionsgüter erfolgen nach und nach (**Rückkoppelung, rückschreitende bzw. nachholende Produktion**) Ausweitungen der industriellen Produktionsbasis, das heißt die Herstellung von Autos baut gleichzeitig die Herstellung von Zwischenprodukten (z. B. Bleche, Kunststoff, Kleinteile etc.) aus. Heute ist Südkorea auf dem Gebiet der Kunstfaserherstellung und der Produktion chemischer Basisstoffe mit weltmarktführend.

Für die zahlreichen Investitionen in den verschiedenen Bereichen waren **enorme Investitionsvolumina** notwendig, welche anfänglich zum großen Teil durch ausländische Kreditgeber gedeckt wurden. In den 1960er-Jahren wurde Kapital durch den beginnenden Export erwirtschaftet, allerdings wurde die südkoreanische Wirtschaft hart von den Ölkrisen der 1970er-Jahre getroffen.

Südkorea ist **heute hoch verschuldet** (vor allem durch Kredite der USA, Japans und der Weltbank), kann aber bislang im Gegensatz zu vielen Entwicklungsländern seinen Schuldendienst (Zins und Tilgung) infolge der hohen Exporterlöse bezahlen. Aus diesen Tatsachen erwächst allerdings eine **weiterhin hohe Export- und Weltmarktabhängigkeit**. Der **hohe Kapitalbedarf** und die **starke Weltmarktkonkurrenz** haben zur **Konzentration des Kapitals in Großkonzernen** (z. B. Hyundai, Samsung und Daewoo) geführt. In diesen Unternehmen herrschen teilweise **frühkapitalistische Arbeitsbedingungen** vor (kaum Mindestlöhne, fehlende Altersversorgung, hohe Wochenarbeitszeit mit bis zu 60 Stunden). Vergleichbar mit der Situation in Japan gibt es neben den Großbetrieben **Klein- und Kleinstunternehmen**. Diese verfügen über noch weniger soziale Absicherung, sind hauptsächlich **Zulieferer** für die Großkonzerne und fungieren deshalb in Krisenzeiten als **Konjunkturpuffer**. Seit 1996 ist Südkorea Mitglied der OECD *(Organisation für Economic Cooperation und Development)* und gehört als ehemaliges Nehmerland seit 2010 zu den Geberländern des OECD-Entwicklungsausschusses.

Sozioökonomische Veränderungen

→ **Verschiebung der Anteile der drei → Wirtschaftssektoren** am BSP: Daraus folgt: Verlagerung von Arbeitskraft des primären Sektors an die sekundären und (teilweise aufgeblähten) tertiären Sektoren.

→ **Anteile der Stadtbevölkerung** (über 50 000 EW) an der Gesamtbevölkerung: 1970: 41%, 1992: 74%, 2006: 84%! Dieser enorme Anstieg ist

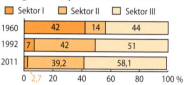

zurückzuführen auf die hauptsächlich in den Ballungsräumen (z.B. Seoul, Pusan, Taegu) angesiedelten Arbeitsplätze des sekundären und tertiären Sektors. Zum Teil kam es zu unkontrolliertem Städtewachstum und den damit verbundenen Folgeerscheinungen (z.B. fehlende Bauplanung, Zersiedelung, enormer Flächenverbrauch und Flächenversiegelung, erhöhte Abgasbelastung durch den Verkehr, Müllentsorgungsproblematik, etc.).

→ **Entwicklung des sozialen Systems:** Wie in vielen anderen Schwellenländern sind in Südkorea weiterhin gesellschaftliche und soziale Defizite festzustellen, da die Entwicklung des Sozialsystems nicht mit der Industrialisierungsgeschwindigkeit Schritt halten konnte.

Merke **Schwellenland und Südkorea**

→ Definition Schwellenland, Transformationsland
→ Voraussetzungen: hohes Arbeitskräftepotenzial, positive Einstellung zur Arbeit, geringe Analphabetenquote, niedriges Lohnniveau, lange Arbeitszeiten, geringe Anzahl von Urlaubstagen
→ nachholende Entwicklung, sechs Phasen, Rückkoppelung, schrittweise Importsubstitution, Exportorientierung
→ hoher Investitionsbedarf und Verschuldung, Weltmarkt- und Exportabhängigkeit
→ betriebsstruktureller Dualismus: Großkonzerne, Klein- und Kleinstbetriebe
→ starke Verschiebungen in den drei Wirtschaftssektoren, hohes Städtewachstum, hinterherhinkendes soziales System

10.3 Sonderwege der wirtschaftlichen Entwicklung – Beispiel: China

Die Geschichte Chinas und seine wirtschaftliche Entwicklung als Ganzes abzuhandeln würde allein wohl mehrere Bände füllen. Dieses Kapitel beschränkt sich deshalb auf **Chinas wirtschaftspolitische Entwicklung** und die **Komponenten seiner Reformpolitik**.

Erschließung und politische Entwicklung

Zeittafel	
vor 3000 bis 4000 Jahren	Erstbesiedlung an den Flüssen Janktsekiang und Huang He; Bildung kleinerer Staaten
11. Jahrhundert	Das chinesische Reich bedeckt ganz Nordchina.
Mittelalter	Erweiterung des Kaiserreichs nach Süden bis Kanton, Absicherung der Nordgrenze durch Erdwälle (später Chinesische Mauer); größte Ausdehnung um 1290 (mongolische Fremdherrschaft, 2,5fache heutige Größe = 25 Mio. km^2)
um 1580	Ming-Dynastie (4,4 Mio. km^2)
um 1890	Quing-Reich (11,1 Mio. km^2)
1912	Sturz der Mandschu-Dynastie, Ende des Kaiserreichs, China wird Republik
1927–1936	Bürgerkrieg zwischen Kommunisten unter Mao Zedong und der Kuomintang
1937–1945	Kampf gegen die Invasion durch Japan
1945–1949	neuerlicher Bürgerkrieg; Sieg Mao Zedongs und Gründung der Volksrepublik China (9,7 Mio. km^2)
1949–1956	Umgestaltung nach sozialistischem sowjetischem Vorbild; Enteignung, Liquidierung der Grundbesitzerklasse, Kollektivierung, Gründung von LPG (landwirtschaftlichen Produktionsgenossenschaften), Staatsmonopolisierung von Großindustrie, Banken und Handel, Beginn der Zentralverwaltungswirtschaft (Planwirtschaft)
Ab 1957	Phase der Unruhen durch die Auseinandersetzung zwischen Maoisten und Reformern; Maoisten wollen Bürokratismusabbau und Abkehr vom sowjetischen Vorbild, stattdessen **Mobilisierung der Massen**

Zeittafel	
1958	„Der Große Sprung nach vorn" (Versuch einer beschleunigten Entwicklung hin zum Kommunismus), Gründung von **Volkskommunen** (totale Aufhebung von Privateigentum und eigenen Rechten, Kollektivierung der Dörfer in Form von Produktionsbrigaden); **Dezentralisierungsversuche im Sinne einer Industrialisierung des ländlichen Raums** (z. B. Kleinhochöfen auf dem Dorf) misslingen; Misserfolge und Hungersnöte führen zu Prestigeverlust Maos
1966–1969	Mao initiiert „Die Große Proletarische Kulturreform" (Versuch der Abkehr von allen bisherigen Traditionen) als Mittel, das Land von den politischen Gegnern durch Rotgardisten zu säubern **1976:** Tod Maos, Machtkampf zwischen Reformern und **Viererbande**, die gestürzt wird; Rückkehr Deng Xiaopings in seine Ämter
Ab 1978	**Reformpolitik und Modernisierung**; Ziele: Leistungssteigerung in den drei Wirtschaftssektoren, Stärkung des Außenhandels, geringere staatliche Kontrolle, mehr Eigeninitiative, teilweise Einführung marktwirtschaftlicher Prinzipien; Rückgabe des enteigneten Landes an Bauernfamilien; Ablösung der Planwirtschaft zugunsten einer **sozialistischen Marktwirtschaft mit chinesischen Zeichen**
1979	**Joint-Venture-Gesetz** (projektorientierte Zusammenarbeit mit ausländischen Unternehmen wird erlaubt); Einrichtung der ersten Wirtschaftssonderzone
1984	Industriereform und Öffnung von 14 **Küstenstädten**
1989	**Niederschlagung der Demokratiebewegung**
seit den 90er-Jahren	geplante Erschließung der peripheren westlichen Räume
2001–2005	**10. Fünfjahresplan:** Neuorientierung der Erschließung; Beachtung ökologischer und sozialer Gegebenheiten statt früherer reiner Rohstofferschließungsinteressen
ab 2006	verstärkte Weltmarktverflechtungen, Dominanz in schwerindustriellen Branchen, zweistellige jährliche Zuwachsraten im BIP BIP (das Wirtschaftswachstum im letzten Quartal des Jahres 2009 lag bei 10,7 Prozent), China gilt als „Werkbank der Welt" und Exportweltmeister. Auch der riesige Binnenmarkt Chinas wird zunehmend attraktiv für westliche Marken, die Regierung öffnet den eigenen Markt für ausländische Investoren in weiteren Branchen, z.B. der Gesundheitsbranche.

Chinesische Reformpolitik (ab 1979)

Landwirtschaft

- **Eigeninitiative für die Bauern** unter Nutzung marktwirtschaftlicher Aspekte (z. B. Genehmigung von Handwerksbetrieben als Zusatzeinkommensquelle, Übertragung des Bodennutzungsrechts)
- **Auflösung der Volkskommunen** und Schaffung von 92 000 Gemeindeverwaltungen
- Gründung von **landwirtschaftlichen Genossenschaften** (Verpachtung von Land für 15 Jahre an Familien, festgelegte Pacht-, Steuer- und Verwaltungsabgaben)
- Schaffung von **Anteilsgenossenschaften** (führen gewerbliche und industrielle Betriebe auf Dorf- oder Kreisebene)
- Gründung von **Bezugs- und Absatzgenossenschaften** (untergeordnete Institutionen der staatlichen Handelsorganisationen; sie regeln den Warenverkehr)
- **Gründung von Spar- und Kreditgenossenschaften** (arbeiten wie Banken und regeln den Geldverkehr auf Dorf- und Kreisebene)
- Schaffung von **spezialisierten, produktbezogenen Genossenschaften** (fördern Familien, deren landwirtschaftliche Tätigkeit sich auf besondere Anbau- und Produktionsformen, wie etwa Saatgutzüchtung oder Sonderkulturbau bezieht; diese Genossenschaften beraten, leisten Technologietransfer und organisieren die Vermarktung)

Industrie

- seit 1984 Öffnung und Modernisierung der industriellen Produktion als Teil einer **sozialistischen Marktwirtschaft** mit dem Ziel einer **stärkeren Exportorientierung**
- dabei aber Wahrung der bisherigen Besitzstrukturen: staatliche, **planwirtschaftlich organisierte Großbetriebe**, zusätzlich **Staatsbetriebe mit marktwirtschaftlicher Produktion**, zusätzlich **von Bauern kollektiv geführte Betriebe am Stadtrand**, zusätzlich **reine Privatbetriebe**, zusätzlich **Joint-Ventures** (Gemeinschaftsbetriebe mit ausländischen Unternehmen)
- staatlich planwirtschaftliche Produktion erfolgt bei wichtigen Energierohstoffen, Maschinen, chemischen Grundstoffen und Rüs-

tungsgütern, marktwirtschaftliche Prinzipien gelten für alle anderen Industriebereiche, zusätzlich für Dienstleistungen und Handwerk

Wirtschaftsstruktur allgemein

- schnelle **Bedeutungszunahme der Wachstumszentren** (z.B. Shenzen, Zunhai, Hongkong, Weihei), deshalb Gefahr zunehmender räumlicher und sozialer Disparitäten; zunehmende **Autarkisierung der Regionen**
- Einrichtung von **Sonderwirtschaftszonen** (z.B. Shenzen): Abschottung gegenüber Binnenland; günstige Produktionsbedingungen (Investitionshilfen, Steuervergünstigungen) für ausländische Unternehmer; Ziel: Versuch, Know-how-, Kapital-, Management- und Innovationsimport aus dem Ausland; Hoffnung auf weitere Entwicklungsanreize durch *Trickle-down*-Effekte
- Ausweisung von **14 freien Küstenstädten** (z.B. Shanghai, Yantai): Ansiedlung von überdurchschnittlich produktiven Betrieben, Errichtung von Forschungszentren für die Entwicklung neuer Technologien, Ansiedlung von Joint-Venture-Unternehmen; Ziel: wie bei Sonderwirtschaftszonen, zusätzlich Modernisierung des Küstenraums; Handelsvergünstigungen, Steuererleichterungen, Bereitstellung von Arbeitskräften auf geringem Lohnniveau, Grund und Boden und anderen Produktionsfaktoren durch den Staat
- **2001: Beitritt Chinas zur WTO** (Welthandelsorganisation)

Folgen der Reform- und Öffnungspolitik

- enorme jährliche Steigerungsraten in der industriellen Produktion (in den 90er-Jahren durchschnittlich 9%, ab 1995 2-stellige Zuwachsraten)
- starke Privatisierungstendenzen bei den Industriebetrieben (etwa 80% sind kleine Industriebetriebe im ländlichen Raum)
- Die wenigen staatlichen Großbetriebe leisten über die Hälfte der Produktion und beschäftigen ca. zwei Drittel der Arbeitskräfte.
- Infolge fehlender Managementerfahrung arbeiten die Staatsbetriebe jedoch immer noch vergleichsweise unproduktiv (hoher Arbeitskräftebesatz, hohe Sozialleistungen).

- Das Lohnniveau bleibt für einen Großteil der Bevölkerung hinter der Inflationsrate zurück (sozialer und politischer Sprengstoff).
- Die erhoffte Entwicklung des Binnenlandes durch die Modernisierungsmaßnahmen ist bislang weitgehend ausgeblieben, da sich die Joint-Venture-Unternehmen vorwiegend auf die Küstenstädte und Sonderwirtschaftszonen konzentrieren (Verstärkung der räumlichen Disparitäten).
- Verselbstständigung der Wirtschaft gegenüber der Politik (Gefahr von schnellen politischen Entscheidungen innerhalb der kommunistischen Partei)
- große Disparitäten zwischen Stadt und Land

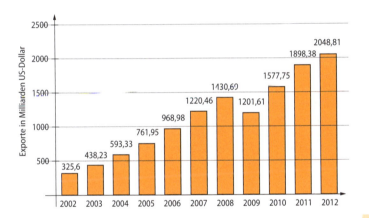

China: Export von Gütern von 2002 bis 2012 (in Milliarden US-Dollar)

10.4 Transformationsprozesse beim Übergang von der Plan- zur Marktwirtschaft

Nach dem Niedergang der Sowjetunion und dem militärischen (Warschauer Pakt) und wirtschaftlichen (Rat für gegenseitige Wirtschaftshilfe, RGW bzw. *Council for Mutual Economic Assistance*, Comecon, 1991 aufgelöst) Zerfall des Ostblocks versuchen die betroffenen Staaten, den Weg von der Zentralverwaltungswirtschaft (Planwirtschaft) zur Marktwirtschaft zu beschreiten. Diese als **Transformationsländer** bezeichneten Staaten lassen sich dabei in folgende Untergruppierungen unterteilen:

- **Mittelosteuropäische Länder (MOE):** Albanien, Bulgarien, Mazedonien, Kroatien, Polen, Rumänien, Slowakische Republik, Slowenien, Tschechische Republik, Ungarn
- **Baltische Länder:** Estland, Lettland, Litauen
- **GUS-Staaten:** Armenien, Aserbaidschan, Belarus, Georgien, Kasachstan, Kirgisische Republik, Moldau, Russland, Tadschikistan, Turkmenistan, Ukraine, Usbekistan

Durch den Transformationsprozess wird die Wirtschaft eines Landes, welche vordem unter staatlicher Lenkung stand, mit internationalem Wettbewerb und Konkurrenz konfrontiert. Der Transformationsprozess ist mit diversen Problemen verbunden, die Erfolge sind je nach Staat entsprechend unterschiedlich. Während die MOE und die baltischen Staaten recht zügig einen marktwirtschaftlichen Anschluss an den Westen zumindest initiieren konnten, hinken andere ehemalige Teilstaaten der UdSSR in ihrer wirtschaftlichen und sozialen Entwicklung noch stark hinterher.

Volkswirtschaftliche Hauptelemente des Übergangsprozesses

- **Preisliberalisierung:** Preise werden nun durch freie Märkte bestimmt. Die ehemaligen Handelsschranken, die die Preise vom Weltmarkt abgeschottet hatten, werden jetzt gesenkt.
- **Makroökonomische Stabilisierung:** Direkt nach dem Zerfall des Ostblocks schossen die Preise infolge der aufgestauten Nachfrage in die Höhe. Eine makroökonomische Stabilisierung zielt deshalb in

erster Linie auf die Bekämpfung der Inflation ab. Hierzu sind disziplinierte Regierungshaushalte notwendig.
→ **Umstrukturierung und Privatisierung:** Tragfähige Finanzsektoren müssen geschaffen, bisherige Staatsunternehmen privatisiert und in privatwirtschaftliche Betriebe (Landwirtschaft, Industrie und Dienstleistungen) transformiert werden.

Reformen in der Umbruchphase am Beispiel Polens

Zeittafel	
1989	Herabfahren staatlicher Subventionen; freie Nahrungsmittelpreise
1990	Preisfreigabe; Restriktionen Steuer-, Lohn- und Geldpolitik; Wegfall des staatlichen Außenhandelsmonopols; erstes Privatisierungsgesetz
1991	Joint-Venture-Gesetz; Einführung Handelsgesetzbuch; Preisanstieg bei Energiekosten und öffentl. Leistungen; Eröffnung Wertpapierbörse; Zulassung ausländischer Banken; Privatisierung des Bankenwesens; Zulassung von Gewinntransfers bei Direktinvestitionen; Massenprivatisierung
1992	Importzölle für Konsumgüter
1993	große Steuerreform; Mehrwertsteuer; Wettbewerbsrecht
2004	EU-Beitritt

→ **Rechtliche und institutionelle Reformen:** Eine Neudefinition der Rolle des Staats muss erfolgen, rechtsstaatliche Strukturen müssen aufgebaut und eine Orientierung hin zu einer angemessenen Wettbewerbspolitik muss erfolgen.

Problembereiche der Transformation

Auflösung des RGW/COMECON

→ Zusammenbruch der Sowjetunion mündet in den Zwang, sich schnell politisch, wirtschaftlich und militärisch umzuorientieren.
→ Kappung der bisherigen Energie- und Rohstoffversorgung der ehemaligen RGW-Staaten von der früheren Sowjetunion
→ enorme Schwierigkeiten, sich von der bisher gewohnten Planwirtschaft auf marktwirtschaftliche Prinzipien umzustellen (Informations- und Managementdefizit)

- → Zusammenbruch von Beschaffungs- und Absatzmärkten in den ehemaligen Ostblockstaaten
- → einstige Satellitenstaaten brechen Importtätigkeit aus der SU zugunsten einer Umorientierung auf den Weltmarkt ab (strukturelle Folgen für GUS-Staaten)
- → unterschiedlich stark ausgeprägte Außenhandelsverflechtungen ergeben unterschiedliche Startbedingungen (Ungarn war 1990 in seinem Handelsvolumen bereits zu 50 % mit dem Ausland, die ehemalige Sowjetunion nur zu 7 % verflochten.)

Allgemeinwirtschaftliche Probleme und Auswirkungen

- → enormes Altlastenproblem (z. B. verseuchte Böden auf ehemaligen Chemiestandorten, verarmte Böden in ehemaligen landwirtschaftlichen Kollektivbetrieben)
- → Zahlungsunfähigkeit ehemaliger Ostblockhandelspartner, deshalb Notwendigkeit zur Erschließung neuer Märkte ohne Managementerfahrung
- → enormes Bürokratismuserbe, Notwendigkeit zum Abbau des riesigen Personalüberhangs und Risiko hoher Arbeitslosigkeit
- → rückständige Infrastruktur: Notwendigkeit zum Aufbau/zur Erneuerung des Verkehrs- und Kommunikationswesens und des Wohnungsbaus

Nationalitäten- und Kulturkonflikte
→ **Beispiel ehemaliges Jugoslawien**

- → Verflechtung vieler Volksgruppen auf engem Raum, unterschiedliche ethnische Lebensweisen, Minoritäten in Enklavegebieten
- → Zugehörigkeit zu verschiedenen Religionsgemeinschaften, z. B. Slowenen und Kroaten (Christen), Serben (serbisch-orthodoxe Christen), Muslime in Bosnien-Herzegowina
- → Kulturell unterschiedliche Prägungen – Slowenen: seit Eroberung durch die Franken unter deutschem Einfluss, Kroaten: ursprünglich mit Ungarn vereint (ab 1102), später Teil des Habsburgerreiches, Entwicklung einer Gegenbewegung gegen das Osmanische Reich, Serben: nach der Schlacht auf dem Amselfeld (1389) über 400 Jahre

unter islamischem Einfluss, dadurch Isolation von europäischen Geistesströmungen (z. B. Reformation, Humanismus, Aufklärung), Ende des 19. Jahrhunderts Neuorientierung an Russland

Probleme in der Landwirtschaft – Beispiel Polen

- allgemein äußerst langsame Geschwindigkeit bei der Umstrukturierung (Überführung ehemaligen Staatsbesitzes in Privateigentum, Technologietransfer) durch Kapital- und Know-how-Mangel
- teilweise zu große landwirtschaftliche Nutzfläche (Kollektiv- und Genossenschaftsbetriebe besaßen zum erheblichen Teil geringe Produktivität)
- ausgelaugte Böden infolge starker, teilweise nicht angepasster Bodennutzungssysteme der Vergangenheit
- vergleichsweise geringer Mechanisierungsgrad und geringer Einsatz von Düngemitteln und Pestiziden, vorwiegend infolge anfänglichen Kapitalmangels
- Verlust der früheren Einkommensgarantie für Landwirte seit der Freigabe der Preise
- Überflutung des Marktes durch EU-Agrarprodukte; zwar vielfach höheres und diversifizierteres Angebot, jedoch zu hohen Preisen
- fehlende Absatzmärkte für einheimische Produkte auf den bereits überladenen EU-Märkten
- hohe Brachanteile
- erst allmählich einsetzende Strukturhilfsprogramme

Transformation in der Industrie → Beispiel Ungarn

- Genehmigung von Privatbetrieben bereits 1988, Umwandlung von staatlichen Großbetrieben in Aktiengesellschaften
- konsequente marktwirtschaftliche Orientierung
- Einführung eines Mehrparteiensystems unmittelbar nach der Grenzöffnung
- Absinken der Industrieproduktion nach dem Zerfall des Ostblocks, Rückfall im Jahre 1990 auf den Wert von 1972

- → Subventionsabbau, Konkurrenz aus dem Ausland, sinkende Binnennachfrage infolge sinkender Kaufkraft, steigende Importkosten für Roh- und Energiestoffe
- → Privatisierungsbestrebungen von Industriebetrieben mit staatlicher Unterstützung
- → Förderung von Joint-Ventures, Aufwärtsentwicklung der Industrie seit Mitte der 90er-Jahre

Mit dem EU-Beitritt eines Großteils der Ostblockländer (außerhalb der ehemaligen Sowjetunion) im Mai 2004 ergeben sich für die Transformationsländer zukünftig mit Sicherheit neue Chancen der wirtschaftlichen, sozialen und politischen Entwicklung. Es bleibt momentan zu befürchten, dass die Länder der Gemeinschaft unabhängiger Staaten (ehemalige Sowjetrepubliken, sie sind keine EU-Länder!) gegenüber den MOE ins Hintertreffen geraten könnten.

Transformationsland Slowakei

Die Ursprünge der Transformation der Slowakischen Republik liegen im Transformationsprozess der Tschechoslowakei, welcher nach der Wende 1989 begann. Mit Auflösung der Tschechoslowakei im Jahr 1992 ergab sich für die noch junge Slowakei ab dem 1. Januar 1993 ein weiteres Problemfeld: Der wirtschaftliche Schwerpunkt der Tschechoslowakei lag im Westen des Landes und damit ab 1993 in Tschechien. Die Folgen waren unübersehbar: ansteigende Preise, ein gesamtwirtschaftlicher Produktionsrückgang, Arbeitslosigkeit und ein sinkender Lebensstandard. Neben der Liberalisierung der Wirtschaft sollten in den 1990er-Jahren Banken und staatliche Großbetriebe privatisiert werden. Dazu kam es zunächst jedoch nicht, da scharfe politische Auseinandersetzungen die junge Republik prägten. Das Tempo der Reformen verlangsamte sich, 1996 wurde die Privatisierung der Banken gestoppt, und Ministerpräsident Vladimír Mečiar verhinderte die Öffnung der slowakischen Wirtschaft zusehends. Mečiar wurde vorgeworfen, bei der Privatisierung großer Unternehmen slowakische Käufer bevorzugt zu haben, die seiner Partei nahestanden. Wahlen im Jahr 1998 brachten die Slowakei erneut auf den Kurs des Transformationsprozesses: Die Regierung unter Mikuláš Dzurinda setzte Reformen durch und öffnete die Republik.

Harte Sparprogramme, ausländische Direktinvestitionen, die Einführung der *flat tax* (Einheitssteuer) sowie der Eintritt in NATO und EU prägen die Slowakei seit 2004. Die Slowakei gewann an Attraktivität für ausländische Unternehmen, sodass der Staat ein wichtiger Standort für die Pkw-Produktion wurde. Zahlreiche Zulieferer sowie Unternehmen aus Maschinenbau und der Elektrotechnik sorgen für wirtschaftliche Aktivität, die Automobilindustrie allein macht ein Viertel des BIP aus. Das Wirtschaftswachstum verzeichnet aktuell positive Entwicklungen (2011: 3,3% und 2012: 2,5%). Trotz der ungünstigen Ausgangslage der Slowakei und einiger widriger politischer Umstände konnte das Land den Transformationsprozess vollziehen. Besondere Aufmerksamkeit werden in den kommenden Jahren z.B. folgende Bereiche und Problemfelder erhalten müssen, um die Slowakei weiterhin auf Erfolgskurs zu halten:

→ Verringerung der Disparitäten (zwischen dem Westen mit Bratislava und dem Osten des Landes),
→ Verringerung der Arbeitslosigkeit (im Durchschnitt lag die Arbeitslosigkeit bei 14 % im Jahr 2012),
→ Wettbewerbsfähigkeit der strukturschwachen Räume verbessern (Infrastruktur, Attraktivität für Investoren erhöhen).

---

10 Schwellenländer — Checkliste

→ Begriffsbestimmung <u>Schwellenland</u> und <u>Transformationsland</u>
→ die Entwicklung eines Schwellenlandes exemplarisch kennen (z. B. Südkorea): nachholende Entwicklung, Exportorientierung und weltwirtschaftliche Integration; wirtschaftliche Veränderungen und sozioökonomischen Wandel beschreiben können;
→ den <u>Sonderweg Chinas</u> beschreiben und erläutern können: Phasen der politischen Entwicklung, Reformpolitik, Aufstieg zur Wirtschaftsmacht, Folgen für die Weltwirtschaft
→ Transformationsprozesse beim Übergang zur Marktwirtschaft erläutern können
→ Problembereiche der Transformation und zukünftige Entwicklungschancen und -risiken darstellen können

Raumrelevante Prozesse und Probleme in höher entwickelten Räumen

Die in höher entwickelten Räumen in der jüngeren Vergangenheit bis heute stattfindenden Prozesse führen zu einem tiefgreifenden Strukturwandel in allen wirtschaftlichen Sektoren und verursachen so sozioökonomische Veränderungen.

Um diese besser verstehen zu können, sind Kenntnisse über die klassische Entwicklung eines Industrielandes in der Vergangenheit (z. B. England), der Strukturwandel derzeitiger Prägung in anderen europäischen Staaten und die Veränderungen im Wirtschaftsland Nummer 1, den USA, notwendig.

11.1 Gliederung der Wirtschaft in Sektoren

Hauptaufgabe der Wirtschaft ist die Deckung des menschlichen Bedarfs an Gütern, wobei Güter Produkte und Dienstleistungen sind.

Zur Befriedigung seiner Grundbedürfnisse, aber auch zur Mehrung von materieller Sicherheit und Wohlstand wirtschaftet der Mensch seit jeher. Ausgehend von Agrarstaaten, in denen man sich auf Ackerbau und Viehzucht konzentrierte, änderte sich die Art des Wirtschaftens über die Jahrhunderte allerdings stark. Von England ausgehend verbreiteten sich Manufakturen, sodass sich eine industrielle Produktion durchsetzte. Im 21. Jahrhundert dagegen konzentriert sich ein Großteil der Beschäftigten in Industrieländern auf den Bereich der Dienstleistungen.

Die Wirtschaft wird in die drei folgenden **Wirtschaftssektoren** untergliedert:

Wirtschaftssektoren:

Primärer Sektor	Sekundärer Sektor	Tertiärer Sektor
stellt Roh- und Grundstoffe zur Weiterverarbeitung im sekundären Sektor bereit	produzierendes Gewerbe, Weiterverarbeitung	Dienstleistungssektor; wirtschaftliche und staatlich/kommunale Dienstleistungen, die der Versorgung mit materiellen und immateriellen Gütern und deren räumlicher Verteilung dienen
Bergbau, Fischerei, Forstwirtschaft, Landwirtschaft	Industrie, Handwerk und Energiegewinnung, Baugewerbe	Handel, Verwaltung, Verkehr, Kommunikation, Bildung, private Dienstleistungen, Sozial- und Rechtswesen

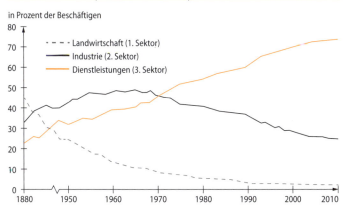

Die Bereiche Forschung und Lehre nehmen eine Sonderstellung ein, sie werden als **quartärer Sektor** bezeichnet. Dieser wird in Datensätzen jedoch nicht gesondert, sondern als Teil des tertiären Sektors angegeben. Die Unterteilung nach Sektoren erleichtert die Vergleichbarkeit der Wirtschafts- und Erwerbsstruktur mehrerer Länder. Allerdings sollte man sich der Tatsache bewusst sein, dass die Wirtschaftsgeografie einige Bereiche großer Wertschöpfung vernachlässigt. Nicht statistisch aufgeführt werden Tätigkeiten, die zum informellen Sektor (z.B. Straßenverkäufer, Schuhputzer) zählen oder nicht entlohnt (z.B. Hausarbeit, Pflege älterer Verwandter) werden. Diese Leistungen tauchen weder im BIP noch in der Erwerbstätigkeitsstatistik nach Sektoren auf

11.2 Wirtschaftlicher Wandel nach Fourastié

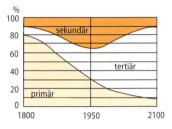

Die Abbildung zeigt die Entwicklung der Wirtschaftssektoren (Anteile der Beschäftigten) nach **Fourastié**. **Vor- bzw. frühindustrielle Phase:** Großteil der Bevölkerung im primären Sektor (vor allem Landwirtschaft), Notwendigkeit zur **Selbstversorgung** (**Subsistenzwirtschaft**), **Fehlen eines starken industriellen und Dienstleistungssektors** (kaum städtische Ballungszentren im eigentlichen Sinne); **hochindustrielle Phase:** Schaffung überdurchschnittlich vieler Arbeitsplätze in Städten und Industrierevieren; ländliche Räume verlieren durch **Mechanisierungsmaßnahmen in der Landwirtschaft** und den **Übergang zur spezialisierten Marktorientierung** viele Arbeitsplätze. Im Anschluss an diese Phase: Abnahme der Anzahl der Industriearbeitsplätze in Richtung einer **postindustriellen Gesellschaft** infolge **ständig steigender Produktivität** und **Rationalisierungsmaßnahmen**; steigender Wohlstand, **neue Technologien, allgemeine Zunahme menschlicher Aktivitäten** verlangen **nun immer mehr Dienstleistungen**. Dominanz des tertiären Sektors in der Hochphase der postindustriellen oder Dienstleistungsgesellschaft; rasante Entwicklung im Informations- und Kommunikationsbereich, daher die Begriffe **Informations- und Kommunikationsgesellschaft**.

Laut der Sektoren-Theorie nach Fourastié aus dem Jahr 1954 führen grundlegende Veränderungen dazu, dass aus Agrargesellschaften zunächst Industrie- und später Dienstleistungsgesellschaften werden. Die Entwicklung der Beschäftigtenanteile Deutschlands (S. 179) widerlegt diese Theorie, denn der sekundäre Sektor spielt weiterhin eine wichtige Rolle. Zudem hat sich gezeigt, dass der tertiäre Sektor nur begrenzt Arbeitskräfte aufnehmen kann. Ein weiteres Schrumpfen des sekundären Sektors würde mithin mehr Menschen arbeitslos werden lassen.

11.3 Agrarsozialer Wandel in Deutschland

Struktureller Wandel der deutschen Landwirtschaft: Anpassungsprozess an veränderte Produktionsbedingungen mit starken Veränderungen der Kulturlandschaft, der landwirtschaftlichen Nutzung und des räumlichen, wirtschaftlichen und gesellschaftlichen Umfelds

Grunddaten der heutigen Landwirtschaft (2012)	
Agrarfläche	16,6 Mio. Hektar landwirtschaftlich genutzer Fläche (davon 11,8 Mio. ha Ackerland, 4,6 Mio. ha Dauergrünland, 2700 ha Haus- und Nutzgärten)
Arbeitskräfte	1,1 Mio. (davon 750 000 in Familienbetrieben) – Stand 2010
Ernteerträge in Mio. Tonnen	Getreide 45,4 Mio. t, Kartoffeln 10,7 Mio. t

Strukturen landwirtschaftlicher Betriebe
Betriebsgrößenstruktur landwirtschaftlicher Betriebe

Landwirtschaftlich genutzte Fläche (LF) von ... bis unter ... ha	2003		2007	
	Betriebe (Anzahl)	LF (ha)	Betriebe (Anzahl)	LF (ha)
unter 2	32 603	26 190	25 476	20 389
2–5	70 642	236 329	60 405	203 378
5–10	62 166	449 975	52 685	382 280
10–20	77 528	1 150 245	67 848	1 013 242
20–30	39 817	988 336	34 314	852 228
30–40	31 204	1 083 370	27 367	950 861
40–50	23 345	1 044 279	21 141	946 024
50–75	36 257	2 215 723	34 536	2 114 573
75–100	18 672	1 607 481	18 863	1 626 029
100 und mehr	28 463	8 206 038	31 879	8 845 325
Insgesamt	420 697	17 007 968	374 514	16 954 329

Quelle: Statistisches Bundesamt

Traditionelle Merkmale vor dem Strukturwandel

→ **Siedlungs- und Flurformen**
Altsiedelland: dauerhafte Besiedlung seit frühem Mittelalter, heutige Ortsendungen -ingen, -ing, -heim, -leben und -stedt; Haufendörfer ohne geregelte Anordnung der Häuser; Gewannfluren (Anbauflächen mit gemeinschaftlicher Bewirtschaftung)
Jungsiedelflächen: ab 8. Jh., auf kirchlichen und grundherrlichen Besitztümern; heutige Ortsendungen: -zell, -rod, -reuth, -rode, -schwend (Agrarflächen durch Rodung), -deich, -damm (Neulandgewinnungsflächen in Norddeutschland); Siedlungsformen: Streusiedlungen, Gruppensiedlungen mit Einzelhöfen; Flurform: Blockfluren, Hufendörfer (Einzelhöfe in geordneter Form entlang Verkehrslinien)

→ **Erbrechtsformen**
Anerbenrecht: Landbesitz geht ohne Teilung an einen Erben, meist den Erstgeborenen; **Realteilungsrecht:** Fläche wird entsprechend der Anzahl der Erben geteilt und weitergegeben, besonders in Südwestdeutschland (Hessen und Franken) verbreitet. Probleme: Kleinparzellierung und Flurzersplitterung, größerer Arbeitsaufwand durch längere Anfahrtswege

→ **Beispiele von Bodennutzungsarten:**
Feld-Gras-Wirtschaft: Flächennutzung mehrjährig lang als Ackerland, dann als Grünland; Ziel: Vermeidung starker einseitiger Bodenauslaugung, Einsparen künstlicher Düngergaben; Verbreitung: Küstenbereiche mit höheren Niederschlägen, Gebirgslandschaften
Dreifelderwirtschaft: Ziel: Erhaltung der Bodenfruchtbarkeit im Anbauzyklus Wintergetreide – Sommergetreide – Brache; zusätzlich rotierendes Verschieben der Anbauflächen; verbesserte Dreifelderwirtschaft ab dem 19. Jahrhundert: Zwischenfrucht (z. B. Klee, Rüben, Luzerne, Kartoffeln) statt Brache, dadurch erhebliche Erntesteigerungen

Der landwirtschaftliche Strukturwandel seit dem 20. Jahrhundert

Hauptmerkmale: Übergang von der **Selbstversorgerwirtschaft (Subsistenzwirtschaft) zur marktorientierten Produktion, Spezialisierung** (Beschränkung des Anbaus innerhalb eines Betriebs auf wenige, marktorientierte Produkte, Rentabilitätserhöhung), **Intensivierung**, Erhöhung der Arbeits- und Flächenproduktivität, höherer Einsatz an Düngemitteln und Pestiziden, Einsatz von Maschinen (**Mechanisierung**); zusätzliche Saatzuchtverbesserung, bessere Bodenbearbeitungsverfahren

Teilprozesse des Strukturwandels

Produktivitätssteigerung: Produktivität = Produktionsmenge im Verhältnis zum Produktionsaufwand; 1950: ein Landwirt ernährt 10 Einwohner; 2006: 158 Menschen; Produktivitätssteigerung auf Intensivierungs-, Spezialisierungs- und Mechanisierungstendenzen rückführbar

Mechanisierung: zweifach produktionssteigernd durch steigende Anzahl landwirtschaftlicher Geräte und Maschinen und ständige Qualitätsverbesserung und technologische Weiterentwicklung; Verachtfachung der Traktorenanzahl (1950–1980), dann Sinken infolge technologischer Verbesserungen (Einsatz des Traktors als Zug- und Antriebsmaschine für viele landwirtschaftliche Bearbeitungsgeräte)

Tierzucht: Verbesserungen in der Stallhaltung, Bestandsvergrößerung pro Fläche durch verbesserte Hygiene, schnelleres Wachstum durch Züchtungsverbesserungen, bessere tiermedizinische Versorgung, höhere Krankheitsresistenz, bessere Futterverwertung; Probleme: Verstöße gegen Tierhaltungsbestimmungen, Hormongaben, Massentierhaltung

Kunstdünger und Pflanzenschutz: Verachtfachung der eingesetzten Düngermenge zwischen 1945 und 1991, Verzwanzigfachung der eingesetzten Menge an Pflanzenschutzmittel; Rückgang seitdem infolge wirksamerer Pestizide und resistenterer Pflanzen

Pflanzenzucht: umweltresistentere (gegen Kälte, Wind, Hitze, bzgl. Wasserbedarf) Sorten; Entwicklung von Pflanzen mit höherem Ertragsreichtum und höherer Standfestigkeit; Züchtung von Hybridsorten (Verbesserung der Sorten durch besondere Kreuzungsverfahren)

Intensivierung des Anbaus: veränderte Produktionsfaktoren (Boden, Arbeit und Kapital); Erhöhung der Flächenintensität z. B. durch ertragsreichere Sorten, Kapitalintensität infolge höheren Mechanisierungsgrads; Intensivierung führt zu geringerem Arbeitsaufwand pro Hektar, gleichzeitig Anstieg des Kapitaleinsatzes (z. B. für Maschinen)

Extensivierung (spielt seit ca. 30 Jahren wieder eine größere Rolle): Flächenstilllegung, Übergang vom Hackfrucht- zum Getreideanbau oder gewollter Flächenertragsrückgang zur Qualitätssteigerung

Spezialisierung: Teilprozess der Rationalisierung; Konzentration auf Anbaufrüchte, deren Anbau unter den gegebenen klima- und bodengeografischen Gegebenheiten optimale Ergebnisse bringt

Vergrünlandung (durch Aufgabe von Ackerland) aufgrund von: Verlagerung des Getreideanbaus auf hochwertigere Böden (seit Einführung des Kunstdüngers Mitte des 19. Jh.); Aufgabe ertragsschwacher Gebiete (z. B. Mittelgebirge, Alpenhänge); höherer Grünlandbedarf für die Erzeugung tierischer Produkte wegen des raschen Städtewachstums

Massentierhaltung: in der Diskussion um artengerechte Tierhaltung umstritten, allerdings zur Senkung der Verbraucherpreise erwünscht; auf viel kleineren Flächen wird heute ein Vielfaches an Tieren gehalten (Beispiele: Schweinezuchtbetriebe, Legehennenbatterien); Massentierhaltung ist aufgrund des enorm gestiegenen Fleischverbrauchs in Deutschland seit Ende des Zweiten Weltkrieges notwendig geworden

Übergang zu Formen des Agrobusiness: in den USA bereits seit den 1970er-Jahren; landwirtschaftliche Produktion unter Einsatz moderner Anbauarten, Agrartechnologien bei starker horizontaler und vertikaler Verflechtung der Produktionswege; Landwirte verpflichten sich zur Lieferung von Produkten an einen Betrieb der Nahrungsmittelindustrie zu einem bestimmten Zeitpunkt in einer bestimmten Menge; vorher festgesetzte Garantiepreise; dadurch Minimierung von Absatzrisiken für den Landwirt, aber wachsendes Risiko wirtschaftlicher Abhängigkeiten

Bedeutungszunahme des ökologischen Landbaus: geschlossene betriebliche Kreisläufe (z. B. Rückführung von Stallmist zur Biogasherstellung), Schonung der Ressourcen Tier, Pflanze und Boden; in Deutschland und EU strenge Produktionsvorschriften; 2007 etwa 18 000 Betriebe in Deutschland, allerdings lediglich 5 % der Anbaufläche; Beispiele Nutztierhaltung: Veredelung durch ökologisch erzeugte Futtermittel, festgesetzte Besatzdichtegrenzen, Auslaufmöglichkeiten, homöopathische/phytotherapeutische Behandlung von Krankheiten; Beispiele Pflanzenproduktion: Verzicht auf chemische Pflanzenschutzmittel, Verbot der Verwendung gentechnisch veränderter Pflanzenarten, Verzicht auf mineralische Düngemittel, etc.

Veränderung der Betriebsgrößenstruktur: tendenziell Vergrößerung der Durchschnittsflächen infolge Intensivierung, Mechanisierung, Spezialisierung; sinkende Rentabilität bei kleineren Betrieben, Zupacht und Zukauf durch Großbetriebe; Betriebsaufgabe bei kleinen landwirtschaftlichen Unternehmen; Überführung kleiner Betriebe in Zu- und Nebenerwerbsbetriebe; rapide Abnahme der landwirtschaftlichen Arbeitskräfte infolge Rationalisierungs- und Mechanisierungsmaßnahmen

Veränderte Anteile bei Voll-, Zu- und Nebenerwerbsbetrieben: ein Zuerwerbsbetrieb erwirtschaftet mehr als die Hälfte des Jahresfamilieneinkommens, Rest aus landwirtschaftsfremden Tätigkeiten; Nebenerwerbsbetrieb erwirtschaftet weniger als die Hälfte des Familieneinkommens, größerer Teil aus betriebsfremden Tätigkeiten; rapider Anstieg der Zu- und Nebenerwerbsbetriebe nach dem 2. Weltkrieg

Flurbereinigungsmaßnahmen: Planung/Durchführung ab den 1950er-Jahren; Ziel: Verbesserung der Arbeits- und Produktionsbedingungen, bessere Landschaftspflege; durch Realteilung geprägte Gebiete (Flurzersplitterung) erforderten Maßnahmen zur Rentabilisierung; Arrondierung: Flächenzusammenlegung und -neuordnung; Anlage/Neuordnung des Wegenetzes, Entwässerung staunässegefährdeter Bereiche, Hof-Aussiedlung bei beengter Dorflage, Dorferneuerung, Landschaftspflege

Gentechnik: Gentechnisch veränderte Nutzpflanzen sollen z.B. umweltresistent sein; das deutsche Gentechnikgesetz (2008) regelt, unter welchen Bedingungen Agro-Gentechnik auf deutschen Feldern eingesetzt werden darf.

Bedeutungszunahme nachwachsender Rohstoffe: (Non-Food-Bereich) soll Problem der Begrenztheit fossiler Energien lösen; Vorteil: CO_2-Haushalt nicht weiter belastet, da nur so viel Kohlenstoffdioxid frei wird, wie vorher von Pflanzen gespeichert wurde; Bioethanol, Rapsöl-Methyl-Ester für Dieselmotoren; Stärke aus Mais, Kartoffeln, Erbsen, Zucker aus Zuckerrüben, Zuckerhirse; Öle und Fette aus Raps, Sonnenblumenkernen, Lein, Mohn, Senf; Fasern aus Flachs und Hanf

> **Merke: Problemfelder in der deutschen Landwirtschaft**
> → Wettbewerbsdruck in der EU, Überproduktion, hoher Investitionsbedarf, niedrige Agrarpreise, Preisverfall (1 kg Weizen 1960 21 ct; 2006 13 ct)
> → geringe Chancen auf Einkommenserhöhungen ohne Subventionierung; Diskrepanz zwischen landwirtschaftlichem und industriellem Einkommen
> → steigende Umweltbelastungen: hohe Düngermengen führen zur Eutrophierung von Böden und Oberflächengewässern; Grundwasserbelastung durch Pestizide; Bodenverdichtung durch schwere Maschinen, etc.
> → Problembereiche innerhalb der Europäischen Union (z. B. Folgen der Milchkontingentierung, Butterberg, Milchsee usw.)
> → Massenproduktion, wachstumsfördernde und krankheitshemmende Stoffe führen zu einer erhöhten Belastung der Nahrungsmittelkette mit Fremdstoffen; das angestammte Konsumverhalten (z. B. große Mengen Fleisch zu billigen Preisen) verhindert noch ein ökologisches Umdenken

> **Abi-Tipp: Strukturwandel in der Landwirtschaft**
> Der strukturelle Wandel in der deutschen Landwirtschaft unterliegt in seiner Chronologie zwei Faktorenfeldern, die Sie bewusst unterscheiden sollten. Zum einen führten Prozesse wie Mechanisierung/Automatisierung, Spezialisierung und Intensivierung im 20. Jahrhundert zu einem grundlegenden Wandel landwirtschaftlicher Produktion, zum anderen unterliegt die Herstellung landwirtschaftlicher Produkte heute einer zunehmenden Integration in global stattfindende Prozesse und Regionalisierungstendenzen. So muss landwirtschaftliche Produktion heute zunehmend im Konfliktfeld eines regionalen Wettbewerbs (z. B. EU versus Nordamerika), aber auch in thematischen Spannungsfeldern (z. B. konventioneller Landbau/ökologischer Landbau) betrachtet werden.

11.4 Strukturwandel der US-amerikanischen Landwirtschaft

Allgemeine Merkmale und Tendenzen

- kostenoptimierte, rationelle Produktionsweise
  Abnahme der landwirtschaftlichen Nutzfläche (1950: 450 Mio. ha, 1999: 423 Mio. ha), der Betriebszahl (1930: 7 Mio., 1999 2 Mio.) bei gleichzeitiger Vergrößerung der durchschnittlichen Betriebsgröße (1930: 61 ha, 1999: 196 ha)
- Abnahme des Arbeitskräftebesatzes absolut (1930: 12 Mio. Arbeitskräfte, 1999: 2,9 Mio.) und pro Flächeneinheit, sinkender Arbeitsaufwand infolge Mechanisierung und Intensivierung (Baumwolle 1940: 202 Stunden pro Jahr und ha, 1999: 13,7 Stunden)
- steigende Arbeitskraftproduktivität (eine landwirtschaftliche Arbeitskraft ernährte 1940 18 Personen, 1999 97 Personen)
- extrem hoher Mechanisierungs- und Intensivierungsgrad, intensiver Einsatz von Pestiziden und Kunstdünger
- starke Flächenausweitungen im Westen durch Vergrößerung der Bewässerungsfläche (2000: 8,5 % der LNF)
- hohe absolute Produktion, steigende Flächenerträge (Mais: 1940 19,2 dt/ha, 1999 68,4 dt/ha)
- regional unterschiedliche durchschnittliche Betriebsgrößen (zum Vergleich: Nordosten: 50–70 ha, Mittlerer Westen 1700 ha)
- duale Struktur bei den Betriebsgrößenklassen: hoher zahlenmäßiger Anteil kleiner Farmen, kleine Anzahl großer landwirtschaftlicher Betriebe (2000: drei Viertel der Agrarproduktion werden allein von den 50 000 größten Farmen erwirtschaftet)
- zunehmende Bedeutung moderner Saatzucht (z. B. Hybridisierung) und der Gentechnologie
- große Bedeutung des Lohnunternehmertums (Dienstleister, die gegen Gebühren Teilarbeiten verrichten, wie etwa Mähdreschen; harvesting companies)
- steigender Kapitaleinsatz für Intensivierungs- und Mechanisierungsmaßnahmen
- große Bedeutung von Leasing-Verträgen bei den Landmaschinen

Die ursprüngliche Aufgabe der Landwirtschaft, die Versorgung der eigenen Bevölkerung mit Nahrungsmitteln, hat sich v.a. in Industrieländern stark gewandelt. In der Landwirtschaft des 21. Jahrhunderts sind Lebensmittel längst Konsum-, Handels- sowie Exportgüter, die qualitativen Ansprüchen genügen und vor internationaler Konkurrenz bestehen müssen. Diese Entwicklungen führten zu Veränderungen bei den landwirtschaftlichen Organisationsformen:

Die *Family Size Farm*, ein mittelgroßer Familienbetrieb, den es auf der Grundlage der ersten Landvermessungen und Landvergabeverfahren seit der Kolonisierungsepoche gab, spielt auch heute noch eine wichtige Rolle in der US-amerikanischen Landwirtschaft. Infolge der landwirtschaftlichen Überproduktion und des daraus resultierenden Preisverfalls bei Agrargütern bei gleichzeitig hoher Verschuldung wurden in den vergangenen Jahrzehnten allerdings immer mehr Farmen aufgegeben (Farmsterben). Viele der ehemaligen Farmen werden heute nur noch in **Kooperationen** oder als **Nebenerwerbsbetriebe** geführt.

Besonderheiten: *Sidewalk Farmer* bewirtschaften ihre Flächen nebenberuflich, leben in der Stadt und gehen dort hauptberuflich einem anderen Beruf nach. *Suitcase Farmer* leben bis einige hundert Kilometer von ihren Feldern entfernt, bewirtschaften diese aber hauptberuflich, allerdings nur während der Saat- und Erntezeiten.

Gleichzeitig zeigt sich in der US-amerikanischen Landwirtschaft ein starker Trend zu **agroindustriellen Unternehmen** mit starker vertikaler und horizontaler Verflechtung. Unter **Agrobusiness** versteht man eine Produktionsstruktur, bei der neben der Landwirtschaft auch die mit ihr verflochtenen Wirtschaftsbereiche (Zulieferbetriebe, Verarbeitungsunternehmen und Absatzorganisationen) zusammengefasst sind.

Contract Farms (Kontrakt- oder Vertragsfarmen): sie sind in die agroindustrielle Produktionskette eines Großunternehmens eingebunden, welches Saatgut, Düngemittel und die Produktionsvorgaben an die Farm weiterleitet und für die Vermarktung sorgt. Die Vertragsfarm stellt Anbaufläche, Arbeitskräfte und Maschinen zur Verfügung.

Corporate Farms: Großunternehmen, die schwerpunktmäßig außerhalb der Landwirtschaft tätig sind (Fluggesellschaften, Energiekonzerne), sich aber auch an der landwirtschaftlichen Produktion beteiligen. Sie verfügen über einen äußerst hohen Kapitaleinsatz und eine hohe Innovationsbereitschaft, bringen dabei ihre hohen vorhandenen Managementqualitäten ein und können zwischenzeitliche Verluste durch ihr Hauptgeschäft kompensieren (Pufferfunktion).

Vertikale agroindustrielle Verflechtung: Konzentration aufeinander abfolgender Produktionsschritte (Teilbetriebe) in einer Organisation/ einem Unternehmen, z. B. in der Hähnchenmast: Brutbetrieb, Futtermittelbetrieb, Mastbetrieb, Schlachtbetrieb, Verarbeitungsbetrieb, Vermarktungsorganisation.

Der Trend zur agroindustriellen Produktion ist anhaltend. Die gesamte Geflügelproduktion der USA erfolgt de facto heute auf diese Weise. Ein weiteres Beispiel für Agrobusiness ist die Aufzucht von Mastrindern in den Great Plains der USA. Bis zu 100 000 Stück Vieh werden hier in einem riesigen **Feedlot** in wenigen Monaten schlachtreif gemästet. Großkonzerne, die Eigentümer dieser Betriebe sind, sorgen für Schlachtung, Weiterverarbeitung bis hin zur Vermarktung der Fleischprodukte Die Hauptmerkmale der Agroindustriebetriebe sind dabei hoher Kapitaleinsatz, hoher Technologieeinsatz, extremste Spezialisierung und Massenproduktion.

> **Strukturwandel in der US-Landwirtschaft** — Merke
> → landwirtschaftliche Belts (Entstehung, Veränderung, Auflösung)
> → Merkmale des Strukturwandels
> → neue Organisationsformen und agroindustrielle Produktion

11.5 Industrie und Industrialisierung

Industrie (von lateinisch *industria* = Fleiß): aus dem Handwerk hervorgegangene Form wirtschaftlicher Aktivitäten zum Zweck der Verarbeitung von Rohstoffen zu halb fertigen und fertigen Produkten; im Vergleich zum Handwerk, wo ein Produkt aus aufeinanderfolgenden Arbeitsschritten vom Rohstoff bis hin zum Fertigprodukt aus einer Hand/wenigen Händen hergestellt wird, zeigt die Industrie folgende Hauptmerkmale: **Massenproduktion** (dadurch Verteilung der Fixproduktionskosten auf viele Produkte, Kostenminimierung), hoher **Mechanisierungsgrad** (Verkürzung ansonsten langwieriger Produktionsabläufe), hoher Grad der **Arbeitsteilung** (Zerlegung der Produktion in schnell abarbeitbare, aufeinanderfolgende Einzelschritte), **Spezialisierung** (Konzentration eines Unternehmens auf wenige Produkte oder auf Produkte einheitlicher Branchen) und, neben spezialisierten Fachkräften, auch **Einsatz angelernter und ungelernter Arbeitskräfte**.

Industrialisierung: Prozess, bei dem von der dominierend handwerklichen auf die industrielle Fertigung übergegangen wurde. Die frühindustrielle Phase beginnt in Europa in den Manufakturen und in den gewerblichen Großbetrieben ohne Maschinen mit vorwiegender Handfertigung. Technische Erfindungen (z. B. Entwicklung der Dampfmaschine durch Newcomen und Watt von 1705–1775, der mechanischen Spinnmaschine durch Hargreaves 1765, des mechanischen Webstuhls durch Cartwright 1784, der Baumwollreinigungsmaschine durch Whitney 1792) initiieren diesen Prozess. Die Industrialisierung verändert besonders in ihrer Hochphase ausgehend von England (18. Jahrhundert) über Frankreich in weiteren Teilen Europas, schließlich auch in Nordamerika das gesamte Wirtschafts- und Sozialgefüge der betroffenen Länder. Industrialisierung im modernen Sinn bezeichnet den Prozess der Expansion von Produktionsbereichen, in denen moderne, technische Verfahren Anwendung finden.

Industrielle Revolution: Sie bezeichnet die mit enormer Geschwindigkeit vorangetriebenen wirtschaftlichen, gesellschaftlichen und demografischen Veränderungen besonders während der Hochindustrialisierungsphase im 19. Jahrhundert, so etwa das Freiwerden von Arbeitskräften im ländlichen Raum infolge der Mechanisierung der Landwirtschaft, die damit einsetzende Land-Stadt-Wanderung in die entstehenden Industriereviere, die hieraus folgende Wohnraumknappheit und teilweise soziale Verelendung in den Städten, aber auch die Entwicklung von Maschinen und maschinellen Produktionsweisen.

Rolle des Verkehrs- und Transportwesens

Die Entwicklung eines Transportnetzes spielte während der Industrialisierung eine mitentscheidende Rolle. Schon Mitte des 18. Jahrhunderts verfügt England über 1700 km Binnenwasserstraßen, auf denen die riesigen Mengen an Kohle und Eisenerz transportiert werden konnten. Die erste Eisenbahnlinie wird in England 1825 in Betrieb genommen. Bis 1880 entstanden in England 29000 km, in Deutschland 34000 km und in den USA 150000 km Eisenbahnlinien. Besonders der Eisenbahnbau besaß infolge seines hohen Kapitalbedarfs enorme Auswirkungen auf die Entwicklung des Banken- und Börsenwesens. Die Eisenbahn schafft schließlich im geografischen Sinn ein völlig neues Raumempfinden und verändert grundlegend die Mobilität.

Frühindustrialisierung und gesellschaftliche Veränderungen

- → Aufhebung von Adelsrechten und Zunftzwängen
- → Einführung des Privateigentums an Kapital, Grund und Boden
- → Einsatz neu entwickelter Werkzeuge und Maschinen
- → Entstehung eines finanzkräftigen Waren-, Geld- und Arbeitsmarkts
- → Einführung rentabilitätsorientierter marktwirtschaftlicher Interessen
- → deutliche Verstädterungstendenzen mit räumlicher Trennung von Wohn- und Arbeitsstätte (Beispiel Dortmund, 1850: 11 000, 1900: 140 000 Einwohner)
- → Übergang von der Agrargesellschaft zur Industriegesellschaft (Anteil der Erwerbstätigen in der Landwirtschaft in Deutschland um 1800: 75 %, heute etwa 2,5 %)
- → Differenzierung der Arbeitnehmer in verschiedene soziale Schichten, teilweise anfangs soziale Verelendung in Ballungsräumen; Entstehung einer Dualstruktur aus Unternehmer- und Arbeitnehmertum

Mit dem Begriff Industrie verbindet man oftmals kapitalintensive Industrie wie die Automobil- oder Stahlherstellung. Gerade in Entwicklungsländern existiert auch eine andere Form der Industrie, nämlich die *cottage industry*. Hier arbeiten in der Regel Familienangehörige zusammen in kleinen Betrieben innerhalb der Wohngebiete, um z. B. Juteerzeugnisse herzustellen.

Heutige Einzelbranchen der Industrie

nach Fertigungsstand des Produkts	Unterabteilungen, Beispiele
Grundstoffindustrie	Bergbau, Eisen erzeugende Industrie, chemische Industrie
Weiterverarbeitende Industrie	Metallverarbeitung, Lebensmittelindustrie, Textilindustrie, elektrotechnische Industrie

nach Verwendungszweck	Unterabteilungen, Beispiele
Konsumgüterindustrie	Textilindustrie, Nahrungsmittelindustrie
Investitionsgüterindustrie	Fahrzeugbau, Maschinenbau, Werkzeugbau

nach Produktionsstandort	Unterabteilungen, Beispiele
Rohstofforientierung	Eisenherstellung auf Rohstoffbasis von Eisenerz und Kohle
Konsumorientierung	Nahrungsmittelherstellung in Nähe der Verbrauchsmärkte
Arbeitskostenorientierung	High-Tech-Industrie nah an Hochschuleinrichtungen
Transportkostenorientierung	Produktion von Roheisen an den „nassen Hüttenstandorten" der Küsten, dort wo der Import von Eisenerz und der Export fertiger Produkte möglich ist

11.6 Standortfaktoren im Bedeutungswandel

Betrachtet man die räumliche Verteilung der Metallindustrie in Europa, kristallisieren sich bestimmte Regionen heraus, die geschlossene Industrieräume bilden. Diese ungleichmäßige Verteilung einiger Industriebranchen spiegelt noch heute die Bedeutung von **Standortfaktoren** wider.

Während der Früh- und Hochindustrialisierung siedelte sich die Eisen- und Stahlproduktion in räumlicher Nähe zu bedeutenden Rohstofflagerstätten an. **Alfred Weber** beschreibt diesen Umstand in seiner **Standorttheorie**. Ziel der Theorie ist es, für ein Unternehmen den Standort zu finden, an welchem die entstehenden Kosten hinsichtlich der Arbeits- und Transportkosten (Gewicht, Volumen, Entfernung) möglichst gering sind. Auch rechnet Weber in seinem Modell aus dem Jahr 1909 Agglomerationsvorteile mit ein. Bei den Materialien, die das Unternehmen benötigt, unterscheidet Weber zwischen überall vorkommenden Materialien (Ubiquitäten wie Luft, Wasser, die keine Transportkosten verursachen) und lokalisierten Rohstoffen. Diese wiederum werden untergliedert in Gewichtsverlustmaterialien, welche nach ihrer Verarbeitung an Gewicht verlieren, und Reinmaterialien (z. B. Sand), sie gehen mit ihrem gesamten Gewicht in das hergestellte Produkt mit ein. Nach Abwägung aller genannten Determinanten hilft das Modell dabei, den Transportkostenminimalpunkt zu finden. Werden Gewichtsverlustmaterialien hergestellt, empfiehlt Webers Standorttheorie, am Ort des Materialvorkommens zu produzieren. Das – im Gegensatz zum schweren Rohstoff leichtere – Endprodukt kann dann günstiger zum Konsumenten transportiert werden. Agglomerationsvorteile könnten laut Weber entstehen, wenn sich z.B. durch gemeinsamen Materialbezug mehrerer Firmen Kostensenkungen ergeben.

Als erste Standorttheorie überhaupt gilt die Theorie der Landnutzung von Johann Heinrich von Thünen (1783–1850), welche die Zusammenhänge zwischen Absatzmarkt, Transportkosten und landwirtschaftlicher Nutzung von Räumen zu erklären versuchte. Auch von Thünen stellte die Transportkosten in den Fokus seiner Theorie, die sich direkt proportional zur Entfernung eines Raums vom Absatzort (Markt) verhalten. Der deutsche Wissenschaftler entwarf die **Thünen'schen Ringe**, nach welchen Produkte mit einem hohem Erlös pro Flächeneinheit nahe am Markt angebaut werden. Marktnaher Boden führt zu geringen Transportkosten, sodass von Thünen von einer hohen Nachfrage nach dieser Nutzfläche ausging. Daraus wiederum ergibt sich eine hohe Nachfrage sowie ein hoher Preis für Flächen nahe des Absatzmarktes, sodass diese Flächen besonders intensiv genutzt werden würden

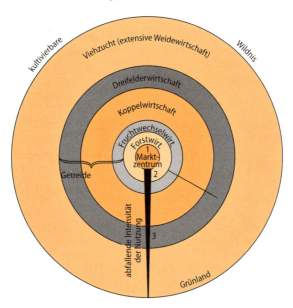

1. aufwands- und ertragsintensiv; transportempfindliche Produkte
2. Holz (extensiv)
3. Handelsgewächse, techn. Nebengewerbe (intensiv)

Thünen'schen Ringe

Die deutliche Kritik an beiden Standorttheorien basierte vor allem auf veränderter Verkehrsinfrastruktur. Neue Technologien und der Ausbau von Verkehrsnetzen in Industrieländern beschleunigten das Sinken der Transportkosten, sodass weder die Thünen'schen Ringe noch die Überlegungen Webers der Wirklichkeit lange entsprachen. Dennoch entscheiden auch im 21. Jahrhundert Standortfaktoren darüber, wo sich ein Unternehmen ansiedelt.

> **Standortfaktoren** — Merke
> Standortfaktoren sind Entscheidungskriterien darüber, weshalb der Standort eines Industriebetriebs an einer ganz bestimmten Stelle im geografischen Raum gewählt wird.

Suchen große Unternehmen einen neuen Standort, wird zunächst eine Makroanalyse durchgeführt (internationale Ebene). Dann erst wird mittels einer Mikroanalyse der konkrete Ort ausgewählt. Hierbei spielen verschiedene Standortfaktoren eine Rolle, die man nach harten und weichen Faktoren unterscheidet:

Harte (kalkulierbare) Standortfaktoren

- **Rohstofflagerstätte:** Die Nähe zu einer Lagerstätte ist für Betriebe mit hohem Materialverbrauch von Bedeutung. Während der Industrialisierung war dies der entscheidende Faktor, um Transportkosten zu minimieren (z.B. Standorte der eisenschaffenden Industrie im Ruhrgebiet). Im 21. Jahrhundert können Rohstoffe auch importiert und an den Produktionsort geschafft werden, so genannte *footloose industries* erzeugen Produkte, bei denen Menge und Gewicht der Rohstoffe kaum noch bedeutsam sind.
- **Flächen/Immobilien und Bodenpreis:** Produktionshallen und Lagerräume bestimmter Branchen erfordern eine große Fläche. Weiterhin sind Flächen für eine mögliche Ausdehnung des Unternehmens von Bedeutung.
- **Verkehrsanbindung:** Nicht nur zur Zeit Webers spielten die Transportbedingungen eine wichtige Rolle. Im Zeitalter der Globalisierung sind die Nähe zu Flughafen, Hafen, Eisenbahnstrecke und/oder Autobahn wichtig, um fertige Produkte zum Konsumenten zu bringen oder Elemente von Zulieferbetrieben rechtzeitig erhalten zu können.

- → **Arbeitskräfte:** Eine ausreichend hohe Anzahl an Arbeitskräften sowie ausgebildete Fachkräfte sind je nach Branche unverzichtbar; daneben ist das Lohnniveau ein bestimmender Aspekt.
- → **Energiekosten:** Energieaufwendige Industrien bevorzugen Standorte mit niedrigen Energiepreisen.
- → **Absatzmarkt:** Vorhandensein eines großen Marktes (Verbraucher bzw. andere Firmen)
- → **Auflagen:** Nationale Umweltauflagen können für einige Branchen einen wichtigen Kostenfaktor darstellen.
- → **Steuern/Abgaben bzw. kommunale Unterstützungen:** Fördermaßnahmen, finanzielle Vergünstigungen
- → **Fühlungs- oder Agglomerationsvorteile:** Dies sind Gründe, warum ein Unternehmen seinen Standort dort wählt, wo bereits Unternehmen derselben oder ähnlicher Branchen existieren (Vorteile: besserer Kommunikationsfluss, oftmals Hochschulen und Forschungsinstitute in der Nähe, Zulieferbetriebe ermöglichen horizontale und vertikale Verflechtung).

Weiche Standortfaktoren

- → Wohnqualität und Freizeitwert, kulturelles Angebot: guter, bezahlbarer Wohnraum sowie ein attraktives Umfeld
- → Bildung und Fortbildung: Möglichkeit, sich vor Ort zu bilden (weiterführende Schule, Fachhochschule, Universität)
- → Umwelt: Naherholungsgebiete, Vorhandensein von Grünflächen
- → Mentalität der ansässigen Bevölkerung: Offenheit, Ausgeschlossenheit
- → Image: Obwohl auch dieser Aspekt individuell unterschiedlich wahrgenommen wird und nicht messbar ist, spielt das Image des Standorts für bestimmte Unternehmen eine große Rolle.

Die Zahl der einzelnen Standortfaktoren ist hoch, deren Bedeutung hängt letztendlich von der jeweiligen Wirtschaftsbranche ab. Den Standort eines Unternehmens bestimmt heute in den meisten Fällen ein ganzes Bündel an Standortfaktoren. Der Wandel der Bedeutung der Standortfaktoren muss als Prozess betrachtet werden, welcher in den allgemeinen industriestrukturellen Wandel eingebettet ist.

11.6 Standortfaktoren im Bedeutungswandel

BEISPIEL HÜTTENSTANDORTE:

In der Früh- und Hochindustrialisierungsphase befanden sich die Verhüttungswerke aus den oben genannten Gründen dort, wo der Energiestoff Kohle gefunden wurde (Ruhrgebiet, Mittelengland). Nachdem aber ausländische Kohle inklusive Transportkosten mitunter billiger importiert werden konnte als die einheimische Kohle gefördert werden konnte, kam es in manchen Teilregionen Europas und Nordamerikas zur Standortverlagerung der Hüttenwerke an die Küste (Hafennähe). Die sogenannten „nassen" Hütten entstanden. Mit der Verdrängung der Kohle durch Erdöl und Erdgas wurden zahlreiche industrielle Produktionsprozesse dorthin verlagert, wo diese neuen Energieträger vorhanden waren (so z.B. chemische Industrie in der Nähe von Pipelines oder in Küstennähe).

Entgegen jeder Theorie gibt es jedoch auch Unternehmen, die an ihrem Standort verharren, obwohl die Standortfaktoren vor Ort offensichtlich nicht ideal sind. Produzieren Industrieunternehmen am alten Standort unter sich verändernden Standortansprüchen weiter, spricht man von **Persistenz**. In der Regel ist die Produktionsverflechtung mit anderen Branchen oder Firmen so dicht, dass sich ein neuer Standort nicht anbietet. Oftmals ist es für Unternehmen ein Rechenexempel, ob sich ein Umzug an einen neuen Standort wirtschaftlich lohnt, da beispielsweise erst jüngst in den alten Standort investiert wurde. Weiterhin können auch politische Entscheidungen die Standortwahl großer Unternehmen mitbeeinflussen. Mithilfe finanzieller Anreize locken Gemeinden und Städte Unternehmer an, um Arbeitsplätze zu schaffen/zu halten bzw. Disparitäten zu minimieren.

11.7 Industriestruktureller Wandel, alte und neue Industrieräume und Tertiärisierung

Die Industrieproduktion spielt in Europa trotz der rasant wachsenden Bedeutung des tertiären Sektors immer noch eine bedeutende wirtschaftliche Rolle und ermöglicht so den Staaten eine wirtschaftlich starke Position innerhalb des Weltwirtschaftsgefüges. Jedoch sind die westlich orientierten Industriestaaten einem strukturellen Wandel unterzogen, welcher einerseits die Standorte der Produktion, andererseits die Produktionsweisen betrifft.

Hinsichtlich der **Produktionsweisen** lassen sich grundsätzlich zwei verschiedene Konzepte unterscheiden: Henry Ford (1863–1947), Gründer der Ford Motor Company, entwickelte ein Konzept, nach welchem ein Großteil der Produktionsschritte innerhalb der eigenen Firma am Fließband durchgeführt wurde. So konnte der **Fordismus** mit meist ungelernten Arbeitskräften und einfachen Produktionsabläufen eine Massenproduktion erzielen, welche Kostenvorteile *(economies of scale)* mit sich brachte. Das standardisierte Produkt jedoch geriet aus diversen Gründen in die Krise, der **Postfordismus** musste sich neue Strategien einfallen lassen. Anstatt also große Stückzahlen eines Modells herzustellen, wurden nun kleine Serien produziert, die stärker und flexibler auf Kundenwünsche abgestimmt werden konnten. Einige Elemente des Fordismus, beispielsweise die Fließbandarbeit, konnten beibehalten werden, die Arbeitsorganisation jedoch veränderte sich stark: Teile der Produktion liefen EDV-gesteuert, man investierte in qualifizierte Angestellte und in die Forschung, zudem reduzierte man die Lagerhaltung, um Kosten einzusparen und flexibel reagieren zu können. Zulieferbetriebe stellen die benötigten Komponenten *just in time* bereit

Kennzeichen dieses Strukturwandels ist z. B. ein sinkender Anteil der Industriebeschäftigten an der Gesamtzahl der Erwerbstätigen: waren Ende des 19. Jahrhunderts noch ca. 36% der Erwerbstätigen in Mittel- und Westeuropa in der Industrie tätig, so fiel der Anteil bis zum Jahre 2000 auf etwa 28%. Im gleichen Zeitraum erhöhte sich der Anteil der Beschäftigten im Dienstleistungssektor von 22 auf 69%! Zudem reduzierte sich auch der volkswirtschaftliche Beitrag der Industrie am gesamten Volkseinkommen. Verschiebungen gibt es nicht nur zwischen den Sektoren, wie bei dem beschriebenen **sektoralen Strukturwandel**, sondern auch innerhalb der Wirtschaftssektoren. Denn der sekundäre Sektor ist längst nicht mehr mit dem produzierenden und verarbeitenden Gewerbe gleichzusetzen. Beschäftigte eines produzierenden Gewerbes arbeiten beispielsweise in der Forschung, in der Werbung oder in der Verwaltung – Tätigkeiten, die eigentlich dem Dienstleistungssektor zugeordnet werden würden. Dass Dienstleistungen die eigentliche Tätigkeit der Produktion von Gütern begleiten, bezeichnet man als **funktionalen Strukturwandel**.

Wandel der Industriestruktur am Beispiel Großbritanniens

Großbritannien ist seit etwa einem halben Jahrhundert von einem strukturellen Wandel betroffen, welcher sich wie folgt beschreiben lässt: **Deindustrialisierung – Reindustrialisierung – Tertiärisierung**. Dabei handelt es sich um ein kompliziertes Prozessgefüge, bei dem sich ein starkes Süd-Nord-Gefälle der wirtschaftlichen Leistung zwischen dem Südosten (Londoner Becken) und den peripheren Räumen Nordenglands, Wales, der altindustrialisierten Midlands und Schottlands entwickelt hat.

Der Begriff **Deindustrialisierung** bezieht sich auf den generellen Bedeutungsverlust des produzierenden Gewerbes, besonders aber in den altindustrialisierten Räumen, in denen die Industrialisierung einst auf der Grundlage der Eisen- und Stahlerzeugung, des Schiffbaus und der Textilindustrie initiiert wurde.

Reindustrialisierung meint die Schaffung neuer industrieller Strukturen seit 1970 und trägt die folgenden Merkmale:
- Einrichtung multinationaler, konzernabhängiger Produktions-, Handels- und Verwaltungsweisen vor dem Hintergrund einer ausgeprägten staatlichen Subventionspolitik
- Umstrukturierung der traditionellen Branchen der Industrie durch Modernisierungs- und Rationalisierungsprogramme
- Neuansiedlung/-gründung von High-Tech-Industriebetrieben und modernen Dienstleistungsunternehmen in den bisher eher industrieschwachen Regionen

Tertiärisierung: Prozess des Übergangs zu vermehrter Wirtschaftsleistung im tertiären Sektor bei gleichzeitiger Abnahme der Bedeutung des sekundären Sektors. Der Prozess wird begleitet durch einen steigenden Anteil der Erwerbstätigen im Dienstleistungssektor und einen Rückgang des Anteils der Erwerbstätigen im produzierenden Gewerbe. Die Tertiärisierung ist ein typischer Begleitprozess beim Übergang von der postindustriellen Gesellschaft zur Dienstleistungs- und Informationsgesellschaft. In den Ballungsräumen vollzieht sich dieser Prozess hauptsächlich auf den Gebieten des privatwirtschaftlichen Sektors (z. B. Banken, Versicherungen, Finanzdienstleister, Kommunikationsunternehmen, etc.), in den peripher gelegenen Regionen vorwiegend im Bereich der Touristik- und Freizeitbranchen.

Die Beispiele für altindustrialisierte Gebiete in Europa und den USA sind zahlreich. Zu ihnen zählen etwa das Ruhrgebiet, das Saarland, die ehemaligen Bergbaugebiete von Südwales, die englischen Midlands oder Teile des ehemaligen Manufacturing Belts im Nordosten der USA.

Kennzeichen altindustrialisierter Räume (Auswahl)

- einseitige, monostrukturelle Ausrichtung auf Basisindustrien wie etwa Textilindustrie, Eisen- und Stahlindustrie auf der Grundlage der Rohstoffvorkommen Eisenerz und Kohle
- wirtschaftliche Krisenanfälligkeit infolge billigerer Kohleimporte aus dem Ausland, infolge des Auftauchens neuer Energieträger wie etwa Erdöl und Erdgas und infolge von Konkurrenzstoffen wie etwa des Kunststoffes, der zunehmend Metallteile ersetzt
- Zechenstilllegungen infolge unrentablen Abbaus von Kohle
- extremer Anstieg der Arbeitslosigkeit (Arbeitskräfte zu stark auf Basisindustrien beschränkt)
- allgemeiner wirtschaftlicher Bedeutungsverlust, sinkende Steuereinnahmen, sinkende Investitionsvolumina der öffentlichen Hand, veraltende öffentliche Infrastruktur, Abwanderungstendenzen, soziale Spannungen (nicht zuletzt ist der britische *hooliganism* auch auf Unzufriedenheit und soziale Spannungen zurückzuführen)
- wenige dominierende Großbetriebe, fehlender Mittelstand
- hohe Umweltbelastung durch Industrie und Verkehr

Angepasster Strukturwandel: Beispiel ehemaliges Ruhrgebiet

Das Ruhrgebiet, größter deutscher Wirtschaftsraum, ist weder politisch noch naturräumlich einheitlich, verbindendes Element ist seine wirtschaftliche Bedeutung als (ehemaliger) wichtiger Standort der Montanindustrie. Das Ruhrgebiet umfasst im Bundesland Nordrhein-Westfalen die Regierungsbezirke Düsseldorf (Duisburg, Mühlheim an der Ruhr, Oberhausen, Essen), Münster (Gelsenkirchen, Bottrop) und Arnsberg (Bochum, Herne, Dortmund, Hagen). Im Untergrund dieses Städtebands befindet sich ein Teil eines großen Steinkohlegürtels, dessen Förderung der Region zum wirtschaftlichen Aufstieg verhalf. Durch Erfindung der Dampfmaschine konnte auch in größeren Tiefen Kohle abgebaut werden. Durch die Verhüttung mit Koks wurde das Ruhrgebiet zum Standort für Bergbau sowie der Eisen- und Stahlherstellung. Die Industrien benötigten zahlreiche Arbeitskräfte, sodass sich die Städte des Ruhrgebiets dank massiver Zuwanderung schnell von einzelnen, kleinen Gemeinden zu einem der größten Ballungsräume Europas entwickelten.

Die folgenden Angaben aus dem Ruhrgebiet verdeutlichen die für altindustrialisierte Räume typische wirtschaftliche Strukturschwäche:

	1958	1982	2010
Anzahl der Kohlezechen	140	27	6
Beschäftigte im Bergbau in Tausend	489	141	21
Steinkohle-Förderung Mio. Tonnen	122	70	11

Ausgangslage nach dem Zweiten Weltkrieg: enormer Bedarf an Kohle für den Wiederaufbau; Ausbau der Zechenanlagen, steigende Fördermengen

Absatzkrisen in den 1950er- und 1960er-Jahren: neue Aufbereitungsverfahren bei der Eisen- und Stahlerzeugung, dadurch geringerer Kohlenbedarf, sinkende Frachtkosten ermöglichen Einfuhr von Billigkohle aus dem Ausland, Überangebot an Kohle und Preisverfall

Konkurrenz neuer Energieträger ab den 1960er-Jahren: Erdöl und Erdgas verdrängen Kohle weitgehend; zudem werden viele Industrieprodukte jetzt aus Kunststoffen hergestellt; selbst Eisenerz und Roheisen aus dem Ausland sind günstiger zu beziehen als die deutschen Rohstoffe

Auswirkungen und Anpassungsmechanismen: Zechenstilllegungen, Zusammenschluss kleiner Zechen zu rentableren Großzechen, Intensivierung der Anbautechniken (Rationalisierung), Förderung der Kohlenabbautechnik (Know-How-Potenzial für den Export), Umstrukturierung alter Zechen- und Fabrikationsanlagen, z.B. in Freizeiteinrichtungen, Sport- und Kulturstätten, als Ausstellungs- und Messestandorte, Errichtung von Einkaufszentren, Anlage von Naherholungslandschaften, Ansiedlung von Hochschulinstituten und Forschungseinrichtungen, Einrichtung von Gewerbehöfen mit Dienstleistungsbetrieben, Ansiedlung neuer Industriebranchen mit Wachstums- und High-Tech-Charakter

> **Abi-Tipp:**
>
> Die **Steinkohleeinheit** (SKE) ist eine in Europa verwendete Einheit, mit deren Hilfe der Energiegehalt von Primärenergieträgern dargestellt werden kann. 1 kg SKE entspricht hierbei einer Energiemenge beim Verbrennen von 1 kg Steinkohle. Gebräuchlich ist die hierzu analog berechnete **Tonne SKE** (t SKE). 1 kg SKE = 7000 kcal = 8,1 kWh. Die **Öleinheit** wird im internationalen Vergleich verwendet.
> 1 kg SKE = 0,7 kg ÖE.

Heute erinnern Industriedenkmäler des Ruhrgebiets an das Zeitalter von Kohle und Stahl. Erfolgreiche Umnutzungen wie die Zeche Zollverein (gehört seit 2001 zum UNESCO-Weltkulturerbe) oder der Landschaftspark Duisburg-Nord sind längst Touristenattraktionen geworden und zeugen von einem erfolgreich umgesetzten Strukturwandel. Die Krise jedoch, verbunden mit Arbeitslosigkeit, fehlenden Steuereinnahmen und Wanderungsverlusten, hat die Region jahrzehntelang geprägt. Zu den Hürden des strukturellen Wandels gehört z.B. die Bodensperre großer Unternehmen, indem diese sich teilweise weigerten, firmeneigenes Land an neue Unternehmen innovativer Branchen zu verkaufen. Auch die sogenannte Bildungsblockade des Ruhrgebiets verfestigte die Krise noch weiter. Gemessen an der Einwohnerzahl der Region verfügte das Revier über wenige Weiterbildungseinrichtungen und damit auch über relativ wenige junge Ideengeber, die das Ruhgebiet in dieser Zeit gebraucht hätte – die Gründungsdaten der mittlerweile zahlreichen Hochschulen des Ruhrgebiets (Universität Essen 1972; Ruhr-Universität Bochum 1962) spiegeln das Vorgehen gegen die Bildungsblockade wieder. Außerdem hatte das Ruhgebiet wie viele altindustrialisierte Räume große Imageprobleme. Mit Essen, Oberhausen und Recklinghausen verband man lange nur die rauchenden Schlote der Schwerindustrie.

Ausstattungsmerkmale moderner Industrieregionen – Großraum München

- stark **diversifizierte Wirtschaftsstruktur**: die Wirtschaftsleistung resultiert nicht aus den Aktivitäten von Betrieben einer oder ähnlicher Branche(n), sondern beruht auf einer Vielzahl von Unternehmen unterschiedlicher Produktionsausrichtung, großer Anteil von **Wachstumsindustrien** (z. B. Computer- und Halbleitertechnik, moderner Fahrzeugbau, Elektrotechnik, Steuerungs- und Regeltechnik, Turbinenbau, Luft- und Raumfahrttechnik, Informations- und Kommunikationstechnologien (Rang vier weltweit hinter Silicon Valley, Boston und Greater London)
- räumliche Nähe zu **wissenschaftlichen Einrichtungen** und Forschungsinstitutionen, z. B. Hochschulen, Fachhochschulen, Technikerschulen, Akademien, etc.
- Vorhandensein **qualifizierter Arbeitskräfte**
- Standort **hochspezialisierter Messen**
- **face-to-face-Kontakte**: etwa 250 Direktflugverbindungen in über 60 Länder, 100 Interkontinentalverbindungen
- große Bedeutung **weicher Standortfaktoren**: vielseitiges kulturelles Angebot, Sport- und Freizeiteinrichtungen, landschaftliche und touristische Attraktivität Oberbayerns und der Alpen, etc.

Das Vorhandensein von **Aktiv- und Passivräumen** führt in vielen Gebieten Europas zur **Verstärkung räumlicher Disparitäten**.

Frankreich

Die politische Verwaltungsstruktur Frankreichs mit seinen Départements, Arrondissements und Gemeinden ist stark zentralistisch auf die Hauptstadt Paris und die wenigen größeren städtischen Ballungsräume ausgerichtet. Frankreich ist deshalb wegen seiner starken Gegensätze zwischen Aktiv- und Passivräumen ein Paradebeispiel für das Vorhandensein starker räumlicher Disparitäten.

Aktivräume (strukturstarke Räume)	Passivräume (strukturschwache Räume)
z. B. Großräume Paris, Marseille, Toulouse	z. B. Normandie, Bretagne, Auvergne, Massif Central
→ hervorragende Verkehrsinfrastruktur (Autobahnen, TGV-Hochgeschwindigkeitsnetz) → gutes Ausbildungsangebot → reiches kulturelles Angebot → räumliche Konzentration von Wachstumsindustrien → extrem stark ausgeprägter tertiärer Sektor (Hauptsitze von Banken, Versicherungen, Industriekonzernen) → hohe Innovationsbereitschaft → Zuwanderung infolge hoher Attraktivität → teilweise Wohnraum-, Verkehrs- und andere Umweltprobleme → Überlastungserscheinungen → sich verstärkende Zentralitätseffekte → Verstärkung der räumlichen Disparitäten gegenüber den peripheren Lagen	→ räumliche Randlage → geringe wirtschaftliche und politische Bedeutung → fehlendes oder unzureichendes infrastrukturelles Netz → starke Ausprägung der Landwirtschaft → fehlende Arbeitsplätze in Industrie und im Dienstleistungssektor → geringe soziale Mobilität → fehlende Aus- und Weiterbildungseinrichtungen → teilweise hohe Abwanderung, besonders junger Familien → Überalterung der Bevölkerung → sinkende Steuereinnahmen und Verschlechterung des steuerlichen Investitionsvolumens

Mögliche Maßnahmen zum Abbau räumlicher Disparitäten: Staatliche Förderprogramme und Finanzhilfen in den strukturschwachen Räumen, z. B. Steuererleichterungen, Anreize für Industrieansiedlungen; Dezentralisierung der Verwaltungs- und Bildungseinrichtungen (gezielte Standortverlagerung aus den Aktivräumen heraus nach außen), Anlage von Technologieparks mit Betrieben der Wachstumsbranchen, Entlastung der Hauptstadt durch neue Bauverordnungen und neue Verkehrskonzepte (z. B. Ringstraßen, Tangenten, zusätzliche Autobahnen) etc.

11.7 Industriestruktureller Wandel

> **Die blaue Banane** — Merke
>
> Das Modell der blauen Banane (1989) versucht Europa in Aktiv- und Passivräume zu untergliedern. In einem Bogen zwischen London und Mailand befinden sich Europas wichtigste Aktivräume (siehe folgende Grafik).

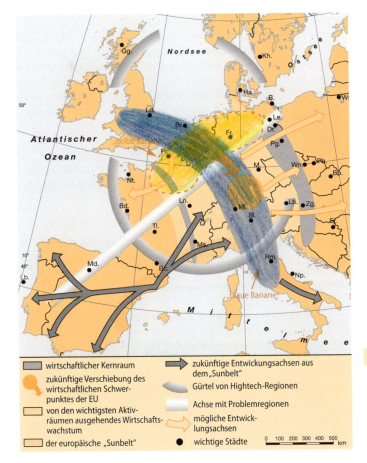

- wirtschaftlicher Kernraum
- zukünftige Verschiebung des wirtschaftlichen Schwerpunktes der EU
- von den wichtigsten Aktivräumen ausgehendes Wirtschaftswachstum
- der europäische „Sunbelt"
- zukünftige Entwicklungsachsen aus dem „Sunbelt"
- Gürtel von Hightech-Regionen
- Achse mit Problemregionen
- mögliche Entwicklungsachsen
- wichtige Städte

Aktivräume

Diese sind allgemein geprägt von wirtschaftlicher Stärke, politischer Funktion und einer hohen Attraktivität, die als Magnet für Bevölkerung und Unternehmen gilt. Roger Brunet schloss aus dem Modell die dynamische Wirtschaftsregion um Paris aus, da er mit der Arbeit der französischen Raumordnungsbehörde nicht einverstanden war. Auch die Wiedervereinigung Deutschlands beachtet die Blaue Banane (noch) nicht, an eine Osterweiterung der Europäischen Gemeinschaft war 1989 noch nicht zu denken. Aus dieser Kritik heraus fügte Wienen 1994 mit der Gelben Banane weitere europäische Wohlstandsregionen hinzu. Ein weiterer Aktivraum ist der Sunbelt, der den Süden Spaniens und Frankreichs sowie Teile Italiens umfasst. Dieser zeichnet sich besonders durch weiche Standortfaktoren (z.B. Lage an der Küste, Sonnenstunden) aus.

Checkliste   11 Industrialisierte Räume

→ die Unterteilung der Wirtschaft eines Raumes in die **drei Sektoren** (primär, sekundär und tertiär) kennen
→ den Wandel der Wirtschaftssektoren nach dem **Modell von Fourastié** beschreiben und begründen können
→ die Hauptprozesse des **agrarsozialen Wandels** in höher entwickelten Räumen erläutern können
→ die Veränderungen in der US-amerikanischen Landwirtschaft hin zu einer hochintensiven, agrartechnologisierten Produktion beschreiben und erläutern können
→ die Begriffe **Industrie und Industrialisierung** beschreiben und in ihrer Entwicklung erläutern können
→ die Bedeutung von **Standortfaktoren** und deren veränderte Bewertung darstellen können
→ Prozessmerkmale auf dem Weg von altindustrieller zu hochtechnologischer Industrieproduktion kennen und erläutern können
→ Kennzeichen diversifizierter **Wirtschaftsräume** erläutern können
→ weiche und harte Standortfaktoren voneinander unterscheiden können
→ wirtschaftliche Entwicklung des Ruhrgebiets kennen, Stahl- und Eisenkrise erläutern können
→ Hürden und Erfolge des **Strukturwandels** beschreiben können

Grundlegende demografische Prozesse 12

Die Betrachtung von natürlichen und räumlichen Bevölkerungsbewegungen sowie der Bevölkerungsstruktur eines Raumes gibt Aufschluss über die räumlichen und strukturellen Prozesse einer sich ständig in ‚Bewegung' befindlichen Bevölkerung eines Untersuchungsraums.

12.1 Begriffliches

Demografische Entwicklungen und Strukturen (*demos* ist der griechische Begriff für *Gemeinde, Volk*) spielen in der Geografie eine wichtige Rolle: Der „Faktor Mensch" nimmt großen Einfluss auf den jeweiligen Raumausschnitt, Wachstum bzw. Schrumpfung eines Volkes wirken sich auf viele Bereiche (z.B. Ernährung einer wachsenden Bevölkerung) aus, ebenso wie der Prozess der Migration.

Bevölkerungsbewegung: quantitativer Aspekt der Veränderung einer Bevölkerung in einem Raum, z.B. durch natürlichen Zuwachs/Rückgang infolge veränderter Relation Geburtenrate/Sterberate (generatives Verhalten) oder durch Migration (Zu-/Abwanderung). Gerade Wanderungen beeinflussen die räumliche Bevölkerungsbewegung, da sie häufig altersgruppenspezifisch sind.

Bevölkerungsstruktur: qualitativer Aspekt, z.B. Altersgruppenzusammensetzung, Geschlecht, Einkommensverteilung, Besitzverhältnisse, ethnische Zusammensetzung usw.

Jede Bevölkerungsbewegung resultiert auch in einer Veränderung der Bevölkerungsstruktur!

12.2 Bevölkerungsbewegungen und Weltbevölkerung

Chr. Geburt	1650	1830	1930	1960	1975	1987	1999	2013
ca. 400 Mio.	500 Mio.	1 Mrd.	2 Mrd.	3 Mrd.	4 Mrd.	5 Mrd.	6. Mrd.	7,19 Mrd.

Die historische Entwicklung der Weltbevölkerung macht zwei Prozesse deutlich: Erstens wächst die Weltbevölkerung und zweitens zeigt sich, dass die Zeitspannen, in welchen sich die Weltbevölkerung in ihrer Anzahl verdoppelt hat, sich ständig verkürzt haben. Derzeit leben mehr als sieben Milliarden Menschen auf der Erde, den aktuellen Wert kann man jederzeit an der sogenannten Weltbevölkerungsuhr ablesen (http://www.weltbevoelkerung.de/oberes-menue/publikationen-downloads/zu-unseren-themen/weltbevoelkerungsuhr.html). Pro Jahr kommen rund 86 Millionen Erdenbürger hinzu, pro Sekunde werden durchschnittlich 2,75 Kinder geboren. Diese enorm hohen Zuwachsraten gelten allerdings nicht für alle Regionen der Welt gleichermaßen. Ein Großteil der Zuwachsraten entfällt auf Entwicklungsländer, beispielsweise wird sich – laut Prognose – die Bevölkerung Afrikas bis ins Jahr 2100 vervierfachen, in Europa dagegen wird es einen Rückgang an Einwohnern geben. Wissenschaftler sprechen hierbei von einer demografischen Spaltung, also einer stark wachsenden Bevölkerung in wenigen Ländern auf der einen und einer schrumpfenden Bevölkerung in einer zunehmenden Anzahl von Staaten auf der anderen Seite. Die teilweise schnell wachsende Bevölkerung bewirkt außerdem den hohen Anteil an Kindern und Jugendlichen an der Gesamtbevölkerung in einigen Regionen der Welt: 44 Prozent der Weltbevölkerung (Stand Juli 2013) sind jünger als 25 Jahre.

> **Natürliche Bevölkerungsbewegungen** `Merke`
> → **Geburtenzahl/Zahl der Sterbefälle:** absolute Zahl an Geburten/Sterbefällen in einem bestimmten Raum innerhalb einer bestimmten Zeitspanne (meist ein Jahr)
> → **Geburtenziffer/Sterbeziffer:** Umrechnung der absoluten Zahlenwerte auf je 1000 Einwohner des Vorzeitraums (vorangehendes Bezugsjahr)
> → **Geburtenrate/Sterberate:** Verhältnis aus der Zahl der Neugeborenen/Sterbefälle pro Tausend Einwohner bestehender Bevölkerung, ausgedrückt in Promille
> → **Natürliche Bevölkerungszuwachsrate:** Promille-Angabe aus dem Verhältnis von Geburten- und Sterberate für einen bestimmten Zeitraum (meist ein Jahr); das Ergebnis kann positives (Zuwachs) oder negatives (Abnahme) Vorzeichen haben;
> → Bespielrechnung in einem fiktiven Raum:
> Bevölkerungszahl in 2014: 800 000
> Ereignisse und Daten in 2014: 20 000 Geburten, 16 000 Sterbefälle, also Differenz Geburten/Sterbefälle 4000 (Geburtenüberschuss)
> Geburtenziffer (bezogen auf 1000 Ursprungsbevölkerung): 20 000 dividiert durch 800 ergibt 25; Sterbeziffer (bezogen auf 1000 Ursprungsbevölkerung): 16 000 dividiert durch 800 ergibt 20; Geburtenrate: 25 Promille, Sterberate: 20 Promille; natürlicher Bevölkerungssaldo: + 4000; natürliche Bevölkerungszuwachsrate: + 5 Promille

Wäre die Welt ein Dorf mit nur 100 Einwohnern, lebten allein 60 Asiaten sowie 15 Afrikaner im Dorf, im Jahr 2050 wären es bereits 79 Asiaten sowie 30 Afrikaner. Dieses kleine Gedankenexperiment macht deutlich, dass auch die regionale Verteilung der Bevölkerung weltweit höchst unterschiedlich ist. Noch sind China, Indien sowie die USA die bevölkerungsreichsten Staaten der Erde. Im Jahr 2050 ist Indien prognostiziert der bevölkerungsreichste Staat. Der Kontinent Afrika dagegen hat die höchsten Wachstumsraten.

Die Prognosen für die zukünftige Bevölkerungsentwicklung sehen unterschiedlich aus, je nachdem, welche Variante man wählt. Diesen Varianten wird die Kinderzahl pro Frau im weltweiten Durchschnitt zugrunde gelegt. Geht man beispielsweise vom heutigen Niveau aus, erreichte die Weltbevölkerung einen Wert von 28,6 Mrd. (!) im Jahr 2100 (konstante Variante), denkbar sind aber ebenso Prognosen, nach welchen die Kinderzahl pro Frau im Durchschnitt erheblich sinkt. Für die Entwicklung ist entscheidend, wie schnell sich die jeweiligen Geburtenraten reduzieren und sich so der Altersstruktureffekt ergibt: Geburtenschwache Jahrgänge ergeben automatisch eine kleinere Anzahl potenzieller Eltern, wodurch dann in der folgenden Generation durchschnittlich weniger Kinder geboren werden.

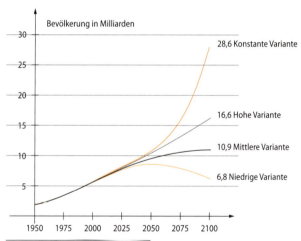

Quelle: Vereinte Nationen (Stand 2013)

Besonders schnell wächst die afrikanische Bevölkerung südlich der Sahara, das ist gleichzeitig eine der ärmsten Regionen der Welt. Die Entscheidung für viele Nachkommen liegt in einigen Regionen der Erde nicht nur im persönlichen Ermessen, materielle sowie sozioökonomische Ursachen spielen hierbei eine entscheidende Rolle, denn ein Teil (Schätzungen gehen von 40% der Schwangerschaften weltweit aus) der Schwangerschaften ist ungewollt.

Soziokulturelle sowie sozioökonomische Ursachen für viele Nachkommen:

- Rolle der Religions-, Kastenzugehörigkeit
- kinderreiche Familien steigern das soziale Ansehen
- Achtung von Traditionen
- Kinder dienen als Altersvorsorge und/oder Krankenversorgung ihrer Eltern aufgrund fehlender sozialer Sicherungssysteme (Rente; Krankenversicherung)
- Kinder als wirtschaftlicher Sicherungsfaktor in Staaten mit geringer politischer Stabilität
- Kinder als Wirtschaftsfaktor: (billige) Arbeitskraft, Kinderarbeit verschafft der Familie möglicherweise ein Zusatzeinkommen
- Kinder als Garanten für die Sicherung eines Existenzminimums (durch z.B. Betteln)

Doch nicht erst in der Zukunft muss man sich mit den Ergebnissen der demografischen Prozesse auseinandersetzen, bereits jetzt sind die Folgen unübersehbar.

Folgen eines zu starken Bevölkerungswachstums:

- Beeinträchtigung der Gesundheit der Mütter bei hoher Fruchtbarkeitsrate
- Beeinträchtigung der Gesundheit der Kinder: Bei hoher Kinderzahl sinkt der Grad der elterlichen Fürsorge; Gefährdung durch Armut, Unter- und Mangelernährung.
- sinkende Ausbildungschancen bei steigender Kinderzahl (fehlende Finanzmittel)
- Verminderung der landwirtschaftlichen Nutzfläche pro Kopf
- Landflucht, Städtewachstum, Verelendung und Slumbildung, Überangebot an Arbeitskräften, Absinken des Lohnniveaus
- Überbeanspruchung der landwirtschaftlichen Flächen, Bodenauslaugung, sinkende Flächenerträge und Erosionsschäden

- → Verlagerung der landwirtschaftlichen Tätigkeit in Risikogebiete, Steigen der Gefahr von Ernteausfällen
- → Abholzung von Wäldern zur Brennholzgewinnung, verheerende Erosionsschäden
- → Verlust der Kontrolle über die Nahrungsmittelproduktion, Hungersnöte besonders in klimatischen Risikogebieten

Der demografische Übergang

Das **Modell des demografischen Übergangs** berücksichtigt die Veränderungen von Geburten- und Sterberaten, also die natürliche Bevölkerungsentwicklung, im Verlauf eines längeren Zeitraums. Es wurde ursprünglich anhand der Bevölkerungsveränderungen der europäischen Länder beim Übergang von der vorindustriellen zur industriellen (18. und 19. Jahrhundert) und postindustriellen (ab spätem 20. Jahrhundert) Gesellschaft entwickelt. Vereinfacht zeigt es den Übergang von hohen Geburten- und Sterbeziffern zu niedrigen als Folge eines veränderten generativen Verhaltens.

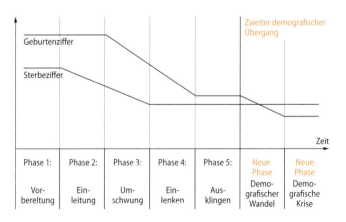

> **Demografischer Übergang in den klassischen Industrieländern** `Merke`
>
> **Phase 1 – Vorbereitung:** Ausgangslage des Modells ist ein Land mit vorindustriellen Strukturen, man geht von einer Agrargesellschaft aus. In dieser liegen sowohl Geburten- als auch Sterberate auf einem hohen Niveau. Die hohe Sterberate erklärt sich durch mangelnde Hygienestandards sowie durch eine schlechte medizinische Versorgung, welche bestimmte Krankheiten noch nicht bekämpfen konnte. Als Reaktion auf viele Sterbefälle und die hohe Kindersterblichkeit ist die hohe Geburtenrate zu verstehen, da eine hohe Anzahl an Nachkommen als Absicherung (im Krankheitsfall und im Alter) diente.
>
> **Phase 2 – Einleitung:** In dieser frühindustriellen Phase nimmt die Zuwachsrate zu, denn die Sterberate sinkt deutlich. Ursachen hierfür sind die Verbesserung der Ernährungs- und Versorgungslage und der hygienischen Standards sowie die Bereitstellung eines ersten, wenngleich einfachen Gesundheitssystems. Die Geburtenrate jedoch bleibt konstant, da das generative Verhalten zunächst an seinen Traditionen festhält und verharrt (Persistenz).
>
> **Phase 3 – Umschwung:** Während die Sterberate weiterhin sinkt, nimmt in Phase 3 nun auch die Geburtenrate ab, da sich die Versorgungslage verbesserte und erste soziale Absicherungssysteme entstanden, sodass eine hohe Anzahl an Nachkommen nicht mehr unbedingt nötig war. Das generative Verhalten reagiert damit zeitlich verzögert in der Umschwungphase auf bessere Lebensbedingungen.
>
> **Phase 4 – Einlenken:** Die Geburtenrate sinkt weiter, die Sterberate erreicht in dieser fortgeschrittenen, industriellen Phase ein unteres Niveau.
>
> **Phase 5 – Ausklingen:** In Phase 5 nähern die sich die Werte der Geburten- und Sterberate langsam an, beide Raten befinden sich auf einem niedrigen Niveau. Die postindustrielle Bevölkerung stagniert.

Das Modell des demografischen Übergangs entwickelten Wissenschaftler auf der Grundlage ihrer Beobachtungen hinsichtlich der Bevölkerungsentwicklung in England und Wales. Zwar ließen sich anhand des Modells theoretisch alle Länder nach ihrem Stand der demografischen Entwicklung klassifizieren. Entwickelt wurde das Modell jedoch zur idealtypischen Beschreibung für Veränderungen von Geburten und Sterbefällen in westlichen Industrieländern, welche einen typischen Transformationsprozess von agrarischen zu industriellen Produktionsweisen, ausgehend von England, dem „Mutterland" der Industrialisierung, durchmachten. Die Möglichkeiten der Übertragbarkeit des Modells auf alle Länder der Welt mit den unterschiedlichsten Entwicklungsständen sind daher umstritten.

Gründe, die gegen eine solche Übertragung auf Entwicklungsländer sprechen:

- **hohe absolute Bevölkerungszahl** der unterentwickelten Länder in der Ausgangslage, daher erzeugt auch eine geringe Bevölkerungswachstumsrate enorme absolute Bevölkerungszuwächse
- gegenüber der ersten Phase in Europa heute noch teilweise **viel höhere Geburtenraten**
- schnell **sinkende Sterberaten** infolge medizinischer Hilfsprogramme aus den Industrieländern, dadurch viel weiteres Auseinanderklaffen von Geburten- und Sterberaten
- im Vergleich zu Europa **kaum Auswanderungsmöglichkeiten**
- wenn überhaupt **sehr späte industrielle Entwicklung** zu einem Zeitpunkt, an dem die westlichen Industrieländer bereits hochentwickelt sind und viele Entwicklungsländer in wirtschaftlicher Abhängigkeit zu diesen stehen
- im Vergleich zu Europa wesentlich niedrigeres Heiratsalter

Erweiterung des Modells

Betrachtet man die Bevölkerungsentwicklung vieler westlicher Industriestaaten, fällt auf, dass der Rückgang der Geburtenrate unter das Niveau der Sterberate keine Berücksichtigung im Modell findet. Daher wurde das Modell des demografischen Übergangs um zwei Phasen („Neue Phasen") erweitert. Veränderungen in der Gesellschaft, ein hohes Heiratsalter, der Anstieg des Alters bei der Geburt des ersten Kindes, Veränderungen hinsichtlich Lebensplanung und Wertewandel sowie Armutsrisiko führten in den vergangenen Jahrzehnten zu einer schrumpfenden Bevölkerung. Die **Gesamtfruchtbarkeitsrate (*Total Fertility Rate* TFR)** liegt weltweit auf einem Niveau von 2,4 Kindern pro

Frau, in Industrieländern allerdings werden im Durchschnitt 1,6 Kinder pro Frau geboren. Damit sinkt die TFR deutlich unter das Ersatzniveau, welches erreicht wird, wenn ein TFR-Wert von 2,1 erzielt wird, also jede Generation sich selbst ersetzt. Diese Entwicklungen spiegeln sich in den neuen Phasen, im sogenannten **Zweiten demografischen Übergang**, wieder: Die Geburtenrate sinkt erneut ab und damit deutlich unter das Niveau der Sterberate, was eine stark abnehmende Zuwachsrate zur Folge hat.

Das Modell des demografischen Übergangs eignet sich übrigens nicht, um Prognosen für zukünftige Entwicklungen zu erstellen. Denn das generative Verhalten wird beispielsweise stark durch sozioökonomische Aspekte beeinflusst. Es gibt gegenläufige Zusammenhänge zwischen der Höhe des Einkommens, der Lebenserwartung, dem Bildungsniveau und der Kinderzahl pro Frau.

Ausgewählte Faktoren, die die demografische Entwicklung eines Landes beeinflussen können:

- medizinische Versorgung, hygienische Standards
- Zugang zu Trinkwasser
- religiöse und traditionelle Bindungen
- Lebensstandard, Höhe des Einkommens
- Vereinbarkeit von Familie und Beruf
- Bildungsniveau, Ausbildungsstand
- Möglichkeiten der Verhütung/Familienplanung
- Ausprägung sozialer Sicherungssysteme
- Heiratsalter, Bedeutung der Ehe
- Altersstruktureffekt
- Rollenverständnis der Frau
- politische Stabilität
- Migration

12.3 Bevölkerungsstruktur

Unter Bevölkerungsstruktur versteht man die Charakteristika einer Bevölkerung eines geografischen Raums in ihrer Gesamtheit und ihrer inneren Differenzierung (Verteilung). Die Bevölkerungsstruktur stellt eine **Momentaufnahme innerhalb der Bevölkerungsentwicklung** dar. Beispielsweise lässt sich die Bevölkerung eines Raums insgesamt quantitativ und qualitativ oder in ihrer inneren Differenzierung nach Altersgruppen und deren Anteile, Einkommensgruppen, ethnischer Zusammensetzung etc. beschreiben. Ganz besondere Bedeutung erfährt hierbei das Verhältnis zwischen Erwerbsbevölkerung und abhängigen Altersgruppen (unter 15 Jahren, über 65/67 Jahren), weil es z.B. Aufschluss über die Finanzierbarkeit der Altersruhegelder (Renten und Pensionen) in einem bestimmten Zeitraum gibt. In der Bevölkerungsgeografie erfasst man vorwiegend die Bevölkerungsstruktur nach Altersklassen.

Klassische Formen der Bevölkerungsdiagramme

Pyramidenform	Glockenform	Urnenform
typisch für die vorindustrielle Phase und heute noch für viele Entwicklungsländer: hoher Geburtenüberschuss, deutlich niedrigere Lebenserwartung im Vergleich zu den Industrieländern, breite Basis, Dominanz jüngerer und jüngster Altersgruppen, starkes Bevölkerungswachstum	zahlenmäßig gleichbleibende Geburtenjahrgänge über einen längeren Zeitraum hinweg, deutlich breitere horizontale Erstreckung auch in höheren Altersgruppen (höhere Lebenserwartung), stagnierende Bevölkerungsentwicklung, gilt für die meisten Industrieländer	Deutlich geringere Basis gegenüber höheren Altersgruppen, Geburtenjahrgänge nehmen zahlenmäßig von Jahr zu Jahr ab, schrumpfende Bevölkerungszahl, typisch für postindustrielle Gesellschaft (Ansätze bereits in Deutschland)

Pyramide — Wachsende Bevölkerung
Glocke — Stationäre Bevölkerung
Urnenform — Schrumpfende Bevölkerung

12.4 Bevölkerungsentwicklung in Deutschland

Die Bevölkerung Deutschlands wurde in der Vergangenheit stark durch **natürliche und räumliche Einflüsse** gesteuert.

Beispiele für starke **räumliche Ausprägungen**
- Zuwanderung zwischen 1946 und 1949 von über 1 Mio. Menschen aus den sowjetisch besetzten Gebieten
- Zuwanderung zwischen 1946 und 1950 von ca. 8 Mio. aus den Gebieten östlich von Oder und Neiße, aus der ehemaligen Tschechoslowakei, aus Polen und Österreich
- Zuwanderung bis 1961 von 3,5 Mio. infolge des Mauerbaus
- Zuwanderung von ausländischen Gastarbeitern in den 1960er-Jahren
- Wanderungen von Menschen aus dem Gebiet der ehemaligen DDR nach Westdeutschland im Anschluss an die Grenzöffnung 1989

Die **Sterberate** in Deutschland liegt seit mehreren Jahrzehnten bei etwa 11 bis 12 Promille. Seit der 2. Hälfte des 20. Jahrhunderts verzeichnet die **Geburtenrate** allerdings deutliche Rückgänge (Pillenknick = Einführung der Anti-Baby-Pille, teilweiser Übergang zu modernen, städtischen Lebensformen, Anstieg der Single-Haushalte und der Zahl der kinderlosen Familien). Heute verzeichnet Deutschland ein **Geburtendefizit** und einen **negativen Geburtensaldo**.

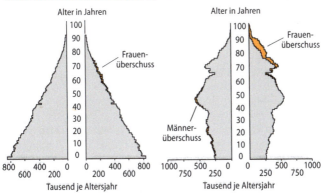

Altersaufbau Deutschland 1910 (in 1000)   Altersaufbau Deutschland 2008 (in 1000)

Die **Bevölkerungspyramiden** zeigen die jeweilige Altersstruktur Deutschlands in drei verschiedenen Jahren. Der Altersaufbau um 1910 weist eine typische Pyramidenform auf, welche auf eine Zunahme der Bevölkerung hinweist (Phase 2 bis 3 im Modell des demografischen Übergangs). Auch sind in Bevölkerungspyramiden die Folgen zweier Weltkriege deutlich abzulesen, beispielsweise die Geburtenausfälle in der Zeit des Zweiten Weltkriegs sowie die niedrigen Anteile der jeweiligen Folgegenerationen (Altersstruktureffekt). Ebenso lassen die Grafiken Aussagen über die Altersstruktur der deutschen Bevölkerung zu. 1960 zählten 28,4% der Deutschen zu den unter 20-Jährigen, zwischen 20 bis unter 60 Jahren, und damit im erwerbstätigen Alter, befand sich der Großteil, nämlich 54,2%. Nur 17,4% waren 60 Jahre alt und älter. Im Laufe der Jahrzehnte führten ein Zuwachs bei den älteren Altersgruppen sowie eine Schrumpfung bei den Jüngeren zu einer Zunahme des Durchschnittsalters. 50 Jahre später zählten beispielsweise schon 26,3% der Deutschen zu der Gruppe *60 und älter*.

Diese **demografische Alterung** wirkt sich auf diverse Bereiche des Lebens aus. So beeinflusst die Alterung und der damit verbundene Rückgang der potenziellen Erwerbspersonen den Arbeitsmarkt, mit dem Rückgang an Kindern und Jugendlichen muss sich dagegen die Schulpolitik beschäftigen, aber auch die Bereiche Siedlung, Medizin, Rente sind von diesen Entwicklungen betroffen. Sollten die Vorausberechnungen der Bevölkerungsentwicklung zutreffen, muss der Generationenvertrag bzw. die Generationengerechtigkeit neu geregelt werden, denn viele soziale Sicherungssysteme beruhen darauf, dass die jüngere Generation die alternde Bevölkerung versorgt. Eine verlängerte Lebenszeit geht einher mit gesteigerten Aufwendungen für Pflege, Gesundheit und medizinischer Versorgung von Pflegebedürftigen und Kranken. Auch für die Fragen der Gesundheitsaufgaben gibt es noch keine eindeutigen, politischen Antworten, der Herausforderung der demografischen Alterung Deutschlands muss sich jedoch gestellt werden. Das zeigen auch die verschiedenen Prognosen für die Bevölkerungszahl Deutschlands. Zwar können genaue Prognosen aufgrund des Einflusses durch Zuwanderung nicht berechnet werden, allgemein wird für die Zukunft jedoch ein langfristiger Rückgang vorhergesagt.

Prognose der Bevölkerungsentwicklung und Altersstruktur
Bevölkerung in absoluten Zahlen. Anteile der Altersgruppen in Prozent.
1970 bis 2060

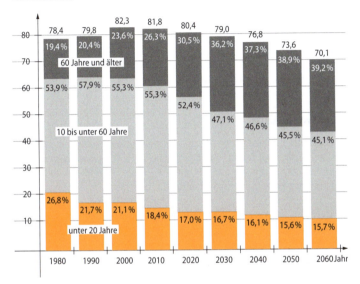

Im Jahr 2060 könnte es also nur noch rund 70 Millionen Deutsche geben, von welchen rund 16% zu den unter 20-Jährigen gehören, rund 40% dagegen zu der Gruppe *60 Jahre und älter*. Die Deutschen werden weniger, sie werden älter, aber dank der Zuwanderung auch bunter. Diese Tendenzen gelten für die Bundesrepublik insgesamt, aber nicht für jede Region im Einzelnen. Lebenserwartung, Kinderwunsch, Zu- und Abwanderung sind je nach Bundesland und Gemeinde unterschiedlich, sodass sich auf jeder Maßstabsebene andere Probleme ergeben, welche folgerichtig auch unterschiedliche Konzepte der Problembewältigung erfordern.

12.5 Migration

Migration aus den verschiedensten Motiven heraus ist zunächst Ausdruck eines Mobilitätsverhaltens, welches sich im Laufe der Zeit durchaus gewandelt hat. Zuwanderung in städtische Ballungsgebiete, Flucht aus Katastrophengebieten, Arbeitsmigration in Nachbarländer sind, auch als Themen der Geografie, geläufige Prozesse; Boatpeople und das Schicksal zahlreicher Flüchtlinge sind Gegenstand der alltäglichen Berichterstattung. Generell unterscheidet man zwischen räumlicher und sozialer Mobilität.

Räumliche Mobilität

Bereitschaft (auch Zwang), einen bestimmten geografischen Raum zu verlassen oder sich in ihn hinein zu begeben; Beispiele: Migrationen aus dem ländlichen in den städtischen Raum, Stadt-Umland-Wanderungen, Abwanderung aus peripheren Räumen in Aktivräume hinein.

Soziale Mobilität

- vertikal: Wechsel zwischen den einzelnen Schichten eines sozialen Systems (z. B. beruflicher oder gesellschaftlicher Auf-/Abstieg)
- horizontal: Wechsel zwischen gesellschaftlichen Gruppen, ohne dass der soziale Status verändert wird (z. B. Berufswechsel)

Weitere Grundbegriffe

- **Wanderungen/Migrationen:** dauerhafte Wohnstandortverlagerungen
- **Wanderungsvolumen:** Summe aller Wanderungen (Zuwanderung und Abwanderung)
- **Wanderungssaldo:** Unterschiedsbetrag aus Zu- und Abwanderung (positives oder negatives Vorzeichen)
- **Wanderungsrate:** Wanderungsvolumen auf 1000 Einwohner eines Raumes bezogen
- **Zuwanderungsrate:** Wanderungen in ein Gebiet hinein, bezogen auf 1000 Einwohner

- **Abwanderungsrate:** Wanderungen aus einem Gebiet hinaus, bezogen auf 1000 Einwohner
- **Auswanderung:** Abwanderung (Emigration) aus einem Staatsgebiet in ein anderes (Immigration) motiviert durch politische, wirtschaftliche, soziale, religiöse oder andere Gründe

In einer Zeit in der die natürliche Bevölkerungsentwicklung in vielen westlichen Industrieländern stagniert und Einwohnerzahlen stetig sinken, spielen Zu- und Abwanderung eine immer wichtigere Rolle: Migration verändert die Bevölkerungssituation entscheidend.

Auch das **Mobilitäts- und Wanderungsverhalten** in den Industrieländern kann phasenartig beschrieben werden:
- Phase 1 (**vorindustriell**): geringe Mobilität, geringe Reichweiten, gelegentlich räumliche Bewegungen über weite Entfernungen (z. B. Völkerwanderungen)
- Phase 2 (**hochindustriell**): steigende Mobilität infolge der Entstehung eines Verkehrsnetzes (z. B. Eisenbahnbau während der Industrialisierung), Land-Stadt-Wanderung
- Phase 3 (**Transformation**): einsetzende interregionale Wanderungen zwischen Städten/Städten und Städten/Industriegebieten
- Phase 4 (**moderne Gesellschaften des 20. Jahrhunderts**): hohe räumliche und soziale Mobilität, Wanderungen verschiedener Art (siehe unten)
- Phase 4 (**postindustriell**): evtl. verminderte Mobilität als Folge von Internationalisierungseffekten und Globalisierung besonders durch den erleichterten Datenaustausch in einer Informations- und Kommunikationsgesellschaft

Klassifikation nach Wanderungstypen (Auswahl)

Bei der Vielzahl von Migrationsarten, -motiven, Herkunfts- und Zielländern hat man versucht, diese in einer Typologie nach verschiedenen Kriterien zu klassifizieren:

Kriterium Grad der Freiwilligkeit/des Zwangs

- erzwungene Wanderungen: z. B. Flüchtlingsströme, Zwangsdeportationen, Heimatvertriebenen-Immigration

- → freiwillige Wanderungen: z. B. Wanderungen aus wirtschaftlichen Gründen zur Verbesserung der Lebensverhältnisse, Stadt-Rand/Umland-Wanderungen (bessere Umweltbedingungen, größere Grundstücksflächen, Eigenheimbau)

Kriterium Entfernung

- → Wanderungen über kurze Entfernungen: z. B. Kernstadt-Rand-Wanderungen, Wohnstandortverlagerungen aus beruflichen Gründen innerhalb einer Region, Arbeitsmigration ins Nachbarland, Binnenmigration
- → Fernwanderungen: Auswanderung (Emigration), Völkerwanderungen (im Ergebnis!)

Kriterium Motive

- → politisch bedingt: z. B. als Folge drohender Restriktionen
- → wirtschaftlich bedingt: z. B. Arbeitsplatzsuche in der Stadt, irische Auswanderung im 19. Jahrhundert in die USA infolge der Missernten in Irland (potatoe famine)
- → religiös bedingt: z. B. Auswanderung der Puritans von England nach Amerika

Kriterium Raumbezug

- → innerregional: z. B. innerhalb einer Stadtregion (so etwa die Kernstadt-Rand-Wanderung)
- → interregional: z. B. Wanderungen zwischen strukturschwachen und strukturstarken Räumen einer Region
- → international: z. B. Wanderungen zwischen Staaten infolge kriegerischer Auseinandersetzungen oder Hungerkatastrophen

Kriterium Naturpotenzial

- → infolge von Katastrophen: z. B. Dürrekatastrophen im Sahel, Vulkanausbrüche, Taifungefahren etc.
- → im Zuge von Agrarkolonisationsprojekten: z. B. Umsiedlungsmaßnahmen in das Amazonasgebiet hinein zur Entlastung des hohen Bevölkerungsdrucks in Nordostbrasilien

Migration – Chance oder Gefahr?

Migranten verlassen ihr Land, verlassen ihre Familien und nehmen ihr Wissen, ihre Arbeitskraft zum Leidwesen ihres Heimatlandes mit – Migration als Einbahnstraße? Schon längst ist deutlich geworden, dass ein solches Schwarz-Weiß-Denken überholt ist, Migration kann sowohl Chancen bieten, als auch Nachteile bringen.

Rücküberweisungen

Arbeitsmigranten senden oft nicht geringe Teile Ihres Einkommens an ihre Familien im Heimatland zurück, um diese „zu Hause" finanziell zu unterstützen. Diese Geldtransfers werden als **Rücküberweisung** bezeichnet. Ein Großteil dieser weltweit getätigten Zahlungen kommt Familien in Entwicklungsländern zugute und ist dort längst zu einer wichtigen Stütze der Wirtschaft geworden. Laut des Berichts der Weltbank (Stand 2013) hängen vor allem die zentralasiatischen Republiken Tadschikistan und Kirgistan von den Rücküberweisungen ab, der Anteil der Zahlungen am BIP betrug in Tadschikistan 48%, im benachbarten Kirgistan 31%. Der Internationale Währungsfond rechnete für das Jahr 2004 einen Wert von 172 Mrd. US-$ an Rücküberweisungen an Entwicklungsländer aus, das waren ca. 13% mehr als im Vorjahr. Im Zielland variieren die Auswirkungen dieser Zahlungen je nach Einzelfall. Die Zahlungen dienen primär privaten Zwecken, nicht etwa der Verbesserung der Infrastruktur. Voraussetzung einer Rücküberweisung ist zudem eine Abwanderung eines, in der Regel jungen, Familienmitglieds. Das zusätzliche Einkommen kann jedoch auch durchaus einen positiven Einfluss auf z.B. den Rückgang der Armut haben, es trägt zur Verbesserung des Einkommens und der Lebensverhältnisse bei, möglicherweise kann es auch den Zugang zu Bildung oder medizinischer Versorgung bereiten.

Arbeitsmigration im Nachbarland – Costa Rica/Nicaragua

Zwei benachbarte Staaten Mittelamerikas, in denen die Unterschiede kaum größer ausfallen könnten: Costa Rica lockt durch seine diversifizierte Landwirtschaft, einen breiten Dienstleistungssektor sowie durch den Tourismus viele Nicaraguaner an, denn das Land bietet politische Stabilität und gute Verdienstmöglichkeiten, außerdem kommt es für medizinische Notfälle auf, der Besuch der Grundschule ist für alle Kinder kostenlos.

Zwei Drittel aller Immigranten Costa Ricas sind Nicaraguaner. Sie arbeiten in Costa Rica als einfache Landarbeiter auf den Plantagen, auf dem Bau oder im Haushalt. Gerade die billigen Arbeitskräfte sind es, die die Exportwaren Banane und Kaffee international erfolgreich machen, denn die Landarbeiter sind günstige Arbeitskräfte und damit unverzichtbar für die Exporteure. Die Mehrzahl der nicaraguanischen Haushalte im Nachbarland befindet sich in der Grenzregion und viele Einwanderer ziehen zunächst in die Häuser ihrer Verwandten, um Geld für die Miete zu sparen. Im öffentlichen Diskurs bestehen viele Mythen bezüglich der Einwanderer, ein Teil der Gesellschaft kann mit der Migration nicht umgehen. Sie werden gebraucht und sind dennoch so unbeliebt: Die Beziehung zu den Nicaraguanern ist ambivalent.

> **Checkliste** **12 Grundlegende demografische Prozesse**
> → __Definition Bevölkerungsbewegungen__: natürliche (Geburtenrate, Sterberate, natürliche Bevölkerungszuwachsrate), räumliche (Wanderungen = Migrationen, Zu- und Abwanderung, Wanderungssaldo)
> → das __Modell des demografischen Übergangs__ verstehen und die einzelnen Phasen erläutern können
> → Begriffe räumliche und soziale Mobilität definieren und anwenden können
> → Motivationen für veränderte Bevölkerungsbewegungen kennen
> → Grundbegriffe der __Bevölkerungsgeografie__ kennen und anwenden können
> → die __Bevölkerungsstruktur__ eines Raumes und deren Veränderungen beschreiben und begründen können
> → die Bevölkerungsstruktur Deutschlands seit Beginn der Industrialisierung erläutern und zukünftige Prognosen der Bevölkerungsentwicklung stellen können
> → Chancen und Gefahren weltweiter __Migration__ erläutern

Grundwissen „Urbane Räume"

13

Heute lebt mehr als die Hälfte der Menschheit in Städten. Städte sind nicht nur Träger überregionaler sozialer, wirtschaftlicher und politischer Bedeutung, in den großen Städten überlagern sich heute vielschichtige, oftmals auch globale Netzwerke.

13.1 Stadtbegriffe und Stadtmodelle

Die Schwierigkeit, den Begriff **Stadt** zu definieren, liegt in folgenden Merkmalen begründet:

- Das Städtewesen hat sich weltweit von der Antike über das Mittelalter, die Industrialisierungsphase und die Moderne grundlegend verändert.
- Stadttypen unterscheiden sich teilweise grundlegend aufgrund ihrer unterschiedlichen Kulturkreiszugehörigkeit (z. B. die islamische, die nordamerikanische, die sozialistische, die westeuropäische Stadt).
- Der historische Stadtbegriff geht zurück auf das Stadtrecht, mit welchem im europäischen Mittelalter bestimmte Privilegien (etwa Markt- und Zollrecht) verbunden waren.
- Quantitative Faktoren (Bevölkerungszahl, Baudichte, etc.) sind weltweit so unterschiedlich ausgeprägt, dass eine einheitliche Definition von Stadt schwer fällt.

Unterschiedliche quantitative Stadtdefinitionen (20. Jahrhundert)

- **Frankreich:** geschlossen bebaut, Einwohnerzahl > 2000
- **Italien:** Kommunen ab ca. 20 000 Einwohnern
- **Spanien:** geschlossene Siedlungen > 10 000 Einwohnern
- **USA:** Gemeinden > 2500 Einwohnern

→ **Norwegen:** zusammenhängende Siedlungen mit mehr als 2000 Einwohnern, wobei der Gebäudeabstand 500 m nicht überschreiten darf
→ **Indien:** Mindesteinwohnerzahl 5000, Bevölkerungsdichte von mindestens 1000 Einwohnern pro Quadratmeile

> **Merke** **Beispiele moderner Strukturmerkmale einer Stadt**
> → Veränderungen in der Einwohnerzahl werden hauptsächlich durch räumliche Bevölkerungsbewegungen (Migrationen), weniger durch die natürliche Entwicklung (bestimmt durch das Verhältnis Geburten- zu Sterberate) gesteuert.
> → Innerhalb der Stadt herrscht eine starke gesellschaftliche Differenzierung (z. B. gesteuert durch Einkommensverhältnisse, Ausbildungsstand und gesellschaftliche Schichtenzugehörigkeit) vor.
> → Die Erwerbsstruktur wird hauptsächlich durch Arbeitsplätze im sekundären, besonders aber im tertiären Sektor geprägt.
> → Die Umweltphysiognomie in der Stadt wird vorwiegend künstlich geprägt (z. B. weitgehende Bodenversiegelung, künstliche Erholungslandschaften)
> → Geschlossene Bebauung mit hoher Arbeitsplatz- und Einwohnerdichte
> → Die Stadt besitzt zentralörtliche Funktion. Sie verfügt über einen Bedeutungsüberschuss bei den Waren und Dienstleistungen, der sich in das Umland hinein auswirkt und zu regionalen Verflechtungen führt.
> → In der Stadt ergibt sich eine Verkehrsbündelung infolge eines Bedeutungsüberschusses, der Bewohner des Umlands räumlich am Leben in der Stadt teilhaben lässt.
> → Die Stadt ist eine größere Siedlung mit einer hohen Bebauungsdichte, die Gebäude sind überwiegend mehrstöckig, besonders im Stadtkern.
> → Die Stadt ist funktional gegliedert.
> → Aufgrund der hohen Arbeitsplatzdichte zieht die Stadt Pendler an.

Mit Beginn der modernen Stadt-, Sozial- und Wirtschaftsgeografie im 20. Jahrhundert werden urbane Räume immer mehr hinsichtlich ihrer **funktionalen und sozialräumlichen Differenzierung** untersucht. Die **Chicagoer Schule** beschreibt erstmals die sozialen Prozesse innerhalb von Städten und in ihren raumprägenden Auswirkungen (20er- bis 40er-Jahre des 20. Jahrhunderts):

Zonenmodell (Kreismodell) nach Burgess und Park: konzentrisch angeordnete Zonen umgeben einen inneren Bereich (**CBD = Central Business District**). Der CBD stellt das räumliche und funktionale Zentrum der Stadt dar und wird gekennzeichnet durch das Vorherrschen von Dienstleistungen, hohen Boden- und Grundstückspreisen und der Dominanz der Tag- gegenüber der Nachtbevölkerung (da kaum Wohnstandorte vorhanden). In der **Transition Zone** (Übergangszone), den Bereichen der ehemaligen gründerzeitlichen Industriegebiete, finden funktionale Veränderungen, zum Teil Verfall und Verslumung statt. Weiter nach außen folgen die Ringflächen der Arbeiterwohngebiete und die Zone der Einfamilienhausbebauung. Das Kreismodell beschreibt somit einen Verdrängungseffekt von Nutzungen vom Zentrum in die Peripherie.

Sektorenmodell nach Hoyt: Hoyt geht nach Untersuchungen an amerikanischen Städten in den 1930er-Jahren davon aus, dass Wohngebiete mit größerem Anteil an gesellschaftlich höher stehenden Bevölkerungsgruppen sich (wie im Kreismodell) grundsätzlich nach außen hin qualitativ verbessern, sich zudem aber sektoral vom Zentrum nach außen entlang der Hauptverkehrslinien anordnen.

Mehrkernmodell nach Harris und Ullmann: das Modell verwendet die räumliche Verteilung von Arbeitsplätzen und kommt zu der Schlussfolgerung, dass sich Städte aus verschiedenartigen Teilgebieten unterschiedlicher Nutzung zusammensetzen, die in einer dispers verteilten Raumstruktur mit Zentren und Unterzentren münden (z.B. Regierungsviertel, Hafenviertel, Wohngebiet, Gewerbegebiet, Mischgebiet usw.)

Stufenmodelle der Stadtentwicklung: sie beschreiben die Struktur einer Stadt in unterschiedlichen Entwicklungsepochen (z.B. in Europa: Bürgerstadt des mittelalterlichen Territorialstaats, Residenzstadt im Absolutismus, Industriestadt des 19. Jahrhunderts, moderne Stadt mit starken Tertiärisierungserscheinungen).

Bipolare/multipolare Stadtmodelle: sie beschreiben ein räumliches Nebeneinander von Raumstrukturen, die aus unterschiedlichen gesellschaftspolitischen und kulturellen Einflüssen resultieren, so z.B. innerhalb der orientalischen Stadt traditionelle, islamische Strukturen (Bazar, Medina), koloniale Raumstrukturen und moderne Raumeinheiten (z.B. Erdölverladehafen).

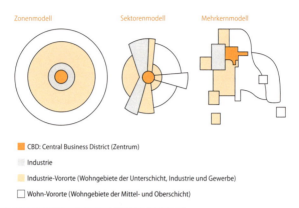

Stadtmodelle nach Theorien der „Chicagoer Schule"

Manche Grundannahmen der Modelle wurden nach ihrer Entstehungszeit kritisiert, etwa, dass eine räumliche Ausdehnung der Stadt tendenziell in alle Richtungen gleichzeitig erfolgen würde. Das Ringmodell nach Burgess aus dem ersten Drittel des 20. Jahrhunderts trifft zudem auf viele Städte Lateinamerikas bzw. europäische Städte in der vorindustriellen Zeit nicht zu, bei denen der soziale Status der Bewohner vom Zentrum zur Peripherie hin abnahm. Ein Mangel aller Stadtmodelle nach Theorien der „Chicagoer Schule" ist das Nichtbeachten der vertikalen Ebene (z.B. Mehrstöckigkeit) Dieser Kritik trägt etwa das Bodenrentenmodell nach Harold Carter Rechnung. Der ökonomische Ansatz erklärt die räumliche Differenzierung innerhalb der Stadt mithilfe des Bodenmarkts.

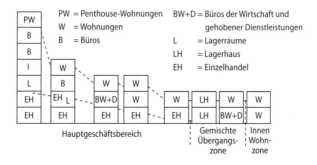

13.2 Verstädterung, Urbanisierung und Suburbanisierung

Merkmale der Verstädterung/Urbanisierung:

→ Seit etwa 1800 haben in den heutigen Industriestaaten die Anteile der in Städten lebenden Bevölkerung stetig zugenommen (Verstädterungsgrad).
→ Die Städte sind flächen- und bevölkerungsmäßig stark gewachsen.
→ Die Anzahl der Städte pro Land hat sich stetig erhöht.
→ Der Flächenbedarf der Stadtbevölkerung hat sich auch bei stagnierender Bevölkerungsentwicklung stetig erhöht.
→ Bezüglich der Erwerbsstruktur in den Städten ist eine nahezu totale Ablösung vom primären Sektor zugunsten einer Hinwendung zum sekundären, im 20./21. Jahrhundert vor allem aber zum tertiären Sektor (Tertiärisierung) zu beobachten.
→ Die heutigen Städte zeigen infolge einer städtischen Lebensweise und den damit verbundenen veränderten Wert- und Sozialvorstellungen im Gegensatz zum ländlichen Raum veränderte demografische Verhaltensweisen (z. B. hohe Anzahl an Single-Haushalten, geringere durchschnittliche Kinderzahl pro Familie usw.).
→ Die jährliche Wachstumsrate der städtischen Bevölkerung zwischen 2005–2010 liegt weltweit bei 2%, die Kontinente Afrika (3,3%) und Asien (2,5%) stechen hier im Gegensatz zu Europa (0,2%) heraus.
→ Der Begriff **Verstädterung** kennzeichnet die Anteile der Bevölkerung, die in Städten lebt und erfasst quantifizierbare Daten.
→ Der Begriff **Urbanisierung** dagegen umfasst darüber hinaus die Siedlungs- und Lebensformen einer städtischen Bevölkerung.

Urbanisierungsgrad (auch Verstädterungsgrad = der Anteil der Stadtbevölkerung an der Gesamtbevölkerung eines Landes) in ausgewählten Staaten in %, Stand 2010	
Singapur	100
Belgien	97
Malta	95
Australien	89
USA	82
Peru	77
Deutschland	74
Zypern	70
Polen	61
Nigeria	50
Indien	30
Tschad	28
Sri Lanka	14

13 Grundwissen „Urbane Räume"

→ Als **Megastädte** bezeichnet man Städte mit mehr als 10 Mio. Einwohnern.

→ Ist ein Teil der Bevölkerung in einer Großstadt konzentriert, spricht man von dieser Stadt als *primate city* (z.B. lebten 2008 10,5 der ägyptischen Bevölkerung in Kairo)

Unter **Suburbanisierung** versteht man einen räumlichen Dezentralisierungsprozess durch Wanderungsbewegungen und Standortverlagerungen von Bereichen der Stadt in deren Umland. Ergebnis ist ein Wachstum der Randzonen, des Umlands und der Vorstädte, welche auf Kosten der Kernstadt an Bedeutung gewinnen und so sekundäre zentrale Funktion erreichen. Die Suburbanisierung hat in den westlich industrialisierten Ländern zu einer **starken Flächenausweitung der Städte nach außen** bei gleichzeitiger Entstehung von Subzentren geführt (Stadt-Umland-Wanderung). Folgen der Suburbanisierung sind beispielsweise die Zersiedlung der Landschaft, ein hohes Pendler- und Verkehrsaufkommen sowie eine Abwertung der Kernstadt.

Im amerikanischen Sprachgebrauch wird in der Literatur häufig der Begriff *counterurbanization* verwendet. Im Zusammenhang mit den oben genannten Begriffen trifft man im deutschen Sprachgebrauch häufig auf das Modell der **Stadtregion**:

Modell der Stadtregion

13.3 Physiognomie und Funktionen in der Stadt

City: funktionales und physiognomisches Zentrum einer Stadt mit Merkmalen wie hoher Anteil und hohe räumliche Dichte an Dienstleistungs- und Ver-sorgungsstandorten; hohe Grundstücks- und Bodenpreise, überwiegend Tagbevölkerung (funktional), hoher Geschäfts- und Verwaltungsgebäudeanteil, Schaufensterreihen etc. (physiognomisch).

Phasen der City-Bildung in Europa
- **Manufakturen und Frühindustrialisierung:** bis Mitte des 19. Jhds.; beginnendes Wachstum im tertiären Sektor, steigende Wohndichte, Bebauungsverdichtung, Wohnungen höherer sozialer Gesellschaftsschichten
- **Hochindustrialisierung:** letztes Viertel des 19. Jahrhunderts; erste einschränkende Bauverordnungen um das Höhenwachstum zu begrenzen; Standortneugründungen von Betrieben zulasten der Wohnstandorte, Beginn der Abwanderung der Wohnbevölkerung aus der City; besonders der Adel und die höheren bürgerlichen Gesellschaftsschichten verlagern ihre Wohnsitze an die Peripherie
- **Neustrukturierung nach dem Zweiten Weltkrieg:** in Deutschland teilweise starke Innenstadtzerstörungen; steigende Bodenmobilität, Kleinflächen werden zusammengelegt, Kaufhausketten in der City

Funktionale Merkmale der City (Auswahl)
- räumliche Konzentration von Funktionen der höchsten Bedienungsstufe, z. B. Facharztpraxen, spezialisierter Einzelhandel, Banken
- meist Lage zwischen der eigentlichen Altstadt und dem Bahnhof
- allgemein starke Verkehrsdichte aber auch Fußgängerzonen
- höchste Arbeitsplatzdichte vorwiegend im tertiären Sektor
- höchstes Bodenpreis- und Mietniveau (Prinzip *highest and best use*)
- geringer Anteil an Wohnbevölkerung (vorwiegend Einpersonenhaushalte)

Physiognomische Merkmale der City (Auswahl)
- kompakte Bauweise, kaum Freiflächen, hohe Schaufensterdichte, durchgehende Geschäftsfronten, Arkaden und Fußgängerpassagen
- Konzentration überregionaler Unternehmen (z. B. Kaufhausketten)
- Parkmöglichkeiten (Parkgaragen und Freiflächen) im Randbereich

13.4 Stadtentwicklung in Europa

Für europäische Städte lassen sich grundsätzlich einige Stadtentwicklungsphasen unterscheiden. Aus ehemaligen Militärlagern entstanden beispielsweise die **Römerstädte**, exemplarische Vertreter dieser Phase sind Regensburg, Augsburg, Straßburg, Trier, Köln, Bonn und Xanten.

Die meisten Städte Europas entstanden jedoch erst im Mittelalter mit den typischen Merkmalen einer Handelsstadt. Im Mittelpunkt fand man Kirche/Kloster sowie Marktplatz/Rathaus, das Straßenbild prägten meist enge, verwinkelte Gassen, eine Stadtmauer sowie Wohn- und Arbeitsstätten unter einem Dach, Fernhandelsstraßen (z.B. der Hellweg) waren auf den Stadtkern ausgerichtet.

Im Zeitalter des Absolutismus entstanden dann einige wenige Städte, die sogenannten **Residenzstädte**. Sie sind meist gekennzeichnet durch ein Schloss und die planmäßige Anlage von Gebäuden, Straßen und Gartenanlagen.

Typische **Industriestädte** des 19. Jahrhunderts dagegen zeichnen sich durch zahlreiche Industrieanlagen sowie die Bedeutung des Verkehrsnetzes aus. Dieses lässt sich an der Existenz von Bahnhof und ausgebautem Schienennetz erkennen. Mietskasernen wurden für die Arbeiter und deren Familien errichtet, sodass die Arbeit räumlich von der Wohnstätte getrennt war. Das 20. und das 21. Jahrhundert sind durch diverse städtebauliche Leitbilder und Strömungen geprägt – so entstehen Gartenstädte, Großwohnsiedlungen sowie Entlastungsstädte für überfüllte Metropolen.

Ausgewählte Leitbilder der Stadtentwicklung

→ Auf dem Internationalen Kongress für neues Bauen berieten Stadtplaner über die neuen Formen und Herausforderungen der zeitgenössischen Siedlungsentwicklung – Ergebnis des Kongresses im Jahr 1933 war die **Charta von Athen,** die eine Stadt vorsah, die nach Funktionen getrennte Bereiche aufweist. Geplant wurde nach diesem Konzept großzügig, beispielsweise im Rahmen von Großwohnsiedlungen. Leitbilder der 1950er- und 1960er-Jahre (z.B. die autogerechte Stadt) orientierten sich stark an den Idealen der Charta, erst mit der Erkenntnis, welche Nachteile eine solche Funktionstrennung mit sich bringt (z.B. hohes Pendleraufkommen, Verkehrsbelastung), begann man, sich mehr und mehr von der Charta abzuwenden.

→ **Gartenstadt** (1898, Howard): Ein durch den Eindruck von unkontrolliert wachsenden Industriestädten entwickeltes Leitbild, nach welchem kleine Gartenstädte (jeweils 32000 Einwohner) eine Zentralstadt (58000 Einwohner) umgeben sollen. Zwischen Zentral- und Gartenstadt existiert ein großzügiger Grüngürtel, hier stehen auch Flächen für eine landwirtschaftliche Nutzung bereit. Die Zentralstadt soll die Bewohner mit Gewerbe und gemeinsamen Einrichtungen versorgen, in der Gartenstadt dagegen, welche über ein Eisenbahnnetz erreicht werden kann, soll die Wohnfunktion vorherrschen. Die Idee einer menschenwürdigen, ruhigen, lebenswerten Stadt wurde in der Praxis nicht dem Ideal Howards entsprechend umgesetzt, viele Ideen des Briten finden sich jedoch in späteren Leitbildern wieder.

→ *New Towns (Villes Nouvelles)*: Aufgrund des wild wuchernden Wachstums einiger Metropolen (meistens der Hauptstädte) wurde die Idee geboren, Entlastungsstädte zu errichten. Realisierte *New Towns* sollen beispielsweise London entlasten, fünf *villes nouvelles* wurden in der Nähe von Paris gebaut, auch Kairo hat im 21. Jahrhundert mit Wüstenstädten versucht, die Konzentration an Bevölkerung in nur einer Stadt zu senken.

→ **Nachhaltige Stadtentwicklung**: Dem Prinzip der Nachhaltigkeit kann sich auch die Städteplanung nicht verschließen, sodass viele Städte versuchen, nachhaltige Prinzipien wie z.B. eine funktionale Mischung umzusetzen. Daseinsgrundfunktionen sollen demnach in jedem Stadtviertel befriedigt werden können, reine Wohnviertel beispielsweise mit Bürostandorten vermischt werden. So sollen den Einwohnern „kurze Wege" ermöglicht und Stadtteile sollen aufgewertet werden, um insgesamt die Attraktivität der Stadt sowie die Lebensqualität für die Bewohner nachhaltig zu verbessern.

Segregation

Wohlstand und Bildungsstand kann man in vielen (deutschen) Städten indirekt an der Wohnanschrift erkennen. Bestimmte Bevölkerungs- oder Berufsgruppen konzentrieren sich in der Regel räumlich in bestimmten Vierteln oder in Teilen derselben. Diese soziale **Segregation** ist durch den unterschiedlichen Zugang zum Immobilienmarkt begründet.

Eine besondere Form der Segregation ist die *Gated Community*, die sich ausgehend von Nordamerika auch in den Städten Europas verbreitet. Geschlossene Wohnanlagen, teils mit Eingangskontrollen und Zäunen ausgestattet, bieten der zahlungskräftigen Oberschicht ein ruhiges, sicheres Eigenheim mit eigener Infrastruktur.

shrinking cities

Bei der zunehmenden Verstädterung weltweit wird oft übersehen, dass es in einigen Regionen ebenso **schrumpfende Städte** (*shrinking cities*) gibt. Ausgangspunkt für abnehmende Einwohnerzahlen ist oft der Niedergang einer wichtigen Wirtschaftsbranche der Region und damit eines wichtigen Arbeitgebers. Ebenso kann die Perspektivlosigkeit in einer Stadt dazu führen, dass v.a. junge, gut ausgebildete Kräfte diese verlassen. Zurück bleiben meist diejenigen, die sich einen Umzug nicht leisten können – die Folgen einer solchen Entwicklung sind für die schrumpfenden Kernstädte dramatisch: Sinkende Steuereinnahmen, Leerstände und abnehmende Bevölkerungszahlen führen zu Schließungen von öffentlichen Einrichtungen und einem langsamen Verfall der Stadt. Immer weniger Einwohner müssen für die Infrastruktur aufkommen. Ein Paradebeispiel für eine schrumpfende Stadt ist die ehemalige Automobilstadt Detroit.

Gentrifizierung

Wenn zahlungskräftigere Mieter in ein Stadtviertel ziehen, Fassaden gestrichen und Häuser renoviert werden, Szenekneipen und Cafés eröffnen und das Stadtviertel damit aufwerten, spricht man von **Gentrifizierung**. Es vollzieht sich ein Austausch der Bevölkerung innerhalb eines Viertels, welches sich z.B. vom Wohnort für Arbeiter zu einem Szeneviertel entwickelt hat. Sogenannte Pioniere eröffnen diesen Prozess, indem sie als Künstler und Musiker das Stadtviertel für sich entdecken. Trotz einer leicht heruntergekommenen Bausubstanz sind es vor allem die günstigen Mieten, die die neuen Bewohner anlocken. Nachfolger entdecken das Stadtviertel als Standort für Kneipen, Restaurants, kleine Läden, womit sie das Image des Viertels heben, was wiederum Investoren auf den Plan ruft, welche durch Renovierungen und Umgestaltungen eine Veränderung des Stadtviertels herbeiführen. Dieser Prozess führt in der Regel dazu, dass die ursprüngliche Bevölkerung vertrieben wird, da die Mietpreise gestiegen sind und sich nun zahlungskräftigere Bevölkerungsgruppen im „neuen" Szene-Stadtviertel niederlassen.

> **Checkliste**
>
> **13 Grundwissen „Urbane Räume"**
> → mit **Stadtdefinitionen** umgehen können
> → **Stadtmodelle** beschreiben und unterscheiden können
> → Strukturmerkmale moderner Städte kennen
> → die Prozesse **Verstädterung, Urbanisierung und Suburbanisierung** unerscheiden und erläutern können
> → typische Stadtteile in ihrer Funktionalität und ihrer Physiognomie kennen
> → **Stadtentwicklungsphasen in Europa** benennen können
> → Leitbilder der Stadtentwicklung erläutern können
> → das Problemfeld **Segregation** erläutern können

Stichwortverzeichnis

A

Abkoppelungsstrategie 144
Abwanderungsrate 221
Agglomerationsvorteil 196
Agrobusiness 184
agroindustrielle Verflechtung 189
Alpentransit 117
Andenpakt 104, 106, 107
Antarktis 93
Antizyklon 22
Arbeitslosenquote 121
arid 27, 29
Armut 140
Asia-Pacific Economic Cooperation 107
Association of South East Asian Nations 107
atmosphärische Zirkulation 20
Auslandsverschuldung 137
Auswanderung 221
Auvergne 204

B

Baumgrenze 74
Bevölkerungsbewegung 207
Bevölkerungsdiagramm 216
Bevölkerungsstruktur 213, 216
Bevölkerungswachstum 124
Bewässerungslandwirtschaft 36
Biotechnologie 147
Bleicherde 45
Boden 57
Bodenart 43
Bodenbestandteile 40
Bodendefinition 39
Bodenentstehung 39
Bodenerosion 49, 81
Bodenfruchtbarkeit 48
Bodenprofil 39
Bodenversalzung 50
Bretagne 204

C

Carl-Duisberg-Gesellschaft 156
cash crops 78, 129, 135
China 167
chinesische Reformpolitik 169
City-Bildung 231
Contract Farms 188
Corporate Farms 189
cottage industry 192
counterurbanization 230

D

Deckenüberschiebung 16
Deindustrialisierung 199
demografischer Übergang 212
Dependenztheorie 142
Desertifikation 77, 79
Deutsche Stiftung für internationale Zusammenarbeit 156
Deutschland 181, 217
Distickstoffoxide 88
Dritte Welt 124
Dry Farming 81
Dust Bowl 81

E

Ecofarming 145, 146, 147
Economic Community of West African States 107
Einsturzbeben 11
Einsturzkrater 10
Emigration 221
Energiemangel 133
England 178

Entwicklungsdefizit 121, 141, 159
Entwicklungsland 139, 140
Entwicklungspolitik 152
Entwicklungsstand 121
Entwicklungsstrategie 144
Entwicklungszusammenarbeit 152, 153
Erdbeben 10, 11
Erdkern 8
Erdmantel 7
Ernährungsproblematik 127
Erste Welt 124
Eruption 10
Eruptionsarten 10
Eruptionskrater 10
Europäische Union 107
Exportquote 139
Extensivierung 184

F

Family Size Farm 188
FCKW 87
ferallitischer Boden 47
Feuchtsavanne 47
flat tax 177
Flurbereinigung 185
Föhn 73
Fordismus 198
Frankreich 190, 225
Frühindustrialisierung 191, 231
Furchenbewässerung 37

G

Gartenstadt 233
Gebirgsbildung 9
gemäßigte Zone 66
General Agreement on Tariffs and Trade 106
Gentrifizierung 234
Geofaktoren 57
Geoökosystem 31
Gesteinsentstehung 16
Globalisierung 97
Globalstrahlung 86

Grabenbruch 16
grauer Boden 46
Great Plains 81
Großbritannien 199
Grundstoffindustrie 192
Grüne Gentechnik 145, 147
Grüne Revolution 145

H

Hadley-Zelle 23
Halbwüste 46
Halone 88
Haziendasystem 134
Höhenstufen der Vegetation 75
humid 27, 29
Hydrogeografie 33
Hydrologie 33
Hydrosphäre 31

I

Immigration 221
Indien 226
industrialisierte Räume 206
Industrialisierung 163, 190
Industrieland 140
Inflation 138
Infrastruktur 121
Innertropical Convergence Zone 23
Integrationsstrategie 144
Internationaler Währungsfond 108
Italien 225

J

Jetstream 22
Jugoslawien 174

K

kalte Zone 68
Kapitalflucht 137
kastanienbrauner Boden 46
Klima 25, 57
Klimadiagramm 27
Klimazone 58
Klimogramm 28
Kohlenstoffdioxid 87

kombinierter Verkehr 119
Kompressionszone 15
Kontinentalgraben 9
Köppen'sche Klimaklassifikation 60
Kreismodell 227
Kurzgrassteppe 46

L

Landflucht 131
Langgrassteppe 46
Latosol 47
Laubwaldzone 46
Lawinenschutz 83
Luftdruck 26
Luftfeuchtigkeit 26

M

Magma 10
magmatisches Gestein 16
Marginalsiedlung 132
Marktwirtschaft 172
Marseille 204
Massentierhaltung 184
Massif Central 204
Mehrkernmodell 227
Mercalli-Skala 12
Mercosur 107
metamorphes Gestein 17
Meteorit 7
Methan 87
Metropolisierung 131
Migration 131, 220
Mobilität 220
Modell der blauen Banane 205
Modell von Fourastié 180
Modernisierungstheorie 141
Monsun 21, 24
München 203

N

Nachhaltigkeit 152
New Towns 233
Niederschlag 26, 29
Normandie 204

North American Free Trade Agreement 104, 106, 107
Norwegen 226

O

Ökologie 123
Ökosystem 54
Ölembargo 137
Organisation of Petrol Exporting Countries 107
Ozon 90, 91
Ozonloch 93

P

Pangaea 14
Parabraunerde 46
Paris 204
Passat 21
perarid 29
perhumid 29
planetarische Zirkulation 21
Plantagenwirtschaft 134
Planwirtschaft 172
Plattengrenze 14
Plattentektonik 13
Podsol 45
polare Frostschuttzon 45
Polen 173
Postfordismus 198
Preferential Trade Area 107
Public Private Partnership 156

R

Raubbau 138
Regenfeldbau 36
Reindustrialisierung 199
Rentenkapitalismus 134
Ressourcenverbrauch 137, 138
Richterskala 12
Rohboden 45
Rossbreiten 21
rotbrauner Boden 46

S

Sahelzone 77
Schalenbau der Erde 7
Schichtvulkan 9
Schneegrenze 74
Schwarzerde 46
Schwefelhexafluoride 88
Schwellenländer 160
seafloor-spreading 14
Sedimentgestein 17
Segregation 234
Sektorenmodell 227
semiarid 81, 29
shifting cultivation 76
shrinking cities 234
Sidewalk Farmer 188
Sonderwirtschaftszone 170
Spaltenerguss 10
Spanien 225
Staatsbankrott 138
Stadt 225
Stadtbegriff 225
Stadtentwicklung 227, 232
Stadtfunktionen 231
Stadtmodell 225
Standortfaktor 193
Steigungsregen 26
Steinkohleeinheiten 202
Steppe 81
Stratovulkan 9
Strukturwandel 183, 199
Subduktionszone 9
subhumid 29
Subsistenzwirtschaft 127, 128
Subtropen 64
Suburbanisierung 229, 230
Südkorea 162
Suitcase Farmer 188

T

Taiga 45
Taupunkt 26
tektonisches Beben 11
Temperatur 25

terms of trade 103, 122, 139, 140
Tertiärisierung 198, 200
Teufelskreis der Armut 140
Thermoisoplethendiagramm 28
Toulouse 204
Tourismus 148, 151
Transformationsländer 160
Transformstörung 15
transnationale Unternehmen 106
Treibhauseffekt 85, 87, 138
Treibhausproblematik 85
Triade 139
Tribalismus 135
Trockenfeldbau 36
Trockengrenze 36
Trockensavanne 46
Tropen 76, 78
Tröpfchenbewässerung 37
Tschernosem 46
Tundra 45

U

underdeveloped areas 124
Ungarn 174, 175
United Nations Conference on Trade and Development 108
Unterentwicklung 141
Urbanisierung 229
USA 185, 187, 225

V

Vegetation 57
Vegetationszone 58
Verdunstung 35, 29
Verkehrsanbindung 195, 196
Verstädterung 131, 229
Vierte Welt 124
vulkanisches Beben 11
Vulkanismus 9

W

Waldgrenze 74
Waldraubbau 79
Wanderungsrate 220
Wanderungssaldo 220

Wanderungsvolumen 220
Wasserkonflikte 38
Wasserkreislauf 33
Wasserversorgung 37
Wegener, Alfred 13
weiterverarbeitende Industrie 192
Welternährungsgipfels 144
Welthandelsströme 103
Welthandelsverflechtung 137, 139
Welthandelsvolumen 139
Weltwirtschaft 102
Weltwirtschaftsordnung (NWWO) 157
Wetter 25
Wirtschaftsblöcke 105
Wirtschaftssektor 179
Witterung 25
World Trade Organisation 107
Wüste 46

Z

Zenitalregen 26
Zentraleruption 10
Zentrum-Peripherie-Modell 143
Zonen der Gebirgsbildung 9
Zonenmodell 227
Zuwanderungsrate 220
Zweite Welt 124
Zyklon 22

Bildnachweis:
Umschlagklappe vorne – Freier Redaktions-Dienst GmbH
Umschlagklappe hinten – Karto-Grafik Heidolph
Seite 60 – Karto-Grafik Heidolph; Seite 128 – Langner & Partner Werbeagentur